U0960638

区域教育治理现代化丛书 / 总主编 卢晓中

2020年
广东省教育事业
发展统计分析

主　编　卢晓中　卢　勃
副主编　魏天翔　陈　斌

華南理工大學出版社
SOUTH CHINA UNIVERSITY OF TECHNOLOGY PRESS
·广州·

图书在版编目（CIP）数据

2020年广东省教育事业发展统计分析/卢晓中，卢勃主编．—广州：华南理工大学出版社，2022.7
（区域教育治理现代化丛书/卢晓中主编）
ISBN 978－7－5623－7097－0

Ⅰ．①2… Ⅱ．①卢… ②卢… Ⅲ．①地方教育－教育事业－统计分析－广东－2020 Ⅳ．①G527.65

中国版本图书馆CIP数据核字（2022）第113969号

2020年广东省教育事业发展统计分析
卢晓中 卢 勃 主编

出 版 人：柯 宁
出版发行：华南理工大学出版社
（广州五山华南理工大学17号楼，邮编510640）
http：//hg.cb.scut.edu.cn E-mail：scutc13@scut.edu.cn
营销部电话：020－87113487 87111048（传真）
责任编辑：黄冰莹
责任校对：梁樱雯
印 刷 者：广州市新怡印务股份有限公司
开 本：787mm×1092mm 1/16 **印张**：17.25 **字数**：310千
版 次：2022年7月第1版 2022年7月第1次印刷
定 价：110.00元

编　委　会

主　编：卢晓中　卢　勃

副主编：魏天翔　陈　斌

编　委（按姓氏笔画排序）：

王晓琳　吴　思　冷姜桃

陈丽雅　陈姗姗　胡　雷

洪雨菲　黄　艺　黄慧眉

董　玲　喻思妍　詹志雄

薛晓倩

前　言

“十三五”规划期间，广东省坚持教育优先发展战略，加强顶层设计和总体规划，加快推进教育现代化，完成各项既定的主要目标任务，有力地促进了全省教育的协调发展，较大地提升了区域教育发展质量和水平，为“十四五”时期教育事业进一步发展打下坚实基础。在“十三五”规划收官之际，新冠肺炎疫情突如其来，对教育发展的外部环境和内部条件产生复杂而深刻的影响。为全面透彻掌握疫情下教育事业的发展变化，做好教育系统疫情防控工作，推进教育事业高质量发展，需要对教育数据进行深刻钻研、剖玄析微与全面呈现。在此背景下，广东省教育统计学会与华南师范大学区域教育治理现代化研究中心，以促进广东教育事业发展为宗旨，谨怀客观科学、严谨细致的治学态度，合作编撰此书，深刻反映2020年广东省各级各类教育的最新发展情况，为教育决策提供必要依据。

本书由六部分构成。第一部分概述广东省教育事业总体进展。第二至第五部分分述学前教育、义务教育、高中阶段教育与高等教育的基本情况。第六部分作为附录，将各级教育的相关数据以表格形式呈现，供读者查阅参考。

本书在编写中着力强调并坚持以下原则：

（一）数据来源客观真实

本书以广东省教育厅发展规划处2020年最新教育事业统计数据为参照，择取若干典型指标，较为翔实地反映了各级各类教育的规模发展及普及水平、办学条件变化情况、教师队伍发展情况等。

（二）图文结合清晰直观

通过文字、彩色图表等多种形式力图全方位、多角度展示2020年全省各级各类教育事业发展的基本情况、教育事业发展的新特点与新变化，客观清晰反映目前教育事业发展的事实，为教育规划发展宏观管理和相关研究提供参考。

（三）对比分析特点鲜明

本书除对教育事业发展情况进行层次区分外，还对区域、城乡、地市的不同发展情况进行区分，继而深入地比较分析，使读者对教育事业发展情况更加明了。

本书作出以下特别说明：

（一）划分为珠江三角洲、东翼、西翼和山区四地区。珠江三角洲指广州、深圳、珠海、佛山、惠州、东莞、中山、江门、肇庆；东翼指汕头、汕尾、潮州、揭阳；西翼指阳江、湛江、茂名；山区指韶关、河源、梅州、清远、云浮。

（二）农村如无特殊说明均为“大农村”概念，即指除主城区外的其他地区。

（三）指标口径：进城务工人员随迁子女和农村留守儿童受教育情况的统计，指经教育行政部门审批、备案的学校的数据。

（四）由于数值按四舍五入取值，部分指标百分比加总后可能不等于100%。

本书是集体智慧的结晶。全书由卢晓中、卢勃统筹规划，设计并组织编写，魏天翔、陈斌对全书数据的准确性和科学性进行审核。各部分编写人员如下：洪雨菲、吴思负责总论部分，冷姜桃、薛晓倩、董玲负责学前教育部分，王晓琳、胡雷、陈姗姗负责义务教育部分，詹志雄、黄慧眉、黄艺负责高中教育部分，喻思妍、陈丽雅负责高等教育部分。

本书作为区域教育治理现代化丛书系列和广东省教育科研重大项目“广东省教育事业发展‘十三五’规划研究”的部分成果，得到相关资助和指导。特别感谢广东省教育厅发展规划处领导及专家对编写工作的大力支持与帮助。
因数据量巨大，统计分析工作繁杂，书中若有疏漏谬误之处，敬请读者批评指正。联系电话：020－85217721，电子邮件：gdaoes@163.com。

广东省教育统计学会

华南师范大学区域教育治理现代化研究中心

2021年4月

目　录

第一部分　教育事业总体进展 …… 1
一、教育事业发展规划目标实现程度 …… 1
二、各级各类教育规模发展 …… 3
三、各级各类民办教育规模发展 …… 6
四、各级各类学校办学条件 …… 7
五、各级各类学校办学效益 …… 9
六、小结 …… 12

第二部分　学前教育 …… 13
一、学前教育规模发展与普及水平情况 …… 13
二、学前教育教师队伍发展情况 …… 20
三、幼儿园办学条件变化情况 …… 25
四、民办学前教育事业发展基本状况 …… 31
五、小结 …… 34

第三部分　义务教育 …… 35
一、义务教育普及程度与巩固水平 …… 35
二、义务教育规模发展 …… 36
三、异地务工人员随迁子女与农村留守儿童发展情况 …… 39
四、义务教育教师队伍发展情况 …… 47
五、义务教育学校办学条件变化情况 …… 54
六、广东民办义务教育事业发展基本状况 …… 67
七、小结 …… 73

第四部分　高中阶段教育 …… 75
一、高中阶段教育规模与普及水平发展情况 …… 75

二、高中阶段教育教师队伍发展情况 …… 80
三、高中阶段教育办学条件变化情况 …… 89
四、小结 …… 102

第五部分　高等教育 …… 104
一、高等教育规模发展与结构调整情况 …… 104
二、高等教育教师队伍发展情况 …… 111
三、普通高校办学条件变化情况 …… 122
四、民办高等教育事业发展的基本状况 …… 131
五、小结 …… 134

附录 …… 136
一、学前教育有关表格 …… 136
二、义务教育有关表格 …… 146
三、高中阶段教育有关表格 …… 171
四、高等教育有关表格 …… 188

第一部分 教育事业总体进展

2020年，广东省各级各类教育蓬勃发展，教育公平进一步推进，入学机会继续扩大，教育质量逐步提高。学前教育规模有较大幅度增长，毛入园率上升较快；义务教育普及与巩固水平进一步提高；高中阶段教育规模略有下降，师资及办学条件进一步改善；高等教育规模有所扩大，重点正转向结构优化与质量提高。

一、教育事业发展规划目标实现程度

教育事业统计数据显示，2020年广东省各项教育事业发展顺利，关于《广东省中长期教育改革和发展规划纲要（2010—2020年）》（下称《省教育规划纲要》）中提出的2020年规划目标实现程度较高，为未来的广东省教育事业发展奠定了坚实基础（详见表1－1）。

表1－1 《省教育规划纲要》教育事业规划目标实现情况

类别	《省教育规划纲要》目标			2020年	2020年目标实现度（%）
	2009年	2015年	2020年		
学前教育					
幼儿园在园人数（万人）	249.50	290.00	280.00	480.18	171.49
学前三年毛入学率（%）	77.30	全省90，珠江三角洲发达地区95	90以上	107.04	118.94
九年义务教育					
在校生（万人）	1391.30	1170.00	1160.00	1462.58	126.09
小学适龄儿童入学率（%）	99.90	100.00	100.00	103.03	103.03
高中阶段教育					
在校生（万人）	377.90	440.00	400左右	337.93	84.48
毛入学率（%）	79.90	90.00	90以上	97.29	108.10

续上表

类别	《省教育规划纲要》目标			2020 年	2020 年目标实现度（%）
	2009 年	2015 年	2020 年		
职业教育					
中等职业学校在校生（万人）	185.50	220.00	200 左右	147.58	73.79
高等教育					
在学总规模（万人）	208.30	286.00	315.00	378.39	120.12
在校研究生（万人）	6.60	12.00	18.50	15.13	81.78
普通本专科生（万人）	133.40	196.00	215.00	240.02	111.64
成人本专科生（万人）	46.30	58.00	62.00	110.31	177.92
毛入学率（%）	27.50	32.00	50.00	53.41	106.00

1. 学前教育规模发展较快，规划目标超额实现

《省教育规划纲要》提出，要积极发展学前教育，提高学前教育水平，遵循幼儿身心发展规律，坚持科学保教方法，保障幼儿快乐健康成长，到 2020 年，普及学前三年教育，学前三年毛入学率达 100% 以上。

各地积极贯彻落实广东省人民政府《关于加快学前教育发展的实施意见》，实施学前教育三年行动计划初见成效。2020 年，学前教育规模达到 480.18 万人，为 2020 年规划目标的 171.49%；学前教育三年毛入园率达到 107.04%，全省规范化幼儿园占比达 90.78%，比上年增加 1.21%，学前教育公共资源得到有效扩大。

2. 义务阶段教育普及水平较高，规划目标已经实现

《省教育规划纲要》提出，要巩固提高九年义务教育水平，到 2020 年，全面提高普及水平，全面提高教育质量，基本实现区域内均衡发展，确保适龄儿童少年接受良好义务教育。

2020 年，义务教育在校生为 1462.58 万人，为 2020 年规划目标的 126.09%，义务教育普及水平继续保持高位；小学学龄儿童入学率达 103.03%，初中（不包含职业初中）毛入学率为 109.75%；小学五年保留率为 99.76%，小学毕业生升学率为96.60%，初中三年保留率为97.53%。

3. 高中阶段教育质量需要巩固，规划目标基本实现

《省教育规划纲要》提出，要加快普及高中阶段教育，逐年提高高中阶段教育毛入学率，促进普通高中与中等职业学校规模相当，全面满足初中毕业生接受高中阶段教育的需求。

2020年，广东省高中阶段教育在校生规模为337.93万人，比上年增加10.45万人，比2020年规划目标少62.07万人，主要是由于高中阶段（不包含技工学校与成人高中）普通高中学校在校生增加，比上年增加6.61万人；中等职业学校在校生增加，比上年增加3.84万人。中等职业学校招生53.06万人，占高中阶段教育招生总数的44.13%；中等职业学校在校生147.58万人，占高中阶段教育在校生总数的43.67%。广东省高中阶段教育毛入学率达97.29%，比2020年规划目标高7.29%，目标实现度达108.10%。

4. 高等教育综合实力有待提高，规划目标大致实现

《省教育规划纲要》提出，高等教育大众化水平需要进一步提高，深入实施高等学校教学质量与教学改革工程，加强专业、课程、教师队伍建设和实践教学，实现人才培养与经济社会科学发展相适应。

2020年，广东省各种形式的高等教育在校总规模（不包含军事学校人数）达到378.39万人，为2020年规划目标的120.12%。普通本专科在校生为240.02万人，为2020年规划目标的111.63%；在校研究生15.13万人，为2020年规划目标的81.78%。广东省高等教育毛入学率为53.41%，比2020年规划目标高3.41%，目标实现度达106.82%。

二、各级各类教育规模发展

2020年，广东省共有各级各类学校36 969所，比上年增加915所。其中，幼儿园20 747所，比上年增加862所；义务教育阶段14 348所，比上年增加71所（小学10 600所，比上年增加35所；初中阶段学校3748所，比上年增加36所）；高中阶段学校1577所，比上年减少20所（普通高中1035所，比上年增加27所；中等职业学校396所，比上年减少30所；技工学校146所，比上年减少17所）；普通高等学校154所，与上年持平；特殊教育学校143所，比上年增加2所。

从学校层类构成来看，2020 年广东省各级各类学校中，幼儿园占 56.12%，义务教育学校占 38.81%，高中阶段学校占 4.27%，普通高等学校占 0.42%，特殊教育学校占 0.38%。

2020 年，广东省各级各类学历教育在校生为 2665.46 万人，比上年增加 109.10 万人。随着教育普及程度的提高，学前教育阶段和小学教育阶段在校生规模持续扩大。受高职院校扩招影响，高职（专科）在校生规模增幅较大。详见表 1－2。

表 1－2　2016—2020 年广东省各级各类学历教育规模

单位：万人

年份	高等教育	高中阶段	初中教育	小学教育	特殊教育	学前教育
2016	275.66	303.95	347.84	905.22	3.78	421.66
2017	280.58	288.65	356.10	941.96	4.41	441.41
2018	296.00	270.44	372.47	988.37	4.79	449.11
2019	325.08	327.48	389.03	1033.43	5.29	464.50
2020	378.39	337.93	405.47	1057.11	6.38	480.18

（1）学前教育规模有所扩大。2020 年，广东省共有幼儿园 2.07 万所，比上年增加 862 所；幼儿园在园人数 480.18 万人，比上年增加 15.68 万人，增长 3.38%。

（2）特殊教育规模扩大速度较快。2020 年，广东省特殊教育在校生 6.38 万人，比上年增加 1.09 万人，增长 20.60%。

（3）义务教育规模有所扩大。2020 年，广东省义务教育阶段在校生 1462.58 万人，比上年增加 40.12 万人，其中小学在校生 1057.11 万人，比上年增加 23.68 万人，增长 2.29%；初中阶段在校生 405.47 万人，比上年增加 16.44 万人，增长 4.23%。

（4）高中阶段教育规模略微扩大。2020 年，广东省高中阶段在校生 337.93 万人，比上年增加 10.45 万人；其中，普通高中在校生 190.35 万人，比上年增加 6.61 万人，上升 3.60%；中等职业学校在校生 147.58 万人，比上年增加 3.84 万人，上升 2.70%。

（5）高等教育规模增长幅度较大。2020 年，广东省各种形式高等教育在校（含成人教育、网络教育）总规模达 378.39 万人，比上年增加 53.31 万人，增长 16.40%。

从教育结构看，随着各级教育规模的快速发展和普及水平的逐步提高，高等教育、高中教育、学前教育、小学教育和特殊教育规模略有扩大；如图 1－1 所示，受学龄人口下降影响，初中规模略有缩小。2020 年，各级各类在校生总数中，学前教育占 18.01%，特殊教育占 0.24%，小学教育占 39.66%，初中教育占 15.21%，高中阶段教育占 12.68%，高等教育占 14.20%。

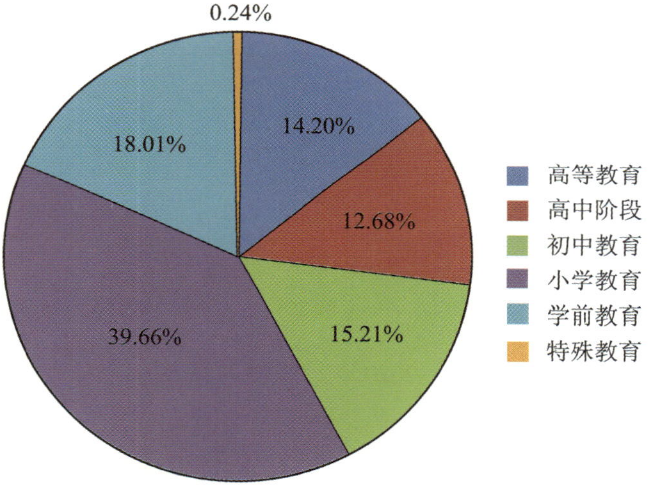

图 1－1　2020 年广东省各级各类教育在校生规模比重

各级教育普及水平不断提高，受教育机会进一步增加。2020 年，学前教育毛入园率达 107.04%，比上年减少 4.06%；义务教育普及水平处于高位，小学学龄儿童入学率达 103.03%，比上年增加 3.03%；初中（不包含职业初中）阶段毛入学率达 109.75%，比上年减少 6.26%；高中阶段（不包含技工学校与成人高中）毛入学率达 97.29%，比上年增加 0.62%；高等教育毛入学率达 53.41%，比上年提高 9.45%（图 1－2）。

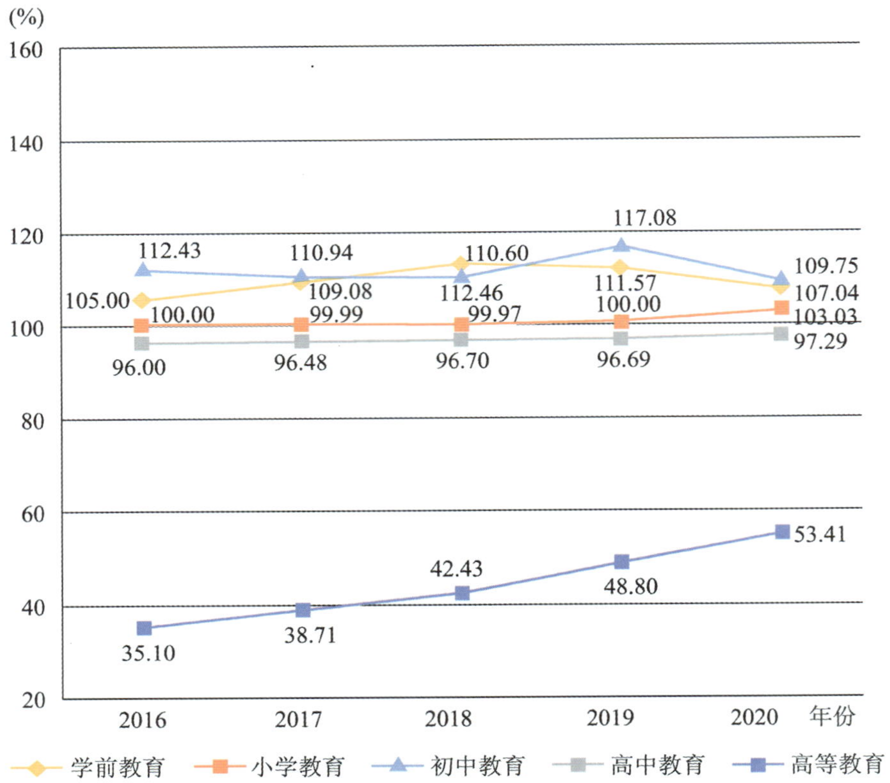

图 1－2　2016—2020 年广东省各级教育毛入学率

三、各级各类民办教育规模发展

广东省进一步贯彻落实《中华人民共和国民办教育促进法》及其实施条例，引导民办教育健康发展。各级民办教育规模均比上年有较大幅度增长，所占比重也进一步提高。非义务教育阶段民办教育规模快速增长，占同级教育的比重继续提高。2020 年，民办高等教育在校生 78.04 万人，比上年增长 14.40%；占广东高等教育在校生总数的比例为 32.50%，较上年减少 0.70%。民办中职学校发展尤为迅速，2020 年，广东省民办中职学校在校生为 16.99 万人，比上年增加 5.9%；占广东省中职学校在校生的比重达 19.60%，比上年提高 0.94%。详见表 1－3。

表 1－3　2019 年、2020 年广东省各级各类民办教育规模及所占比重

各级教育	在校生规模（万人）		占同级教育的比重（%）	
	2019 年	2020 年	2019 年	2020 年
高等教育（不含成人）	68.24	78.04	33.20	32.50
高中阶段	41.02	44.70	15.21	14.55
其中：普通高中	24.98	27.71	13.59	14.60
其中：中职学校	16.04	16.99	18.66	19.60
初中	90.41	93.42	23.24	23.04
小学	228.55	227.41	22.12	21.51
幼儿园	327.14	282.94	70.43	58.92

四、各级各类学校办学条件

2020 年，随着教育经费投入与资源配置水平的提高，各级各类学校办学条件进一步改善。

1. 专任教师

2020 年，广东省各级各类学校专任教师数为 154.59 万人，比上年增加 5.44 万人，增长 3.65%。其中，特殊教育专任教师人数增长较快，由上年的 5326 人增加到 5841 人，增长 9.67%。

学前教育专任教师数比上年有所增长，为 32.15 万人，比去年增加 1.35 万人，增长 4.38%。

义务教育阶段专任教师人数有所增长。小学专任教师为 57.34 万人，比上年增加 2.02 万人，增长 3.65%；初中阶段专任教师为 30.09 万人，比上年增加 9310 人，增长 3.19%。

高中阶段专任教师人数比上年有所增长。其中，普通高中专任教师为 15.18 万人，比上年增加了 3027 人，增长了 2.03%；中等职业学校专任教师为 4.38 万人，比上年减少了 186 人，减少 0.42%。

高等教育专任教师有所增加，为 12.44 万人，比上年增加了 7177 人，增长 6.12%（图 1－3）。

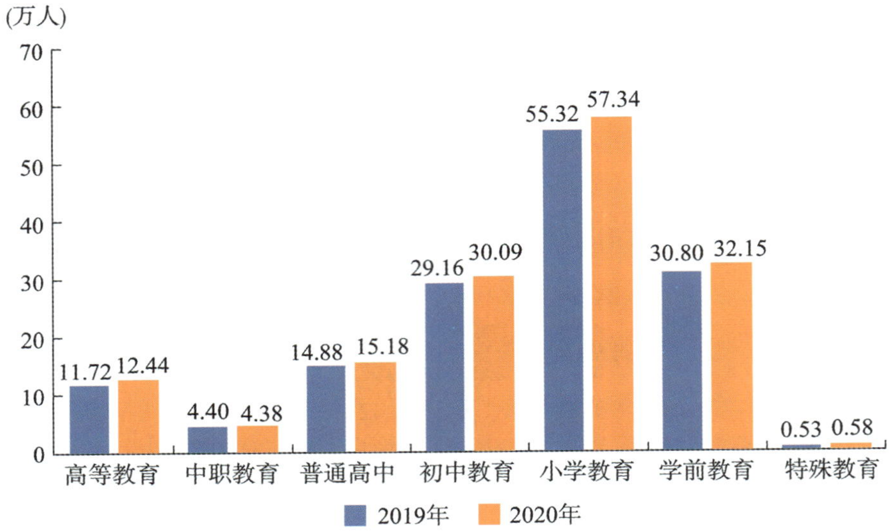

图 1－3　2019 年、2020 年广东省各级各类教育专任教师数

2. **校舍面积**

2020 年，广东省各级各类学校拥有校舍建筑面积总量达 4 0881. 05 万平方米，比上年增加 2677. 79 万平方米，增长 7. 01%。其中，小学和幼儿园校舍建筑面积增长最快，增幅分别高达 8. 59% 和 7. 83%。见表 1－4。

表 1－4　2020 年广东省各级各类学校校舍面积情况

各级教育	校舍建筑总面积（万平方米）			生均校舍建筑面积（平方米）		
	2020 年	比上年增长	比上年增长（%）	2020 年	比上年增长	比上年增长（%）
普通高校	6511. 40	327. 83	5. 30	25. 35	－2. 45	－8. 8
普通高中	5739. 71	370. 5	6. 90	30. 15	0. 93	3. 18
中职学校	1320. 88	－2. 18	－0. 16	15. 23	－0. 16	－1. 04
初中	10 593. 18	696. 58	7. 04	26. 13	0. 69	2. 71
小学	12 234. 10	968. 71	8. 59	11. 57	0. 66	6. 05
幼儿园	4481. 78	325. 35	7. 83	9. 33	0. 38	5. 15
合计	40 881. 05	2677. 79	7. 01	16. 51	0. 45	2. 80

注：高校和中等职业学校含独立产权和非学校产权独立使用两部分，仪器设备值等条件指标下同。

3. 教学、科研仪器设备值

2020 年，广东省各级各类学校教学、科研仪器设备总值为 1232.93 亿元，比上年增加 135.62 亿元，增长 12.36%。其中，小学、初中和普通高校教学、科研仪器设备资产值增长较快，比上年分别增长 14.96%、11.74%、11.32%。普通高中、初中、小学生均教学、科研仪器设备值均比上年有所提高，分别为 6487.65 元、5924.42 元、2917.90 元，比上年分别增长 6.08%、7.21%、12.38%。因普通高校人数增长幅度大，故生均教学、科研仪器设备值比上年有所下降，为 16 657.15 元，比上年下降 2.23%，如表 1－5 所示。

表 1－5　2019 年广东省各级各类学校教学、科研仪器设备值情况

各级教育	总值（亿元）			生均（元）		
	2020 年	比上年增长	比上年增长（%）	2020 年	比上年增长	比上年增长（%）
普通高校	470.49	53.28	11.32	16 657.15	－380.63	－2.23
普通高中	123.49	11.12	9.90	6487.65	371.83	6.08
中职学校	90.28	5.86	6.94	10 415.26	594.77	6.06
初中	240.22	25.24	11.74	5924.42	398.28	7.21
小学	308.45	40.13	14.96	2917.90	321.48	12.38
合计	1232.93	135.62	12.36	6097.48	432.59	7.64

注：普通高校和中职学校“总值”中含非产权独立使用部分，指学校租借用一年以上的教学科研仪器设备值，不含学校与其他单位共用的教学科研仪器设备值。

五、各级各类学校办学效益

2020 年，各级各类学校办学效益逐步提高，教师配置状况也有所改善。

1. 校均规模

2020 年，广东省初等、中等教育学校校均规模均有所变化。其中，小学校均规模为 997 人，比上年增加 19 人；初中（不包含职业初中）校均规模为 1081 人，比上年增加 33 人；普通高中校均规模为 1839 人，比上年增加 16 人；中等职业学校校均规模为 2189 人，比上年增加 171 人。如图 1－4 所示。

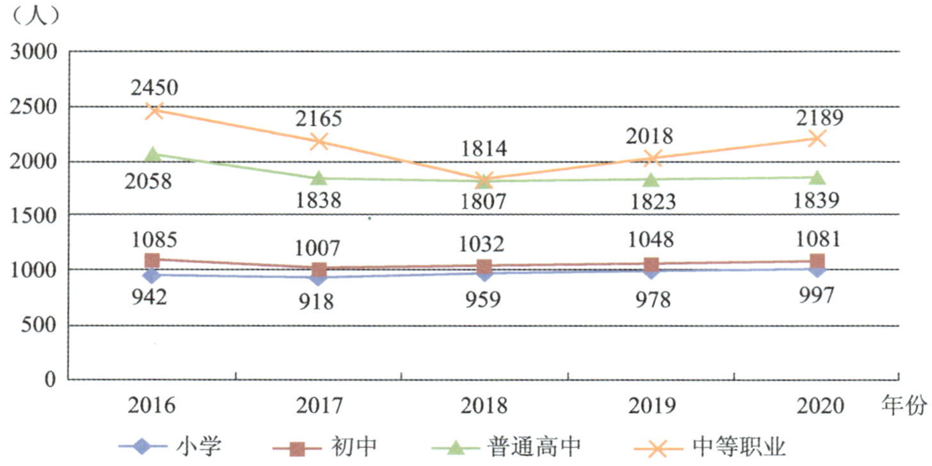

图1－4　2016—2020年广东省初等、中等教育学校校均规模变化情况

广东省普通高校校均规模为15 586人，比上年增加2248人。其中，本科院校为18 247人，比上年增加了936人；专科院校为12 141人，比上年增加了1863人。如图1－5所示。

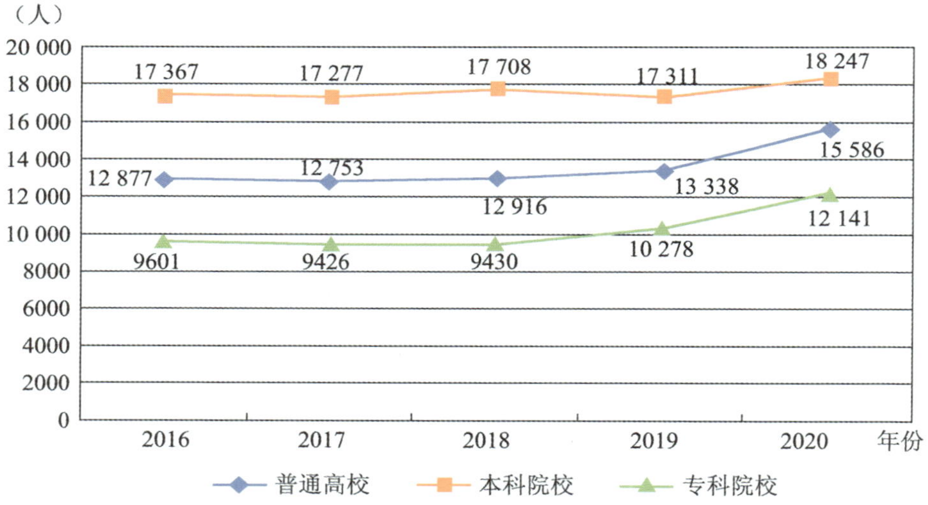

图1－5　2016—2020年广东省普通高校校均规模变化情况

2. 班额

基础教育学校平均班额相对稳定。2020年，广东省小学平均班额为39人，与上年相比减少1人；初中平均班额为46人，与上年持平；普通高中平均班额为49人，与上年持平。小学56人以上大班班额数比上年减少3991个；初中

56 人以上大班班额数比上年减少 1028 个；普通高中 56 人以上大班班额数比上年减少 1448 个；普通高中 66 人以上超大班班额数比上年减少 38 个。如表 1－6 所示。

表 1－6　2019 年、2020 年广东省基础教育学校班额情况

类别	56 人以上大班班额数（个）		66 人以上超大班班额数（个）		平均班额（人）	
	2019 年	2020 年	2019 年	2020 年	2019 年	2020 年
普通高中	2284	836	86	48	49	49
初中	1130	102	0	0	46	46
小学	4692	701	0	0	40	39

3. 生师比

2020 年，从专任教师配置情况看，各级各类学校专任教师配置情况都有所变化。普通高校生师比为由上年的 17.33∶1 升到 18.36∶1；中等职业学校生师比由上年的 19.52∶1 上升到 19.76∶1；普通高中生师比由上年的 12.35∶1 上升到 12.54∶1；初中生师比由上年的 13.34∶1 上升到 13.47∶1；小学生师比由上年的 18.68∶1 下降到 18.43∶1；学前教育生师比由上年的 15.08 下降到 14.94。如图 1－6 所示。

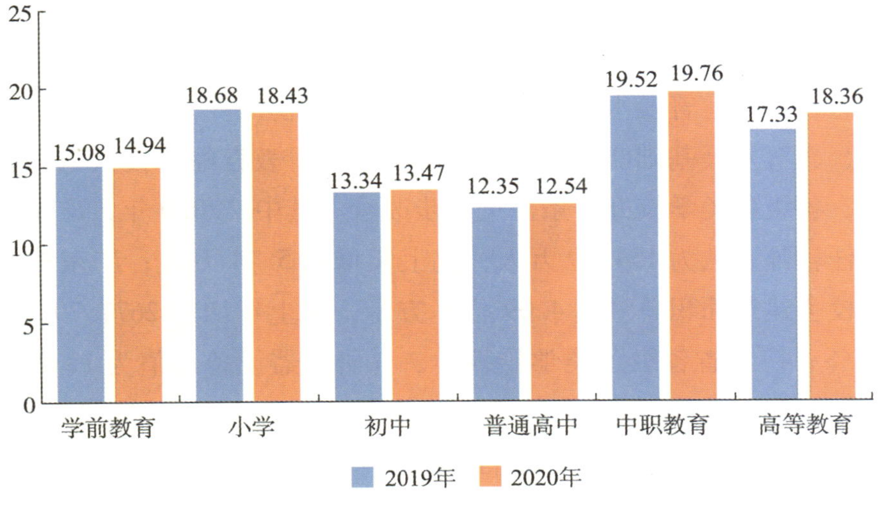

图 1－6　2019 年、2020 年广东省各级各类学校生师比情况

六、小结

“十三五”规划期间，广东省坚持教育优先发展战略，加强顶层设计和总体规划，加快推进教育现代化，“十三五”规划的目标任务总体完成，但在新冠肺炎疫情影响下，教育发展面临复杂而深刻的重大变化，部分教育指标受此影响。站在“十三五”规划收官之际和迎接中国共产党成立一百周年的历史节点上，广东省积极应对教育发展变化，加大教育投入，改善办学条件，深化教育改革，积极推进教育“创强争先建高地”中心工作，进一步强化教育的工作统筹、资金统筹和考核统筹。深化省级政府教育统筹综合改革，改变了条块分割模式，优化了资源配置，进一步扩大和落实了学校办学自主权，增强了教育管理的协同性、整体性和科学性，有力地促进了全省各级各类教育的协调发展，较大地提升了区域教育发展质量和水平。

首先，公共教育服务质量均等化提高。幼儿保教体系得到完善，学前教育毛入学率达107.04%；坚持实施九年义务教育，义务教育在校生为1462.58万人，为2020年规划目标的126.09%，义务教育实施得到加强；高中阶段教育在校生规模为337.93万人，比上年增加10.15万人，比2020年规划目标少62.07万人，高中阶段教育距后期规划发展目标略有差距，还应加强高中阶段教育的实施，切实高质量高水平地推进高中阶段教育的实施；高等教育大众化水平进一步提高，普通本专科在校生达240.02万人，在校生数量持续增加，为社会培养的高素质劳动力不断增加，不断地推进一流大学和一流学科建设，加快了高水平大学建设，建设若干国内一流、世界知名的高水平大学和学科。总体来讲，各级教育普及水平不断提高，受教育机会进一步扩大。

其次，教育发展基础能力得到明显提升。随着教育经费投入与资源配置水平的提高，各级各类学校办学条件进一步改善。其中，2020年，广东省各级各类学校专任教师人数为154.59万人，比上年增加5.44万人；广东省各级各类学校拥有校舍建筑面积总量达4.09亿平方米，比上年增加2677.79万平方米，增长7.01%；广东省各级各类学校教学、科研仪器设备总值为1232.93亿元，比上年增加135.62亿元，增长12.36%。师资水平、办学水平得到明显提升。

最后，教育的现代化水平不断提高，不断推进教育现代化先进县（市、区）、先进市全覆盖水平，现代教育体系得到完善。

第二部分　学前教育

2020 年，学前教育在经费投入、覆盖规模、办学质量、师资培训、管理体系等方面都获得了较大的发展，“入园难”问题初步缓解。但是，学前教育城乡普惠性资源依然短缺，公办、民办教育比例不够协调，运行保障机制建设相对滞后，教师数量不足、职业吸引力不强，保育教育质量有待进一步提高。

一、学前教育规模发展与普及水平情况

2020 年，广东省进一步加大学前教育投入力度，努力实施学前教育三年行动计划与督查工作，有力地推进了全省学前教育事业科学、健康、可持续发展。

1. 学前教育机构继续增加，东翼和西翼增长较快

2020 年，广东省幼儿园数为 20 747 所，比上年增加 862 所，增长 4.33%。从区域上来看，东翼幼儿园数增幅最大，为 8.24%；西翼和山区次之；珠江三角洲幼儿园数增幅最小，为 3.20%。如表 2－1 所示。

表 2－1　2019 年、2020 年广东省学前教育机构数变化情况

地区	幼儿园数（所）		增长率（%）
	2019 年	2020 年	
全省	19 885	20 747	4.33
珠江三角洲	8943	9229	3.20
东翼	3400	3680	8.24
西翼	4278	4464	4.35
山区	3264	3374	3.37

从类型上来看，2020 年城区幼儿园数为 11 576 所，比上年增长 3.76%；其中，城区公办幼儿园数增长 62.54%，民办幼儿园数减少 9.98%。镇区及乡村幼儿园数比上年增长 5.06%。如表 2－2 所示。

表 2－2　2019 年、2020 年广东省学前教育机构城乡分布情况

地区		幼儿园数（所）		增长率（%）
		2019 年	2020 年	
城区	公办	2114	3436	62.54
	民办	9042	8140	－9.98
	合计	11 156	11 576	3.76
镇区及乡村	公办	3096	3687	19.09
	民办	5633	5484	－2.65
	合计	8729	9171	5.06

分城市看，2020 年全省 21 个市幼儿园数有不同程度的增减，特别是广州、汕头和茂名，分别比上年增加了 102 所、158 所和 101 所，河源比上年减少了 2 所。如表 2－3 所示。

表 2－3　2020 年广东省各地区学前教育机构数比上年增长的分档情况

数量（所）	珠江三角洲	东翼	西翼	山区
90 以上	广州	汕头	茂名	
60～90				梅州
30～60	深圳、东莞、肇庆	潮州、揭阳、汕尾	湛江	
0～30	珠海、佛山、惠州、中山、江门		阳江	韶关、清远、云浮
0 以下				河源

分城乡看，2020 年全省普惠性幼儿园数量总体较上年减少 0.57%。普惠性幼儿园在民办幼儿园中比例城区由 2019 年的 67.39% 上升至 70.69%，镇区及乡村由 2019 年的 74.26% 上升至 81.38%。2020 年城区和镇区及乡村普惠性幼儿园数量变化情况如表 2－4 所示。

表 2－4　2019 年、2020 年广东省普惠性幼儿园数量变化情况（所）

地区	2019 年		2020 年		增长率（%）	
	城区	镇区及乡村	城区	镇区及乡村	城区	镇区及乡村
全省	6093	4183	5754	4463	－5. 56	6. 69
珠江三角洲	3566	991	3267	958	－8. 38	－3. 33
东翼	785	848	855	1026	8. 92	20. 99
西翼	982	1134	959	1209	－2. 34	6. 61
山区	620	1210	673	1270	8. 55	4. 96

2. 入园人数较上年小幅增加，整体普及程度有所提升

2019 年，经过各地政府积极努力，办学空间得到了有效的拓宽。2020 年全省新入园（班）幼儿数为 182. 59 万人，比上年增加 1. 77 万人，增长 0. 98%，如图 2－1 所示。学前教育毛入园率 107. 04%，超过《广东省发展学前教育三年行动计划》中到 2020 年全省学前教育三年毛入园率达到 96. 00% 以上的目标，比 2019 年减少 5. 27%。

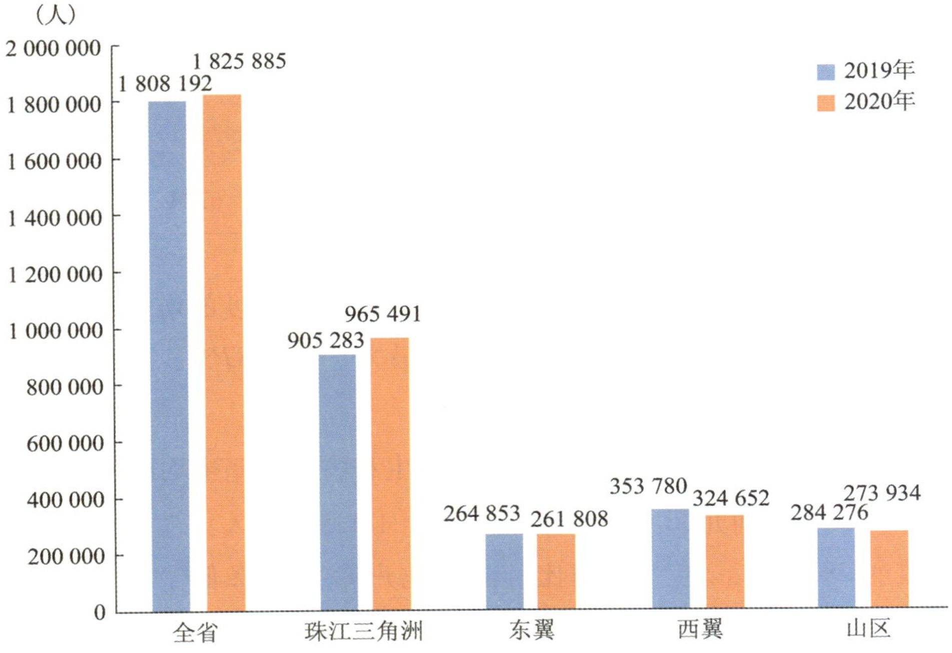

图 2－1　2019 年、2020 年广东省学前教育新入园（班）幼儿数变化情况

分区域看，2020年四个地区除珠江三角洲新入园幼儿数增加，其他三个地区均有所下降，其中东翼、西翼和山区比2019年分别减少了3045人、29 128人、10 342人，降低比例分别为0.01%、0.08%、0.04%，珠江三角洲比上年增加60 208人，增加比例为0.07%。（各地市学前教育招生情况详见附表1－1）

2020年全省在园（班）幼儿数比上年增长3.37%。分城乡看，2020年城区在园幼儿为2 048 352人，比上年增长3.92%；镇区及乡村在园幼儿为2 753 414人，比上年增长2.97%。

分区域来看，东翼地区在园（班）幼儿数增幅最大。2020年，东翼地区在园（班）幼儿数比上年增长5.97%。如表2－5所示。

表2－5　2020年广东省各区域在园（班）幼儿数增长情况

单位：人

地区	2020年在园（班）幼儿数			比上年增长人数	增长率（%）
	城市	镇区及乡村	合计		
全省	2 048 352	2 753 414	4 801 766	156 725	3.37
珠江三角洲	1 497 720	1 121 852	2 619 572	104 278	4.15
东翼	146 488	546 377	692 865	39 042	5.97
西翼	224 941	576 671	801 612	7121	0.90
山区	179 203	508 514	687 717	6284	0.92

从各地市看，学前教育在园（班）规模存在不同程度的增长和降低。其中汕头市增幅最大，为10.93%；湛江市降幅最大，为1.87%。（各地市学前教育在园（班）情况详见附表1－2）

3. 幼儿园在园（班）幼儿中非本地户籍生和省外户籍生均有所减少

2020年，全省幼儿园共有非本地户籍生1 425 941人，占全省在园（班）幼儿总数的29.70%。与上年相比，非本地户籍生数降低了4.53%。其中，2020年，全省幼儿园在园（班）幼儿中，省外户籍生数占全省在园（班）幼儿总数的14.39%。与上年相比，省外户籍生减少了35 098人，下降了4.84%。详见表2－6。

非本地户籍生数量的减少在一定程度上与省内相关政策的出台密切相关，广东省为留住和吸引人才资源、加快推进新型城镇化建设，提出要放开放宽落户限制，这为落户广东拓宽口径，越来越多外地户籍人员转为本地户籍人员。因此，第七次人口普查结果显示，广东省人口数量虽然增多，但更多的是由于青年人才的引入。这与非本地户籍生数量减少不相矛盾。

表 2－6 2019 年、2020 年广东省幼儿园在园（班）幼儿的户籍生与非户籍生情况

单位：人

类别	2019 年	2020 年	相比上年增长人数	增长率（%）
在园幼儿数	4 645 041	4 801 766	156 725	3. 37
非本地户籍生	1 493 578	1 425 941	－67 637	－4. 53
所占比例（%）	32. 15	29. 70	—	—
（其中）省外户籍学生	725 842	690 744	－35 098	－4. 84
所占比例（%）	15. 63	14. 39	—	—

全省各区域非本地户籍学前教育在园（班）幼儿数各不相同。2020 年，非本地户籍学前教育在园（班）幼儿数所占比例最高的是珠江三角洲，占全省非户籍在园（班）幼儿数的 83. 82%，相比上年降低 1. 73%，而东翼、西翼和山区分别比上年上升 0. 82%、0. 45%、0. 46%。如图 2－2 所示。

4. 小学附设班幼儿园规模呈现下降趋势，珠三角洲地区下降明显

2020 年，全省小学附设班的在园（班）幼儿数为 23. 43 万人，比上年减少 4179 人，下降 1. 75%。

从区域来看，2020 年各地区小学附设班幼儿园的规模均有所变化，其中珠江三角洲和山区小学附设班幼儿园的规模有所下降，下降比率分别为 17. 52% 和 6. 64%；东翼地区增长最多，增长了 4. 01%；西翼地区增长了 1. 14%，其附设班幼儿园的规模为全省最大。如表 2－7 所示。

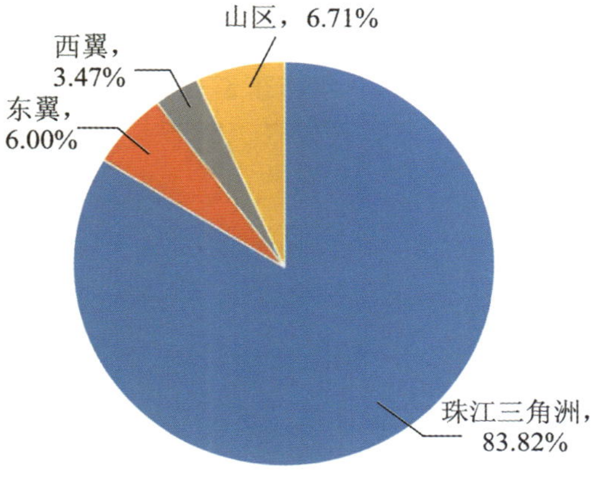

图 2－2 2020 年广东省各区域学前教育在园（班）幼儿中非本地户籍人数比例情况

表2－7　2019年、2020年广东省各区域小学附设班幼儿园人数占学前教育总规模的变化情况

地区	2019年		2020年		比上年增长	
	在园（班）幼儿数（人）	占学前教育总规模比例（%）	在园（班）幼儿数（人）	占学前教育总规模比例（%）	在园（班）幼儿数（人）	比例（%）
珠江三角洲	28 411	0.61%	23 432	0.49%	－4979	－17.52
东翼	71 954	1.55%	74 842	1.56%	2888	4.01
西翼	90 995	1.96%	92 033	1.92%	1038	1.14
山区	47 084	1.01%	43 958	0.92%	－3126	－6.64

从各地市看，全省有小学附设班幼儿园的21个市中，17个市的小学附设班幼儿园在园（班）幼儿数均有变化。与上年相比，韶关、河源、汕尾、江门、肇庆和云浮小学附设班幼儿园在园（班）幼儿数分别减少317人、1411人、290人、721人、1964人和344人；惠州、阳江和清远小学附设幼儿园（班）幼儿减少数均在2000人以上，分别为2952人、2732人和2930人；广州、佛山、汕头、梅州、东莞、湛江、茂名、潮州和揭阳小学附设班幼儿园在园（班）幼儿数分别增加18人、623人、2830人、1876人、17人、2656人、1114人、79人和269人。人数变化情况如表2－8所示。（各地市学前教育小学附设班幼儿园在园（班）幼儿数情况详见附表1－3）

表2－8　2020年广东省各地市附设班幼儿园在园（班）幼儿人数的变化情况

增长范围	地市
2000人以上	汕头、湛江
0～2000人	广州、佛山、梅州、东莞、茂名、潮州、揭阳
－2000～0人	韶关、河源、汕尾、江门、肇庆、云浮
－2000人以下	惠州、阳江、清远

5. **小学教育招生中接受过学前教育的比重小幅度增长，珠江三角洲地区增幅较大**

分城乡看，2020 年全省城区小学招生中接受过学前教育的人数为 703 127 人，比上年减少 54 026 人，减少 7. 14%。2020 年全省镇区及乡村小学招生中接受过学前教育的人数比上年减少 110 005 人，减少 9. 44%。如表 2 –9 所示。

表 2 –9　2020 年广东省各城乡小学招生中接受过学前教育的人数变化情况

单位：人

类别	2019 年	2020 年	增加	增长率（%）
城区	757 153	703 127	–54 026	–7. 14
镇区及乡村	1 165 008	1 055 003	–110 005	–9. 44

从区域来看，珠江三角洲、东翼、西翼和山区小学招生中接受过学前教育的人数均有所下降，2020 年比上年分别减少 7. 63%、6. 75%、9. 28% 和 12. 62%。如表 2 –10 所示。

表 2 –10　2020 年广东省分区域小学招生中接受过学前教育的人数与比例变化情况

地区	接受过学前教育的人数（人）			接受过学前教育的人数比例（%）	
	2020 年	比上年增长人数	增长率（%）	2020 年	比上年增长
珠江三角洲	944 097	–78 026	–7. 63	99. 16	0. 76
东翼	272 120	–19 686	–6. 75	98. 91	0. 45
西翼	283 904	–29 052	–9. 28	99. 67	–0. 17
山区	258 009	–37 267	–12. 62	99. 79	–0. 09

从各地市看，全省 21 个市中，2020 年小学招生中接受过学前教育的人数除潮州外均有所下降，如表 2 –11 所示。小学招生中接受过学前教育的人数减少率超过 15% 的地市为梅州市。（各地市小学招生中接受过学前教育的人数情况详见附表 1 –4）

表 2－11　2020 年广东省各地市小学招生中接受过学前教育的人数变化情况

增长范围	地市
0% 以上	潮州
－5%～0%	深圳　汕头
－10%～－5%	珠海　佛山　惠州　中山　江门　湛江　广州　茂名　潮州
－15%～－10%	韶关　汕尾　东莞　河源　阳江　肇庆　清远　揭阳　云浮
－15% 以上	梅州

二、学前教育教师队伍发展情况

学前教育教师规模继续增长；教师学历水平继续提升，教师素质有所改善；学前教育教师培训以校级为主。

1. 学前教育专任教师规模持续增长，西翼地区增幅最大

2020 年，全省学前教育专任教师人数为 32.15 万人，比上年增加 13 525 人，增长 4.39%。分城乡看，2020 年，城区学前教育专任教师数 148 860 人，比上年增长 3.35%；镇区及乡村学前教育专任教师数为 172 617 人，比上年增长 5.30%。分区域看，2020 年广东省各区域学前教育专任教师数量与上年相比均有较大幅度增长，其中西翼地区增幅最大，为 8.50%。如表 2－12 所示。

表 2－12　2020 年广东省各区域学前教育专任教师规模变化情况

单位：人

地区	城区	镇区及乡村	合计	比上年增长	增长率（%）
全省	148 860	172 617	321 477	13 525	4.39
珠江三角洲	108 134	73 753	181 887	5389	3.05
东翼	11 438	15 769	46 533	2562	5.83
西翼	16 834	34 371	51 205	4011	8.50
山区	12 454	29 398	41 852	1563	3.88

分地市看，全省21个地市学前教育专任教师数均有不同程度的增长和减少，其中增幅最大的地市是茂名市，增长率为14.27%。（各地市学前教育专任教师数情况详见附表1－5）

2020年，全省幼儿园园长数为2.98万人，比上年增加180人，增长0.61%；全省幼儿园保育员数13.69万人，增长5.01%；全省幼儿园保健医生数为19 000人，其中珠江三角洲地区的幼儿园保健医生数达12 852人，占全省幼儿园保健医生数的67.64%。

2. 学前教育生师比略有下降，城乡差距仍然显著

2020年，全省学前教育生师比为14.94:1，比上年下降0.15。其中，农村生师比为15.95:1，城市生师比为13.76:1，城乡差距依然显著。与上年相比，西翼和山区生师比均有所下降，珠江三角洲和东翼生师比有所上升。如表2－13所示。

表2－13　2020年广东省各区域学前教育生师比情况

地区	2019年			2020年			比上年增长
	城市	农村	合计	城市	农村	合计	
全省	13.67:1	16.28:1	15.08:1	13.76:1	15.95:1	14.94:1	－0.15
珠江三角洲	13.60:1	15.09:1	14.25:1	13.85:1	15.21:1	14.40:1	0.15
东翼	12.49:1	32.47:1	14.87:1	12.81:1	34.65:1	14.89:1	0.02
西翼	14.21:1	18.21:1	16.83:1	13.36:1	16.78:1	15.65:1	－1.18
山区	14.63:1	17.91:1	16.91:1	14.39:1	17.30:1	16.43:1	－0.48

3. 学前教育教师学历水平及幼儿教育专业毕业的教师比例有所提升

2020年，全省学前教育专任教师中专科及以上学历比例为84.30%，比上年增长3.30%。分城乡看，2020年，全省镇区及乡村专任教师中专科及以上学历比例为81.11%，比城区低6.90%，城乡间差距依然较大。分区域看，全省各区域该比例均有提升。2020年，珠江三角洲专任教师中专科及以上学历比例达88.66%，比上年增长2.49%，增幅最小；东翼地区专任教师中专科及以上学历比例为四个地区最低。如表2－14所示。

表 2-14　2019 年、2020 年广东省各区域学前教育专任教师中专科及以上学历比例变化情况（%）

地区	2019 年			2020 年			比上年增长
	城市	农村	合计	城市	农村	合计	
全省	84.88	77.33	81.00	88.01	81.11	84.30	3.30
珠江三角洲	87.32	83.91	86.17	90.15	86.48	88.66	2.49
东翼	73.10	68.54	69.75	78.28	73.49	74.67	4.92
西翼	79.81	73.47	75.65	82.87	79.29	80.47	4.82
山区	81.67	74.81	76.88	85.26	78.86	80.76	3.88

学前教育专任教师中幼儿教育专业毕业的人数比例有所增长。2020 年，学前教育专任教师中幼儿教育专业毕业的人数比例为 92.65%，比上年增长 0.34%。分区域看，东翼增长幅度最大，比上年增长 3.49%；山区也有所增长，比上年增长 3.26%；珠江三角洲较上年有所下降，减少 0.91%，如图 2-3 所示。分地市看，学前教育专任教师中幼儿教育专业毕业的人数比例比上年有所降低的地市为广州、深圳、珠海、韶关、茂名、肇庆和揭阳，其中增幅超

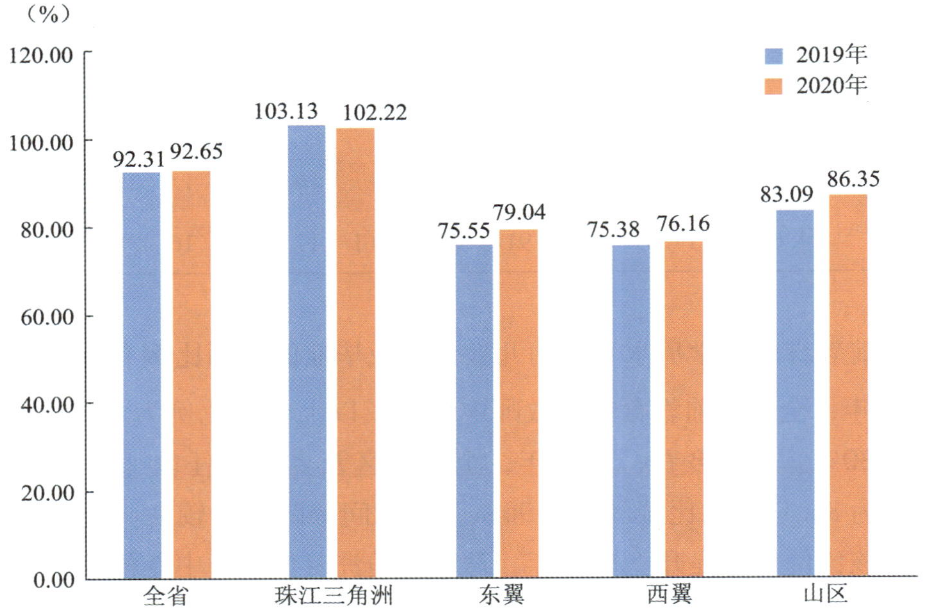

图 2-3　2019 年、2020 年广东省各区域学前教育专任教师中幼儿专业毕业的人数比例变化情况

过5%的地市有汕头、梅州、阳江和清远。（各地市学前教育专任教师中幼儿教育专业毕业数情况详见附表1－6）

学前教育研究生、本科毕业、专科毕业、高中以下毕业学历专任教师人数有所提高，高中毕业专任教师有所下降。专科毕业和本科毕业专任教师人数变化最大。分区域看，珠江三角洲本科层次的专任教师数增长幅度最大，且高中毕业层次的专任教师数减少最多；东翼、西翼及山区专科层次的专任教师数增加较多，如图2－4所示。

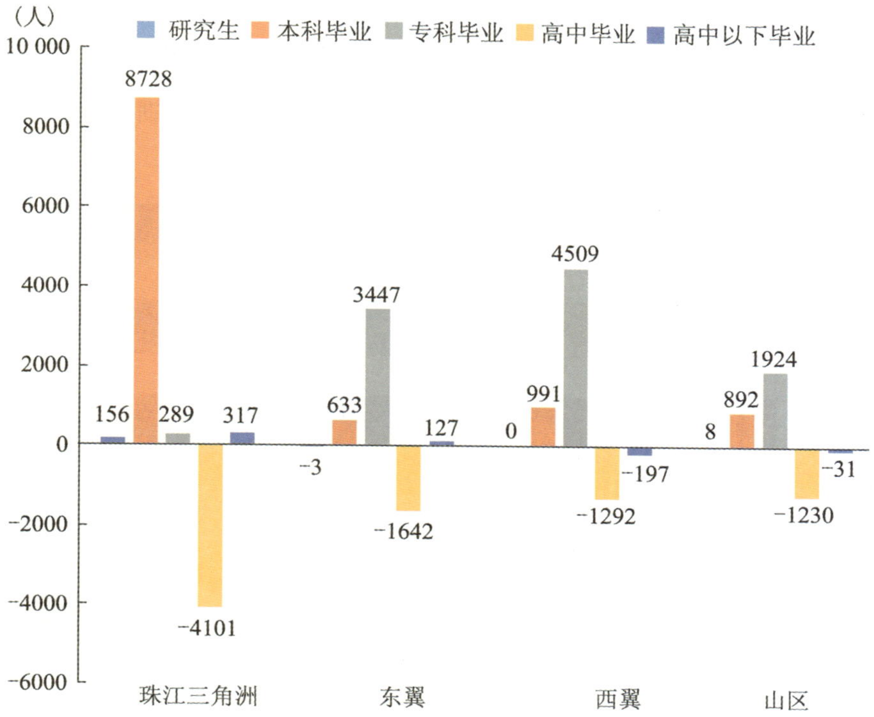

图2－4　2020年广东省各区域学前教育各层次学历专任教师人数变化情况

4. 培训类型以校级培训为主，培训形式以集中培训比例最高

2020年，全省幼儿园专任教师共接受国内培训2 447 279次，人均培训次数为7.62次，比上年增加1.84次。从培训形式看，幼儿园教师接受的培训中集中培训所占比例最高。2020年，全省接受集中培训的幼儿园专任教师数占总培训人次的73.70%；其次是远程培训；跟岗实践所占的比例较低，如图2－5所示。分区域看，珠江三角洲、东翼和山区专任教师接受县级培训的人次比例结构类似，西翼地区接受省级培训比例大于地市级培训，从培训总体结构看，校级的比例相对较高，如图2－6所示。

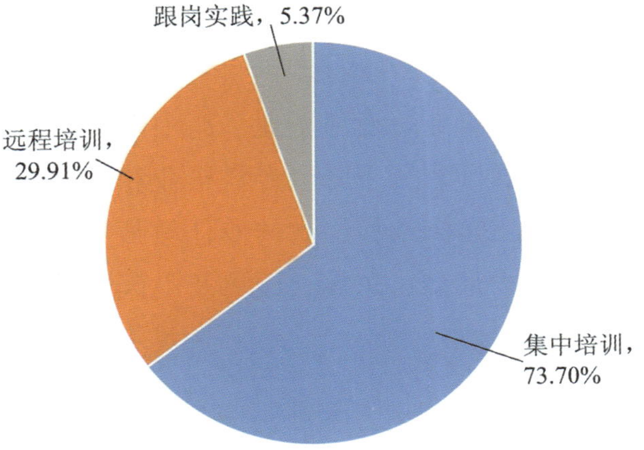

图 2－5　2020 年广东省幼儿园专任教师参加国内各级各类培训形式比例情况

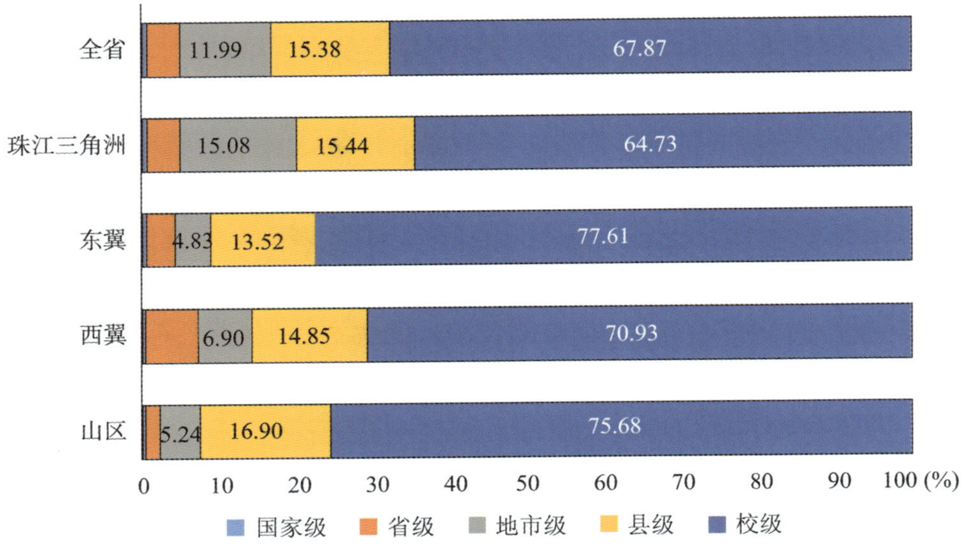

图 2－6　2020 年广东省各区域幼儿园专任教师参加国内各级各类培训总人次比例情况

5. 幼儿园代课教师比例减少，城乡差距有所缓和

2020 年，全省学前教育岗位教师中代课教师的比例为 0.10%。分城乡看，全省农村代课教师占岗位教师比例为 0.12%，比城区高 0.04%。分区域看，西翼地区该比例较高，为 0.45%；山区该比例为 0.03%。如图 2－7 所示。此外，2019 年珠江三角洲、东翼、西翼和山区农村学前教育岗位中代课教师的比例比城区分别高 0.01%、－0.05%、0.51% 和 0.02%；2020 年，该数据分别为 0.02%、－0.11%、－0.03% 和 0.03%。从数据可见，区域间的城乡差距仍然存在，如表 2－15 所示。

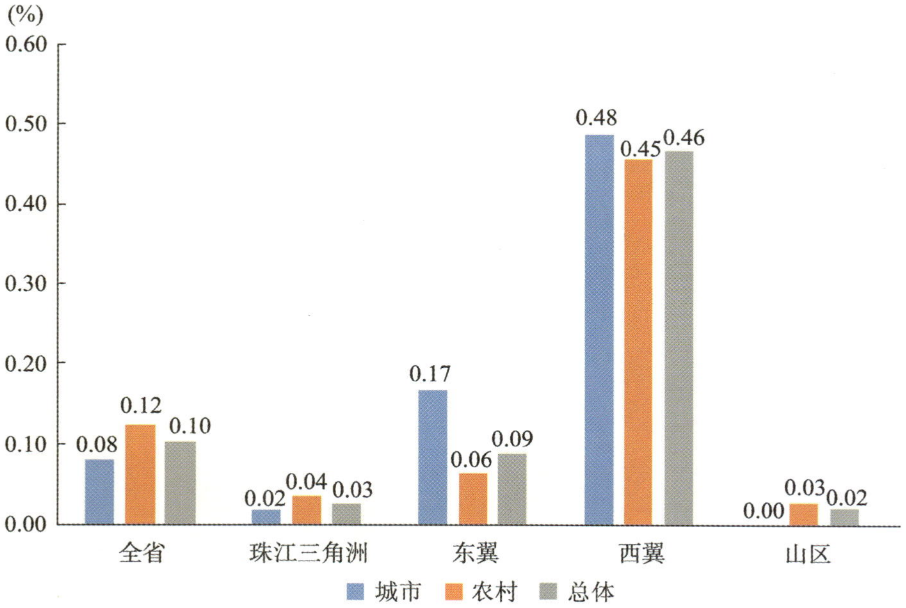

图 2－7 2020 年广东省各区域学前教育代课教师占岗位教师的比例情况

表 2－15 2019 年、2020 年广东省各区域学前教育岗位中代课教师比例情况（%）

地 区	2019 年			2020 年		
	城市	农村	农村比城市	城市	农村	农村比城市
珠江三角洲	0. 03	0. 04	0. 01	0. 02	0. 04	0. 02
东翼	0. 20	0. 15	－0. 05	0. 17	0. 06	－0. 11
西翼	0. 52	1. 03	0. 51	0. 48	0. 45	－0. 03
山区	0. 00	0. 02	0. 02	0. 00	0. 03	0. 03

三、幼儿园办学条件变化情况

2020 年，全省幼儿园校舍总面积增长较快，但生均校舍面积增长较慢，农村生均活动室面积仍未达标。

1. 幼儿园生均校舍面积较去年有所增长

2020 年，全省幼儿园校舍总面积达到 4481. 78 万平方米，比上年增长 7. 83%。幼儿园生均校舍面积为 9. 33 平方米，比上年增加 0. 39 平方米。2020 年比 2018 年增加了 0. 82 平方米，增长趋势较稳定。分区域来看，全省生均校舍面积均呈上升态势，其中西翼增长最多，比上年增加1.18平方米，珠江三角洲增幅为四个区中最低，如图2－8所示。

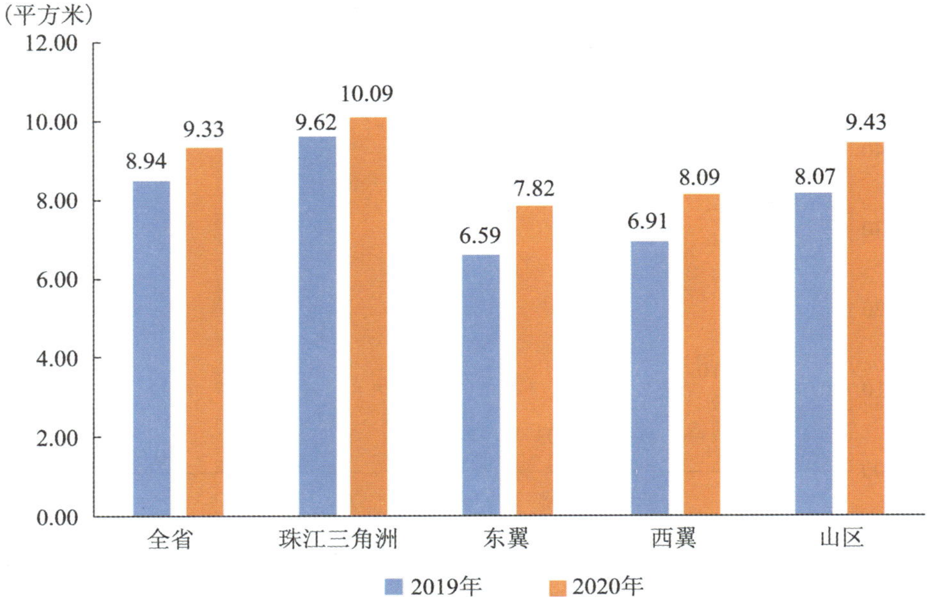

图2－8　2019年、2020年广东省各区域幼儿园生均校舍面积变化情况

分城乡看，城市幼儿园的生均校舍面积仍高于农村。2020年，全省城市幼儿园生均校舍面积为9.78平方米，达到《城市幼儿园建筑面积定额（试行）》规定的8.8平方米的最低标准，农村幼儿园生均校舍面积仅为9.00平方米，如表2－16所示。

表2－16　2019年、2020年广东省各城乡幼儿园生均校舍面积情况

单位：平方米

项　目	年　份		增　加
	2019	2020	
校舍占地面积	41 564 343.61	44 817 814.85	3 253 471.24
生均校舍面积	8.94	9.33	0.39
城市校舍面积	18 896 856.05	20 025 869.07	1 129 013.02
城市生均校舍面积	9.59	9.78	0.19
农村校舍面积	22 667 487.56	24 791 945.78	2 124 458.22
农村生均校舍面积	8.48	9.00	0.53

分地市看，2020 年全省各地市幼儿园生均校舍面积相比上年有所增加（表 2－17）。其中茂名市生均校舍面积增加超过 1.00 平方米。（各地市幼儿园生均校舍占地面积情况详见附表 1－7）

表 2－17 2020 年广东省各地市幼儿园生均校舍面积变化情况

单位：平方米

增加范围	地市						
1.00 以上	茂名						
0.50～1.00	汕头	韶关	河源	汕尾	湛江	肇庆	清远
	潮州	云浮					
0～0.50	深圳	梅州	惠州	东莞	中山	阳江	揭阳

2. 幼儿园生均活动室面积较上年略有增长

2020 年，全省幼儿园活动室总面积为 18 773 324.23 平方米，比上年增长 9.54%；生均活动室面积为 3.91 平方米，与上年相比增加 0.22 平方米。

分区域看，2020 年珠江三角洲、东翼、西翼和山区幼儿园生均活动室面积均略有增加。其中，西翼增幅最大，比上年增加了 0.47 平方米，珠江三角洲为四个区域中最低，如表 2－18 所示。

表 2－18 2019 年、2020 年广东省各区域幼儿园生均活动室面积情况

单位：平方米

地区	年份		增加
	2019	2020	
全省	3.69	3.91	0.22
珠江三角洲	4.14	4.25	0.11
东翼	3.06	3.32	0.26
西翼	2.89	3.36	0.47
山区	3.58	3.86	0.28

分城乡看，2020 年全省城市幼儿园活动室面积为 8 741 471.58 平方米，比上年增长 4.51%；城市幼儿园生均活动室面积为 4.27 平方米，比上年增加

0.16平方米，达到了《城市幼儿园建筑面积定额（试行）》中幼儿园生均活动室面积应达到3.00平方米的规定。农村幼儿园活动室面积为10 031 852.65平方米，比上年增长10.97%，其中，生均活动室面积为3.64平方米，比上年增加0.26平方米。如表2－19所示。

表2－19　2019年、2020年广东省各城乡幼儿园生均活动室面积情况

单位：平方米

项　目	年　份		增　加
	2019	2020	
活动室总面积	17 138 490.69	18 773 324.23	1 634 833.54
生均活动室面积	3.69	3.91	0.22
城市活动室面积	8 098 138.98	8 741 471.58	643 332.6
城市生均活动室面积	4.11	4.27	0.16
农村活动室面积	9 040 351.71	10 031 852.65	991 500.94
农村生均活动室面积	3.38	3.64	0.26

分地市看，2020年全省有18个地市学前幼儿园生均活动室面积与上年相比有所增加。其中生均活动室面积增加数超过0.50平方米的地市只有茂名一市。如表2－20所示。（各地市幼儿园生均活动室面积情况详见附表1－8）

表2－20　2020年广东省各地市幼儿园生均活动室面积增减情况

单位：平方米

增长范围	地　市
0.50以上	茂名
0.20～0.50	汕头　韶关　河源　汕尾　东莞　阳江　湛江　肇庆　清远　潮州　云浮
0～0.20	深圳　佛山　梅州　惠州　中山　揭阳

3. 幼儿园生均户外场地面积与上年相比有所增长

2020年，全省幼儿园户外场地总面积为32 924 838.22平方米，比上年增长7.66%；生均户外场地占地面积为6.86平方米，比上年增加0.28平方米。

分区域看，2020年全省各地区生均户外场地面积与上年相比均有所增加。

其中，西翼增幅最大，增加 0.92 平方米。珠江三角洲生均户外场地占地面积仍最大，东翼则仍然最小，且与其他地区的差距较大。如表 2－21 所示。

表 2－21 2019 年、2020 年广东省各区域幼儿园生均户外场地面积情况

单位：平方米

地区	年份		增加
	2019	2020	
全省	6.58	6.86	0.28
珠江三角洲	7.54	7.57	0.03
东翼	4.24	4.51	0.27
西翼	5.63	6.55	0.92
山区	6.41	6.85	0.44

分城乡看，城市幼儿园生均户外场地面积低于农村幼儿园生均户外场地面积。2020 年，城市幼儿园生均户外场地面积为 6.44 平方米，比上年增加 0.03 平方米；农村幼儿园生均户外场地面积为 7.16 平方米，比上年增加 0.45 平方米。如表 2－22 所示。

表 2－22 2019 年、2020 年广东省各城乡幼儿园生均户外场地面积情况

单位：平方米

项目	年份		增加
	2019	2020	
户外场地总面积	30 582 419.43	32 924 838.22	2 342 418.79
生均户外场地面积	6.58	6.86	0.28
城市户外场地面积	12 628 891.75	13 198 996.54	570 104.79
城市生均户外场地面积	6.41	6.44	0.03
农村户外场地面积	17 953 527.68	19 725 841.68	1 772 314.00
农村生均户外场地面积	6.71	7.16	0.45

分地市看，2020 年全省有 14 个地市学前幼儿园生均户外场地占地面积与上年相比有所增加。其中，生均户外场地占地面积增长超过 0.5 平方米的地市

有韶关、阳江、湛江和茂名，如表 2－23 所示。（各地市幼儿园生均户外场地面积情况详见附表 1－9）

表 2－23　2020 年广东省各地市幼儿园生均户外场地面积变化情况

单位：平方米

增长范围	地　市
0.50 以上	韶关　阳江　湛江　茂名
0.20～0.50	清远　汕尾　惠州　河源　梅州　汕头　云浮　肇庆　潮州
0～0.20	揭阳

4. 幼儿园生均图书数较上年有所增长

2020 年，全省幼儿园图书总藏量大幅度增加，图书总藏量为 55 650 832 册，比上年增长 9.04%；幼儿园生均图书数也有所增加，比上年增加 0.60 册。

分区域看，2020 年珠江三角洲、东翼、西翼和山区生均图书数均呈上升态势，西翼增幅最大，增加了 2.05 册，山区为四个地区中生均图书数量最高，如表 2－24 所示。

表 2－24　2019 年、2020 年广东省各区域幼儿园生均图书情况

单位：册

地　区	年　份		增　加
	2019	2020	
全省	10.99	11.59	0.60
珠江三角洲	11.41	11.53	0.12
东翼	10.28	10.60	0.32
西翼	9.74	11.79	2.05
山区	11.55	12.60	1.05

分城乡看，城市幼儿园的生均图书数仍高于农村。2020 年，全省城市幼儿园生均图书数为 11.99 册，比上年增加 0.19 册；农村幼儿园生均图书数为 11.29 册，比上年增加 0.90 册。如表 2－25 所示。

表 2－25　2019 年、2020 年广东省各城乡幼儿园生均图书情况

单位：册

项　目	年　份		增　加
	2019	2020	
图书总藏量	51 037 473	55 650 832	4 613 359
生均图书	10. 99	11. 59	0. 60
城市图书	23 264 072	24 555 627	1 291 555
城市生均图书	11. 80	11. 99	0. 19
农村图书	27 773 401	31 095 205	3 321 804
农村生均图书	10. 39	11. 29	0. 90

从各地市来看，2020 年全省各地市学前幼儿园生均图书数与上年相比，大部分都有所增加。生均图书增加数超过 1 册的地市有河源、梅州、汕尾、阳江、湛江、茂名、清远和云浮 8 市；生均图书数与上年相比有所减少的城市有深圳、珠海、汕头、佛山和中山 5 市。如表 2－26 所示。（各地市幼儿园生均图书数情况详见附表 1－10）

表 2－26　2020 年广东省各地市幼儿园生均图书情况

单位：册

增长范围	地　市				
1 册及以上	云浮 梅州	湛江 汕尾	茂名 阳江	清远	河源
0～1 册	广州 潮州	韶关 揭阳	惠州 东莞	江门	肇庆
0 册及以下	珠海	汕头	深圳	佛山	中山

四、民办学前教育事业发展基本状况

1. 民办幼儿园数量变化情况

全省民办幼儿园数从 2007 年的 7241 所，发展到 2020 年的 13 624 所，民办学前教育幼儿园规模快速发展。相较于 2019 年，减少了 6383 所，减少了

7.22%（图 2－9）。2007—2020 年，民办幼儿园数在广东学前教育学校总数的比例从 68.35%减少到 65.67%。

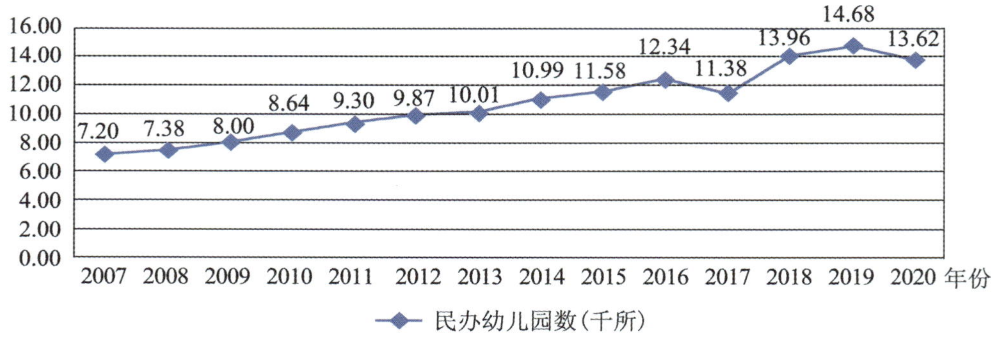

图 2－9　2007—2020 年广东民办幼儿园数变化情况

2. 在园人数变化情况

全省民办幼儿园在园儿童从 2007 年的 114.92 万人，发展到 2020 年的 282.94 万人。增加了 168.02 万人，增长了 146.21%（图 2－10）。2007—2020 年，民办幼儿园在园儿童数在广东省学前教育在园儿童总数的比例从 51.61%提升到 58.92%。民办学前教育规模快速发展。

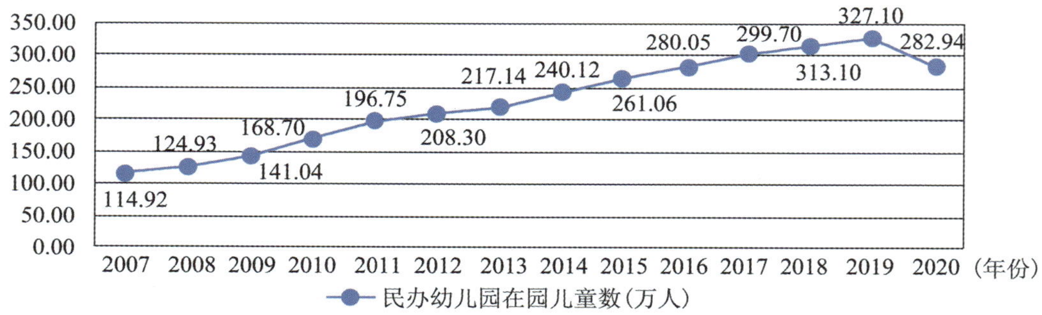

图 2－10　2007—2020 年广东民办幼儿园在园儿童数变化情况

3. 专任教师数量变化情况

全省民办幼儿园的专任教师数从 2007 年的 7.21 万人，发展到 2020 年的 20.13 万人，增加了 12.92 万人，增长了 179.20%。民办学前教育师资力量大幅增强（图 2－11）。

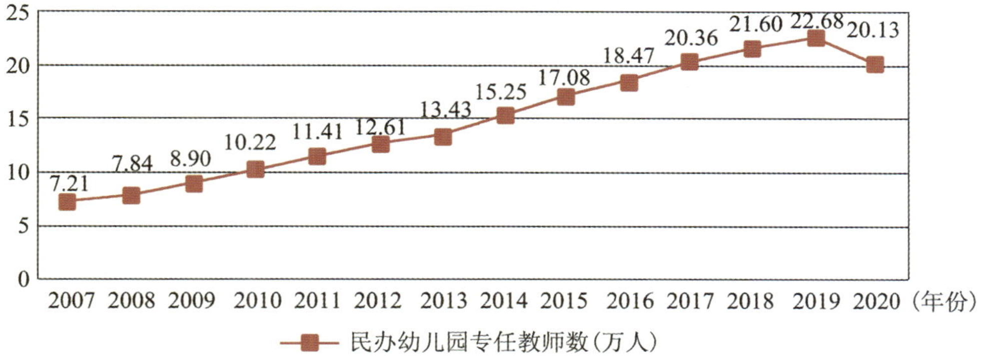

图 2－11　2007—2020 年广东民办幼儿园专任教师数变化情况

4. 办学条件变化情况

2011—2020 年，全省民办幼儿园各项办学条件均有明显增幅（图 2－12、图 2－13）。

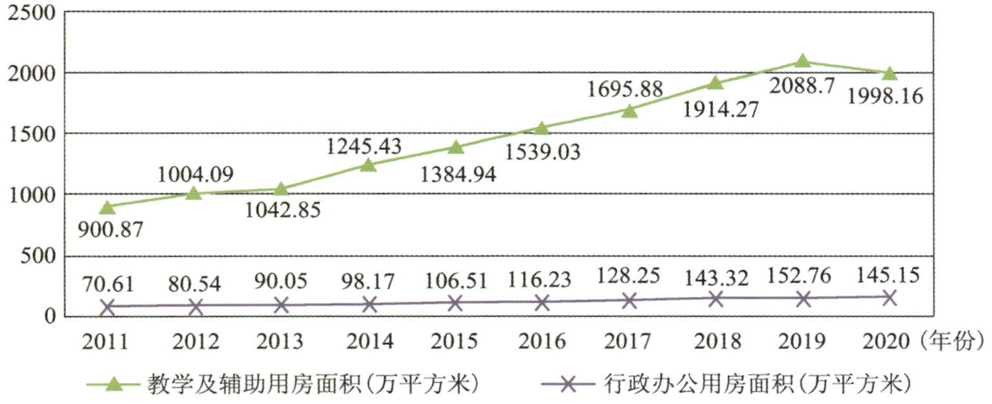

图 2－12　2011—2020 年广东民办幼儿园校舍面积变化情况

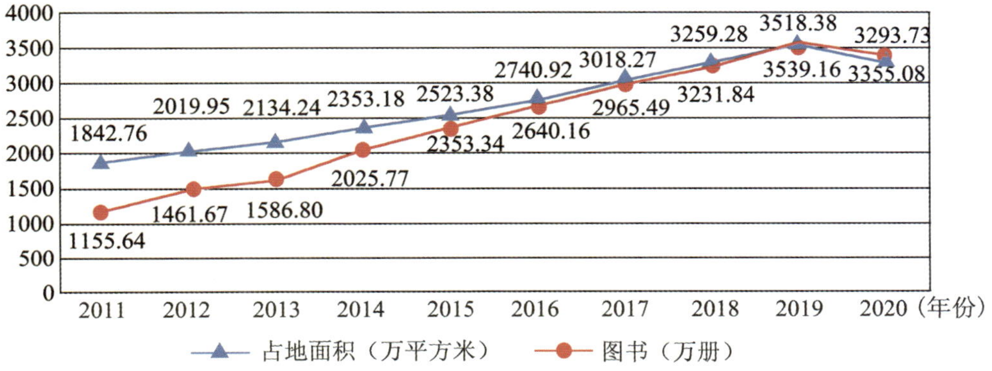

图 2－13　2011—2020 年广东民办幼儿园占地面积及图书总数变化情况

五、小结

2020年是广东省大力推进《广东省教育发展“十三五”规划》的收官之年，学前教育发展目标逐步落实，学前教育事业蓬勃发展，已完成《广东省教育发展“十三五”规划》的目标。

办学规模方面，2020年广东省学前教育在园幼儿数已达480万，实现了《广东省教育发展“十三五”规划》中到2020年学前教育幼儿数达到430万人的目标值。2020年学前教育毛入园率为107.04%，超额完成《广东省教育发展“十三五”规划》中到2020年学前三年毛入园率达到100%以上的目标值。“十三五”规划提出要提高公益普惠性学前教育资源和规范化幼儿园覆盖面，全省公办幼儿园和普惠性民办幼儿园比例达80%以上，规范化幼儿园比例提高到80%以上。2020年全省公办幼儿园和普惠性民办幼儿园比例达到77.88%，规范化幼儿园比例为83.58%，已完成“十三五”规划既定目标，这离不开政府的有效引导，通过不断扩大公办幼儿园和普惠性民办幼儿园建设，构建高品质公益性普惠性学前教育服务体系，有序扩大学前教育资源。

师资队伍建设方面，2020年学前教育专任教师人数有了较大幅度的提升，生师比达到14.94:1，城乡差距较大。教师学历水平继续提升，全省学前教育专任教师中专科及以上学历比例为84.30%，教师素质有所改善，学前教育教师培训以校级为主，幼儿园代课教师比例城乡差距逐步缩小，但在满足全省对学前教育质量发展的要求上还有很大的发展空间。

办学条件方面，幼儿园校舍总面积增长较快，但生均校舍面积增长较慢；农村生均活动室面积仍未达标；全省幼儿园户外场地总面积为32 924 838.22平方米，与上年相比有所增长；全省幼儿园图书总藏量大幅度增加，图书总藏量为55 650 832册；幼儿园生均图书数为11.59册，城市幼儿园生均图书数仍高于农村。

学前教育任重而道远，2021年将继续紧扣《广东省教育发展“十四五”规划》目标，进一步巩固提升“5080”攻坚工程成果，不断加大政府投入，合理规划和布局幼儿园；继续发展教师培训，不断提升教师素质，提高办学条件，促进全省幼儿园健康、合理、高效发展。

第三部分　义务教育

2020 年，全省义务教育在办学质量、师资队伍建设、规模发展、办学条件改进等方面都取得了较大突破，城乡和区域教育发展差距进一步缩小，大中城市义务教育阶段“择校”热有所缓解。义务教育普及程度与巩固水平都有所提高，发展规模趋于稳定，进城务工人员随迁子女教育得到重视，教师队伍建设不断完善。在广东省教育发展“十四五”规划期间，全省要实现城乡义务教育均衡发展的目标。但由于区域间经济社会发展不均衡，义务教育发展区域间差异显著，同时农村留守儿童数量仍不断增加，留守儿童教育问题亟待解决，部分地区义务教育办学条件得到有效改善，但仍需加强。

一、义务教育普及程度与巩固水平

1. 义务教育普及程度稳中求进

2020 年，全省小学学龄儿童入学率达 100%，连续两年达到 100% 入学率。广东省初中普及程度较小学而言总体保持领先。2020 年，广东省初中阶段毛入学率为 109.75%，比上年减少了 1.05%，如图 3－1 所示。

图 3－1　2015—2020 年广东省义务教育普及水平

2. 义务教育巩固水平稳步提高

2020 年，全省小学五年保留率为 98.12%，尚未达到小学五年保留率 100%

的目标。2020 年，广东省初中三年巩固率为 96.24%，比上年增长了 0.78%。全省小学毕业生升学率为 96.73%，比上年增长了 0.17%，如图 3-2 所示。

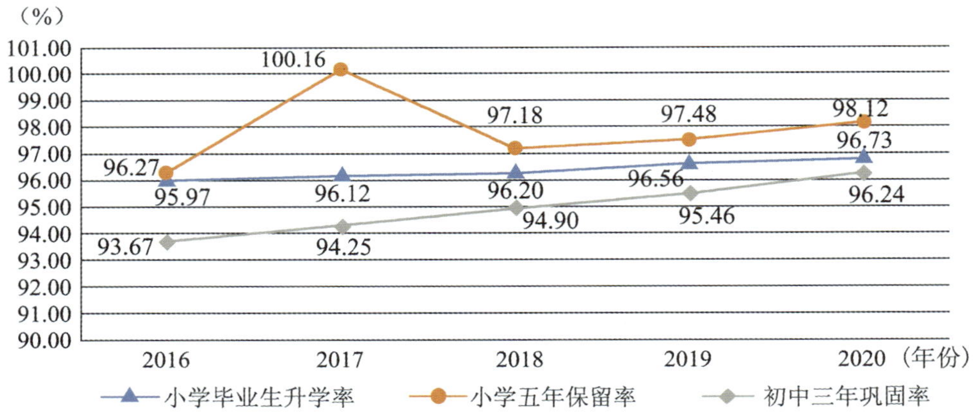

图 3-2　2016—2020 年广东省义务教育巩固情况

二、义务教育规模发展

1. 小学招生人数较上年有所减少，初中招生人数持续回升

小学招生人数较上年有所减少，初中招生人数自 2015 年以来缓慢上升。2020 年，广东省小学招生 177.07 万人，比上年减少 17.35 万人，减少了 8.92%。初中阶段招生数为 141.97 万人，比上年增加 3.94 万人，上升了 2.85%，如图 3-3 所示。

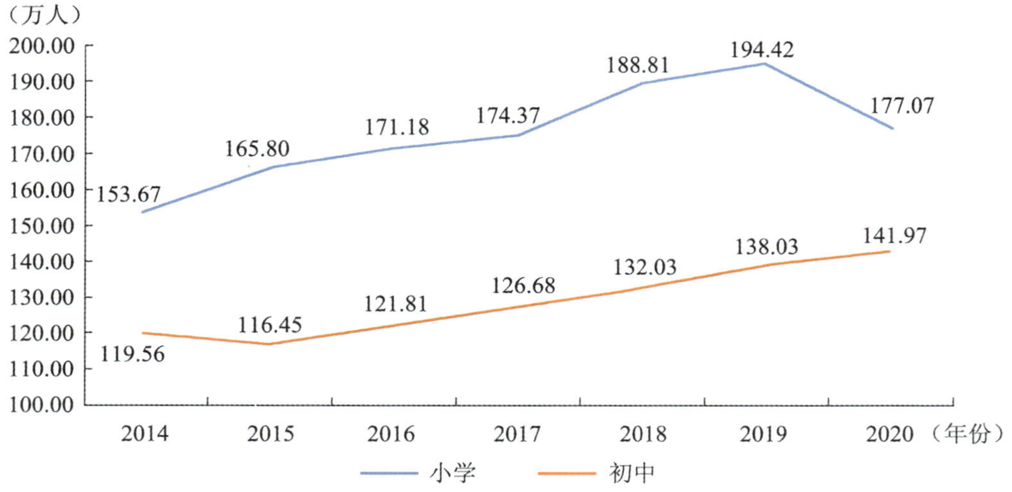

图 3-3　2014—2020 年广东省义务教育阶段招生规模变化情况

分城乡看，2020 年广东省小学阶段城市招生规模为 105.54 万人，农村招生规模为 71.52 万人。珠江三角洲城市招生规模远超过农村，其他地区农村招生规模则超过城市，如表 3－1 所示。分区域来看，珠江三角洲小学阶段招生规模最大，为 95.21 万人；山区小学阶段招生规模最小，为 25.86 万人。分地市来看，2020 年降幅较大的地市是梅州市、汕尾市、云浮市，分别减少了 15.75%、14.49% 和 12.83%；仅潮州市的招生规模较上年有所增加，增加了 5.84%，其他地市均出现负增长。（各地市小学招生情况详见附表 2－1）

表 3－1　2020 年广东省义务教育招生情况

单位：万人

地　区	小　学				初　中			
	城市	农村	合计	比上年增长（%）	城市	农村	合计	比上年增长（%）
全省	105.54	71.52	177.06	－8.93	83.71	58.26	141.97	2.85
珠江三角洲	75.07	20.15	95.22	－8.34	55.82	15.92	71.74	3.37
东翼	10.46	17.05	27.51	－7.17	9.53	13.75	23.28	0.26
西翼	11.27	17.21	28.48	－9.13	10.56	12.70	23.26	1.85
山区	8.74	17.12	25.86	－12.54	7.79	15.88	23.67	4.92

分城乡看，2020 年广东省初中阶段城市招生规模共 83.71 万人，农村招生规模 58.26 万人。珠江三角洲城市招生规模为 55.82 万人，远超过东翼、西翼、山区。如表 3－1 所示。分区域看，珠江三角洲初中阶段招生规模最大，为 71.74 万人，占比 50.53%。东翼、西翼、山区初中阶段招生规模相差不大，分别为 23.28 万人、23.26 万人、23.67 万人。分地市看，深圳市、梅州市和云浮市增幅较大，分别增长了 9.90%、8.25% 和 8.89%；其中，韶关市、惠州市、汕尾市、东莞市和揭阳市的招生规模有所下降，减少了 2.43%、1.60%、4.12%、5.52% 和 0.67%；其他地市均有增长。（各地市初中阶段招生情况详见附表 2－2）

2. 小学在校生规模略有增长，初中在校生数量出现回升现象

2020 年全省小学在校生总规模延续上年增长的趋势，达到 1057.11 万人，比上年增加 23.68 万人，增长了 2.29%。分区域看，珠江三角洲地区小学在校生占全省小学在校生比例最大，为53%，最低为山区，占比15.40%，如图3-4与表3-2所示。分地市看，河源市小学在校生规模较上年有所下降，下降了0.54%。其他各市小学在校生规模均比上年有所增长。增长最多的是湛江市，增长了4.58%。（各地市小学在校生情况详见附表2-3）

2020年，初中在校生为405.47万人，比上年增加16.44万人，增长了4.23%。分区域看，珠江三角洲的初中在校生人数比上年增加了4.53%；山区的初中在校生人数比上年增加了5.88%；东翼和西翼的增长趋势较为缓慢，分别增长了2.42%和3.56%。农村初中在校生中，珠江三角洲地区的在校生规模最大，为45.66万人，占全省农村初中在校生的比例为26.89%，如图3-4与表3-2所示。分地市来看，深圳市初中在校生数增幅最大，增加了8.09%；韶关市初中在校生数增幅最小，仅增加了0.54%。（各地市初中在校生情况详见附表2-4）

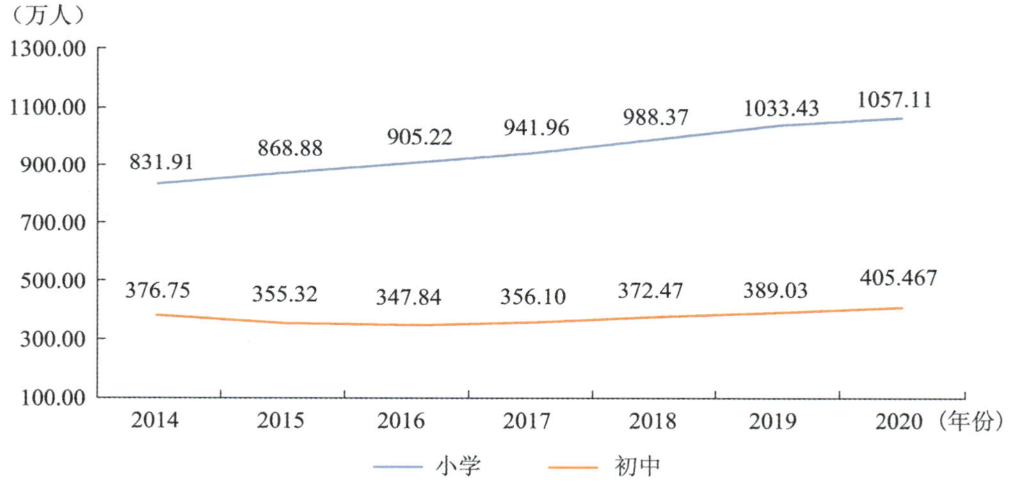

图3-4　2014—2020年广东省义务教育在校生规模变化情况

表3-2　2020年广东省义务教育在校生情况

单位：万人

地区	小学				初中			
	城市	农村	合计	比上年增长（%）	城市	农村	合计	比上年增长（%）
全省	622.02	435.09	1057.11	2.29	235.66	169.81	405.47	4.23
珠江三角洲	437.45	122.82	560.27	1.97	155.87	45.66	201.53	4.53

续上表

地　区	小　学				初　中			
	城市	农村	合计	比上年增长（%）	城市	农村	合计	比上年增长（%）
东翼	62.59	100.39	162.98	2.48	27.75	40.85	68.60	2.42
西翼	68.71	102.38	171.09	3.60	29.97	37.50	67.47	3.56
山区	53.27	109.50	162.77	1.87	22.07	45.80	67.87	5.88

三、异地务工人员随迁子女与农村留守儿童发展情况

今年是“十四五”规划开局之年，立足新发展阶段，贯彻新发展理念，构建新发展格局，推动“十四五”规划时期高质量发展。《广东省教育发展“十三五”规划》提出，在“十三五”规划时期，全省要实现1300万农业户口居民转为城镇户口居民，异地务工人员随迁子女和留守儿童受教育问题将会非常突出。要进一步完善异地务工人员随迁子女平等接受义务教育的政策，保障符合条件的异地务工人员随迁子女就学权利。扩大公益普惠性学前教育资源覆盖面，健全农村留守儿童教育服务体系，切实改善异地务工人员随迁子女、留守儿童、残障儿童、学习困难学生、家庭经济困难学生受教育状况，全面推进教育公平，合理配置教育资源。

1. 义务教育阶段近八成随迁子女在校生为小学生

2020年，广东省义务教育阶段随迁子女达456.75万人，与上年相比减少了3.57万人，其中，小学随迁子女人数占全省义务教育阶段随迁子女人数比例为75%。

分区域看，在珠江三角洲学校就读的随迁子女为362.43万人，占全省的79.35%；在东翼和山区学校就读的随迁子女人数相近，分别占全省的7.88%和8.07%；而在西翼学校就读的随迁子女最少，仅占全省的4.70%（图3－5）。与上年相比，珠江三角洲和东翼义务教育阶段随迁子女人数比例略有减少，其他地区义务教育阶段随迁子女人数比例有所增加。

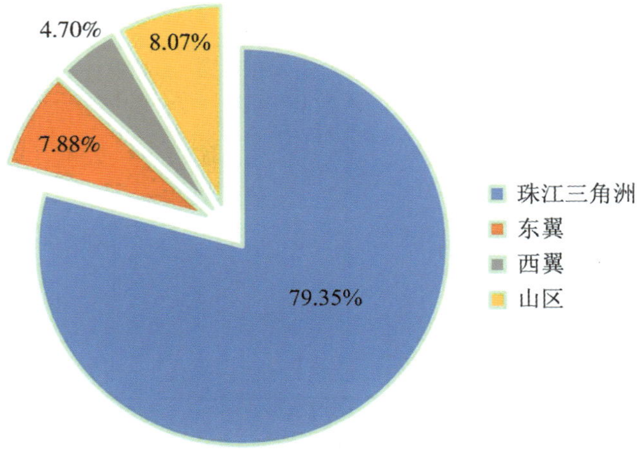

图 3－5　2020 年广东省义务教育阶段随迁子女在校生情况

2. 义务教育阶段随迁子女在校生八成集中在城市，小学显著多于初中

2020 年，在城市就读的义务教育阶段随迁子女有 375.79 万人。分区域看，珠江三角洲小学随迁子女最多，为 273.42 万人，但降幅较大，减少了 3.29%。与上年相比，西翼和山区小学阶段随迁子女在校生数量均有所上升，且增幅较大，分别增加了 6.88% 和 9.74%。珠江三角洲和东翼随迁子女在校生数量有所下降；除东翼外，初中阶段随迁子女在校生数量与上年相比均有所增加，山区增幅最大，增加了 10.87%，如表 3－3 和表 3－4 所示。

表 3－3　2020 年小学阶段义务教育随迁子女在校生情况

单位：万人

地　区	小　学								
	2019 年			2020 年			增长率（%）		
	城市	农村	合计	城市	农村	合计	城市	农村	合计
全省	289.28	59.22	348.50	282.44	60.14	342.58	－2.36	1.55	－1.70
珠江三角洲	241.25	41.46	282.71	232.80	40.62	273.42	－3.51	－2.02	－3.29
东翼	18.42	7.79	26.21	17.97	8.17	26.14	－2.41	4.89	－0.24
西翼	11.93	2.74	14.67	12.57	3.11	15.68	5.32	13.69	6.88
山区	17.68	7.23	24.91	19.10	8.24	27.34	8.03	13.92	9.74

表 3－4　2020 年初中阶段义务教育随迁子女在校生情况

单位：万人

地区	初中								
	2019 年			2020 年			增长率（%）		
	城市	农村	合计	城市	农村	合计	城市	农村	合计
全省	92. 44	19. 38	111. 82	93. 35	20. 82	114. 17	0. 99	7. 43	2. 11
珠江三角洲	75. 54	12. 56	88. 10	75. 64	13. 37	89. 01	0. 14	6. 45	1. 04
东翼	7. 01	2. 86	9. 87	6. 97	2. 89	9. 86	－0. 58	0. 93	－0. 15
西翼	4. 26	0. 99	5. 25	4. 54	1. 23	5. 77	6. 72	23. 89	9. 97
山区	5. 62	2. 97	8. 59	6. 19	3. 34	9. 53	10. 08	12. 36	10. 87

3. 进城务工人员随迁子女超八成集中在珠江三角洲地区，总体规模较大

2020 年，广东省义务教育阶段进城务工人员随迁子女有 328. 73 万人，比上年减少了 0. 61 万人，减少 0. 19%。分区域看，在珠江三角洲学校就读的进城务工人员随迁子女有 263. 80 万人，比上年减少 1. 27%，占全省进城务工人员随迁子女数的 80. 25%；在东翼学校就读的进城务工人员随迁子女占全省的 7. 04%，比上年略有减少；在西翼学校就读的进城务工人员随迁子女占全省的 4. 79%，比上年减少 0. 28%；在山区学校就读的进城务工人员随迁子女占全省的 7. 92%，比上年上升 0. 73%，如图 3－6 所示。

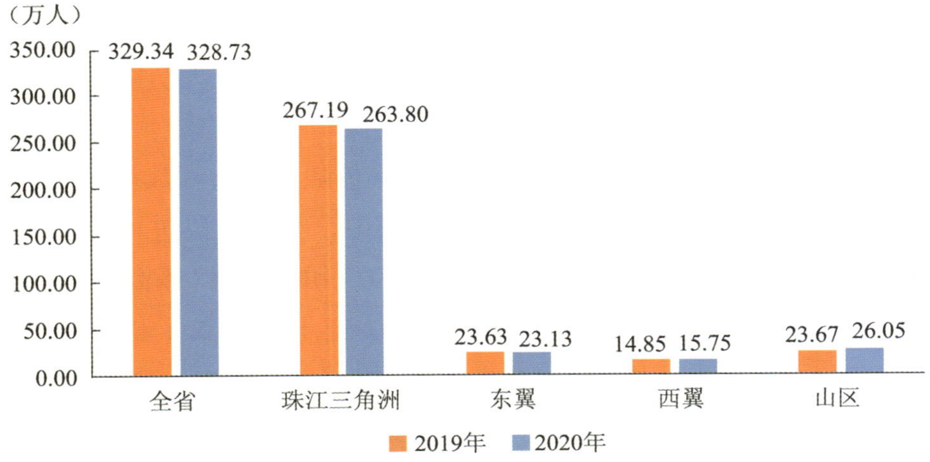

图 3－6　2019—2020 年广东省义务教育阶段进城务工人员随迁子女人数

4. **珠江三角洲和东翼义务教育阶段进城务工人员随迁子女在校生数量有所下降，其他地区均有所上升**

2020 年，广东省进城务工人员随迁子女有 247.24 万人在小学就读，比上年减少 3.09 万人，下降 1.23%。分区域看，珠江三角洲小学随迁子女最多，为 198.84 万人，比上年下降 2.3%；东翼为 17.19 万人，下降 3.42%；西翼为 11.66 万人，增长 4.94%；山区为 19.55 万人，增幅最大，增长 9.22%。如表 3－5 所示。

2020 年，广东省进城务工人员随迁子女有 81.49 万人在初中就读，比上年增加了 2.48 万人，增长 3.14%。珠江三角洲初中阶段进城务工人员随迁子女人数较上年增长了 2.04%；山区增长最快，增长了 12.61%。如表 3－5 所示。

表 3－5　分学段义务教育阶段进城务工人员随迁子女情况

单位：万人

地区	2019 年		2020 年		增长率（%）	
	小学	初中	小学	初中	小学	初中
全省	250.33	79.01	247.24	81.49	－1.23	3.14
珠江三角洲	203.52	63.66	198.84	64.96	－2.30	2.04
东翼	17.80	5.83	17.19	5.94	－3.42	1.90
西翼	11.11	3.74	11.66	4.09	4.94	9.34
山区	17.90	5.77	19.55	6.50	9.22	12.61

5. **珠江三角洲地区和东翼地区义务教育阶段进城务工人员随迁子女人数占在校生总数的比例较上年均有所下降，其他地区均有所上升**

2020 年，广东省义务教育阶段进城务工人员随迁子女人数占在校生总人数的比例为 22.48%，比上年减少了 0.68%。其中，小学阶段进城务工人员随迁子女占在校生总规模的比例为 23.39%，珠江三角洲仍然最高，为 35.49%，比上年减少了 1.55%；西翼最低，为 6.81%，比上年增加了 0.09%。初中阶段进城务工人员随迁子女占在校生总人数的比例为 20.10%，珠江三角洲最高，为 32.23%，比上年减少了 0.79%；西翼最低，为 6.06%，比上年增加了 0.32%。如表 3－6 所示。

表3－6　义务教育阶段进城务工人员随迁子女在校生人数情况（%）

地区	2019年			2020年			增长率		
	小学	初中	合计	小学	初中	合计	小学	初中	合计
全省	24.22	20.31	23.15	23.39	20.10	22.48	－0.83	－0.21	－0.68
珠江三角洲	37.04	33.02	36.00	35.49	32.23	34.63	－1.55	－0.79	－1.37
东翼	11.19	8.70	10.46	10.55	8.66	9.99	－0.64	－0.04	－0.47
西翼	6.73	5.74	6.45	6.81	6.06	6.60	0.09	0.32	0.15
山区	11.20	9.00	10.57	12.01	9.58	11.29	0.81	0.57	0.72

6. 义务教育阶段进城务工人员随迁子女中外省迁入的比例高于省内流动；珠江三角洲以外省流入为主，其他地区以省内流动为主

总体而言，义务教育阶段的进城务工人员随迁子女中外省迁入的比例一般高于省内流动，但具体情况因地而异。2020年，在广东省义务教育阶段就读的进城务工人员随迁子女中，外省迁入的占53.74%。其中，珠江三角洲进城务工人员随迁子女以外省迁入为主，为58.98%，比上年下降了0.11%；其他地区进城务工人员随迁子女则以省内流动为主，东翼占53.18%、西翼占82.00%、山区地区占71.55%，东翼和西翼进城务工人员随迁子女省内流动的比例较上年有所下降，其他地区有所增加。如表3－7所示。

表3－7　义务教育阶段进城务工人员随迁子女来源情况（%）

地区	2019年		2020年		比上年增长	
	外省迁入	省内流动	外省迁入	省内流动	外省迁入	省内流动
全省	54.17	45.83	53.74	46.26	－0.42	0.42
珠江三角洲	59.09	40.91	58.98	41.02	－0.11	0.11
东翼	46.76	53.24	46.82	53.18	0.07	－0.07
西翼	17.96	82.04	18.00	82.00	0.05	－0.05
山区	28.66	71.34	28.45	71.55	－0.21	0.21

2020年，在小学阶段就读的进城务工人员随迁子女中，外省迁入所占比例

为54.46%；初中阶段就读者中，该比例为51.58%。其中，在珠江三角洲地区小学阶段外省迁入所占比例最高，达59.80%；在西翼地区，小学、初中阶段就读者中，省内其他县迁入所占比例都是最高，分别高达82.08%和81.75%，如图3－7所示。

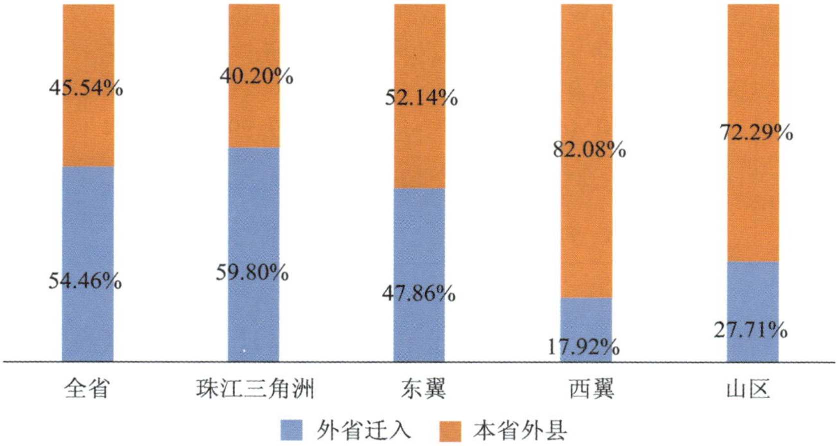

（a）小学阶段进城务工人员随迁子女来源占比情况

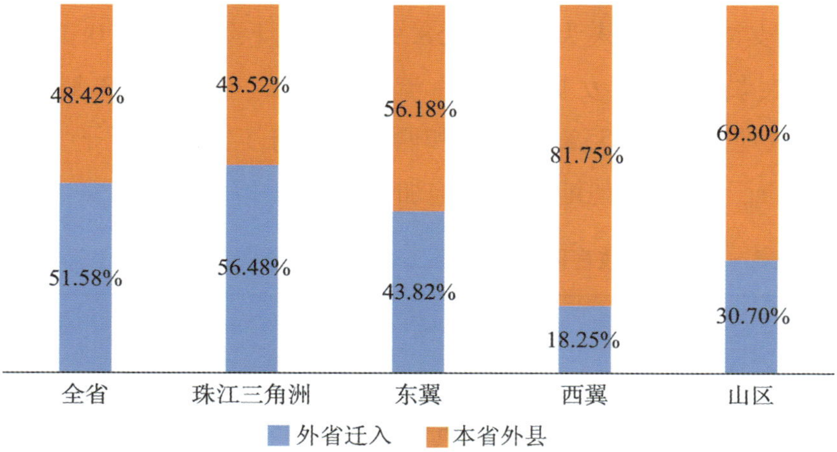

（b）初中阶段进城务工人员随迁子女来源占比情况

图3－7　2020年小学、初中进城务工人员随迁子女来源占比情况

分地市来看，在小学阶段，东莞、中山、江门3市的进城务工人员随迁子女中外省迁入所占比例较高，分别占本市进城务工人员随迁子女的71.80%、67.22%、66.49%。湛江、河源、梅州、云浮4个城市的进城务工人员随迁子女中从省内其他县迁入的所占比例较高，分别占本市进城务工人员随迁子女的

91.23%、77.74%、77.45%、74.08%，如表3－8所示。（各地市小学阶段进城务工人员随迁子女来源情况详见附表2－5）

在初中阶段，东莞、江门、中山3市的进城务工人员随迁子女中外省迁入所占比例较高，分别占本市进城务工随迁子女的70.1%、67.18%、66.37%。湛江、河源2市的进城务工人员随迁子女中从省内其他县迁入所占比例较高，分别占本市进城务工人员随迁子女的90.99%、76.17%，如表3－9所示。（各地市初中阶段进城务工人员随迁子女来源情况详见附表2－6）

表3－8　2020年广东省小学进城务工人员随迁子女来源情况（%）

分档	珠江三角洲		东翼		西翼		山区	
	外省迁入	省内其他县迁入	外省迁入	省内其他县迁入	外省迁入	省内其他县迁入	外省迁入	省内其他县迁入
80～100						湛江		
60～80	东莞 中山 江门			汕尾		茂名		河源 梅州 清远 云浮
40～60	广州 深圳 珠海 佛山 惠州 肇庆	广州 深圳 珠海 佛山 惠州 肇庆	汕头 潮州 揭阳	汕头 潮州 揭阳		阳江	韶关	
20～40		东莞 中山 江门	汕尾		茂名		河源 梅州 清远 云浮	
0～20					湛江			

表 3－9　2020 年广东省初中进城务工人员随迁子女来源情况（%）

分档	珠江三角洲		东翼		西翼		山区	
	外省迁入	省内其他县迁入	外省迁入	省内其他县迁入	外省迁入	省内其他县迁入	外省迁入	省内其他县迁入
80～100						湛江		
60～80	东莞 中山 江门			汕尾		茂名		河源 梅州 清远 云浮
40～60	广州 深圳 珠海 佛山 惠州 肇庆	广州 深圳 珠海 佛山 惠州 肇庆	汕头 潮州 揭阳	汕头 潮州 揭阳	阳江	阳江	韶关	韶关
20～40		东莞 中山 江门	汕尾		茂名		河源 梅州 清远 云浮	
0～20					湛江			

7. 广东省义务教育阶段在校生中农村留守儿童在校生数比上年稍有增加

广东省作为外来流动人口大省，外省迁入人口和进城务工人员的数量逐年递增，为社会发展带来一定正面影响，也引出一系列社会问题，其中备受关注的就是“留守儿童”问题。党中央和社会各界对“留守儿童”问题展开积极研究，以调整相应政策减少地域歧视和未成年人安全隐患等问题，更好地惠及全民。据统计，2020 年，广东省义务教育阶段在校生中农村留守儿童有 86.70 万人，比上年增加 0.29 万人，上升了 0.34%，如图 3－8 所示。从图中可以看出，2020 年广东省农村留守儿童在校生数有所增加。

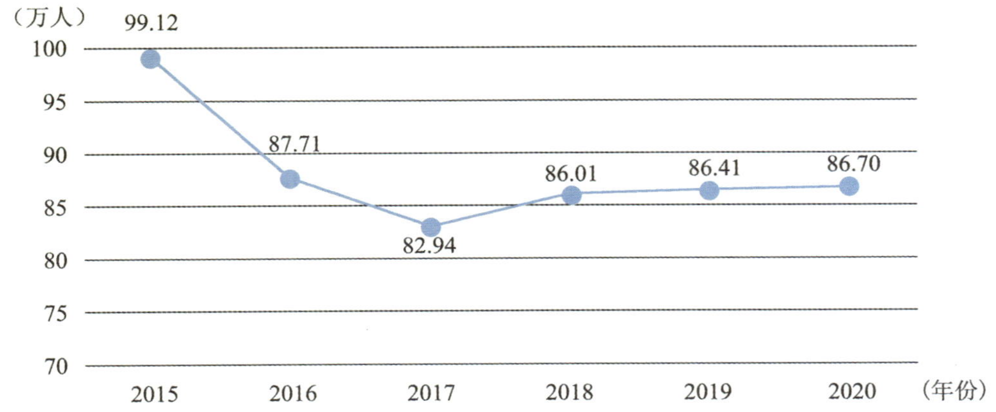

图 3－8　2015—2020 年广东省农村留守儿童在校生人数

2020 年小学在校生中，广东省农村留守儿童为 60. 04 万人，比上年增加了 0. 67 万人，增加了 1. 13%。其中，除珠江三角洲小学留守儿童人数有所减少外，其他地区小学留守儿童人数均有所上升，东翼增幅最大，增加了 24. 63%。如表 3－10 所示。

2020 年初中在校生中，广东省农村留守儿童有 26. 66 万人，比上年减少了 0. 38 万人，减少 1. 41%。山区初中留守儿童最多，达到 10. 99 万人，占全省农村初中留守儿童的 41. 22%。如表 3－10 所示。

表 3－10　2019—2020 年广东省分区域小学、初中农村留守儿童在校生人数

单位：万人

地　区	小　学			初　中		
	2019 年	2020 年	增长（%）	2019 年	2020 年	增长（%）
全省	59. 37	60. 04	1. 12	27. 04	26. 66	－1. 41
珠江三角洲	8. 179	7. 8	－2. 21	3. 87	3. 59	－7. 16
东翼	2. 68	3. 34	24. 63	1. 41	1. 6	13. 65
西翼	24. 23	24. 34	0. 44	10. 75	10. 47	－2. 59
山区	24. 27	24. 36	0. 36	11. 01	10. 99	－0. 13

四、义务教育教师队伍发展情况

2020 年，广东省义务教育阶段专任教师规模略有变化。小学专任教师为

57.34 万人，比上年增加了 2.02 万人；初中专任教师为 30.10 万人。另外，小学代课教师有 1096 人，比上年增加 588 人；中学代课教师有 229 人，比上年增加 3 人。

1. 小学阶段生师比总体下降，初中阶段生师比则有所上升，教师配备状况有待改善

2020 年，广东省小学生师比从上年的 18.68∶1 下降为 18.43∶1。其中，农村小学生师比为 17.58∶1，明显低于城市；城市小学生师比下降幅度大于农村生师比下降幅度。与上年相比，除东翼外，珠江三角洲、西翼、山区小学生师比都在下降，珠江三角洲小学阶段生师比由上年的 19.22∶1 下降为 18.83∶1，下降幅度最大，山区小学阶段生师比下降幅度最小，如表 3－11 所示。分地市来看，全省各市小学生生师比与 2019 年相比，除汕尾、湛江、肇庆、清远、揭阳 5 市外，均有所下降，其中下降幅度最大的为东莞市。广东省小学阶段教师配置状况在不断改善。（各地市小学阶段生师比详见附表 2－7）

表 3－11　2020 年广东省分区域、分城乡义务教育学校生师比

地区	小学			初中		
	城市	农村	合计	城市	农村	合计
全省	19.08∶1	17.58∶1	18.43∶1	13.80∶1	13.05∶1	13.47∶1
珠江三角洲	18.84∶1	18.80∶1	18.83∶1	13.66∶1	13.91∶1	13.71∶1
东翼	20.14∶1	17.86∶1	18.67∶1	13.41∶1	12.46∶1	12.83∶1
西翼	19.50∶1	17.27∶1	18.10∶1	14.44∶1	13.19∶1	13.72∶1
山区	19.38∶1	16.44∶1	17.30∶1	14.54∶1	12.68∶1	13.23∶1

2020 年，全省初中生师比由上年的 13.34∶1 上升为 13.47∶1。广东省城市初中生师比为 13.80∶1，明显高于农村的 13.05∶1，如表 3－11 所示。初中生师比除了深圳、珠海、佛山、韶关、惠州、东莞、江门、中山和茂名 9 市外，其他各市都在上升，可见，初中教师配置有待改善。（各地市初中阶段生师比详见附表 2－8）

2. 山区、东翼、西翼义务教育教师学历层次提升较快，初中区域差距依然较大

义务教育教师学历合格率保持在较高水平，城乡差距已不明显。2020 年，小学及初中教师学历合格率为 99.99%，小学教师未达到高中及以上学历人数为 42 人，初中教师未达到大专以上学历人数为 63 人。

义务教育高一级学历教师比例大幅提升。2020 年，广东省小学中，大专及以上学历教师比例达到 98.90%，比上年提高 0.35%。其中，城市小学为 99.61%，农村小学为 97.96%，相差 1.65%，如图 3－9 所示。分区域看，山区小学中，大专及以上学历教师比例提升较快，比上年提高 0.72%。分地市看，广东省各地市小学大专及以上学历教师比例均达到 96% 以上，其中深圳、东莞、中山、佛山、广州、珠海、茂名、阳江、汕头以及江门高达 99% 以上。（各地区小学阶段大专及以上学历教师比例详见附表 2－9）

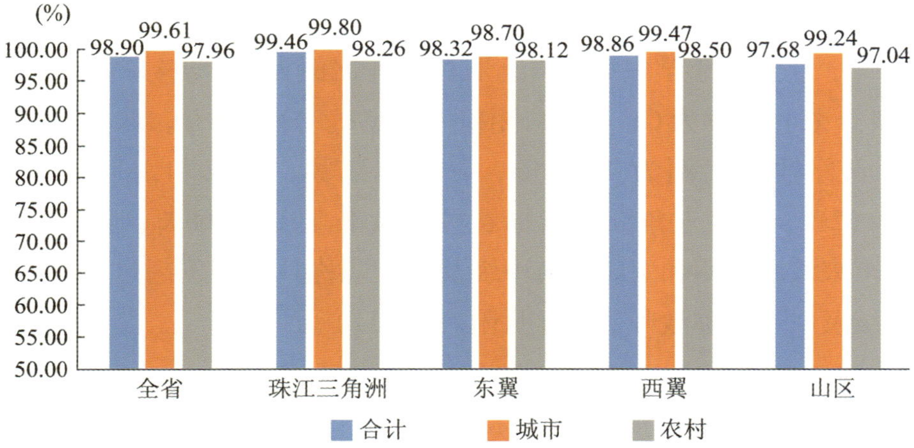

图 3－9 2020 年广东省分区域、分城乡小学大专及以上学历教师比例

2020 年，广东省初中本科及以上学历教师比例达到 91.89%，比上年提高了 1.33%。其中，城市初中为 94.13%，农村初中为 88.95%，相差 5.18%，如图 3－10 所示。分区域看，东翼、西翼、山区初中本科及以上学历教师比例分别比上年提升 2.29%、1.40%、1.23%，与珠江三角洲差异有所缩小，但整体来看，区域间差距依然较大。潮州市初中教师该比例为 80.20%，而佛山市高达 97.80% 以上。（各地区初中阶段本科及以上学历教师比例详见附表 2－10）

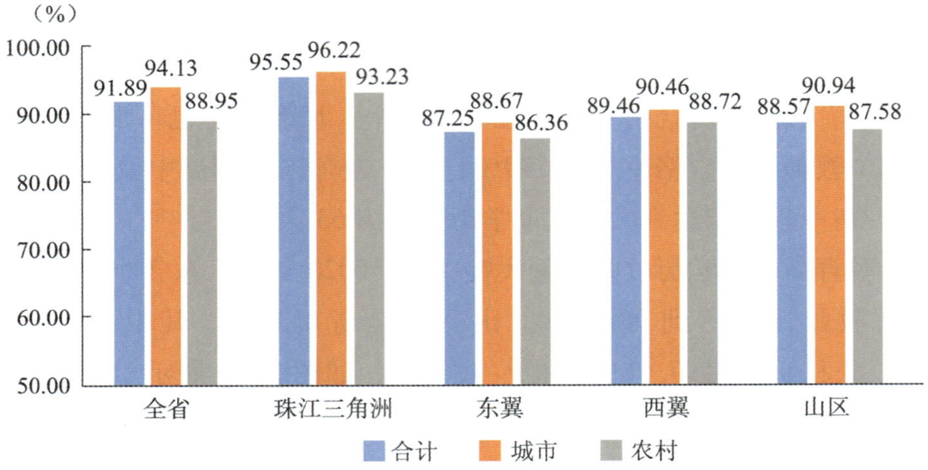

图 3 - 10　2020 年广东省分区域、分城乡初中本科及以上学历教师比例

3. 义务教育学校中级及以上职称教师比例变化较大，区域差距和城乡差距仍较大

2020 年，广东省小学中级及以上职称教师比例为 52. 89% 。其中城市小学为 44. 66% ，农村小学为 63. 72% ，相差 19. 06% 。分区域看，珠江三角洲小学中、高级职称教师比例为 43. 42% ，分别比东翼、西翼和山区低 15. 71% 、21. 02% 和 22% ，珠江三角洲该指标农村比城市高出 18. 66% ，如图 3 - 11 所示。分地市来看，梅州和肇庆 2 市中级及以上职称教师比例超过 70% 。（各地区小学中级及以上职称教师比例详见附表 2 - 11）

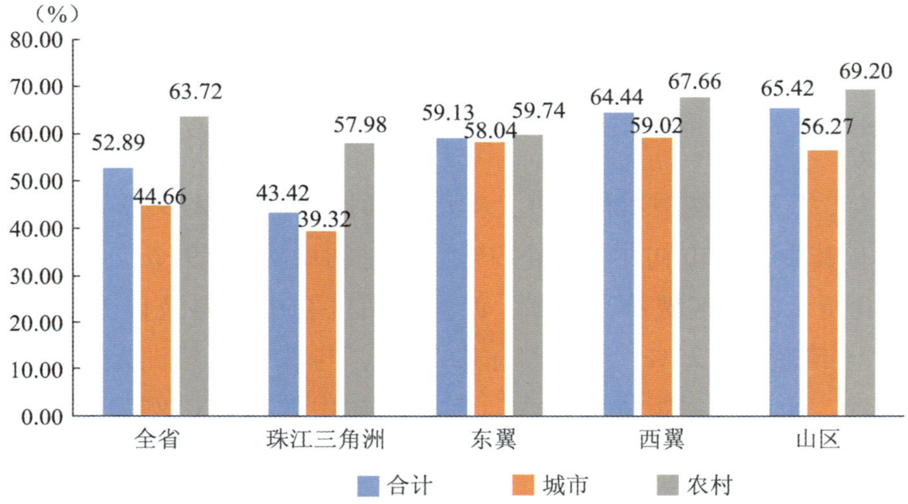

图 3 - 11　2020 年广东省分区域、分城乡小学中级及以上职称教师比例

2020 年，广东省初中中级及以上职称教师比例为 59.17%，比上年下降 1.37%。其中城市初中为 54.37%，农村初中为 65.47%，相差 11.10%。分区域看，山区初中中高级职称教师比例为 72.82%，分别比珠江三角洲、东翼和西翼高 18.12%、16.51% 和 11.40%，如图 3－12 所示。分地市来看，深圳和东莞初中中级及以上职称教师比例尚未达到 50%。（各地区初中中级及以上职称教师比例详见附表 2－12）

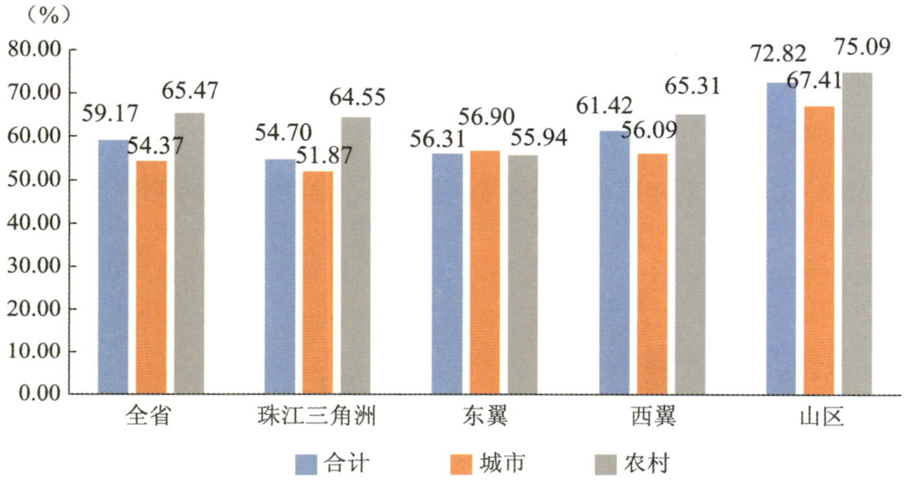

图 3－12 2020 年广东省分区域、分城乡初中中级及以上职称教师比例

4. 义务教育学校教师人均年培训次数有所增长，类型以集中和远程培训为主

2020 年，广东省小学教师人均年培训次数为 8.08 次，比上年增加 2.36 次。其中城市小学为 9.82 次，比上年增加 2.84 次；农村小学为 5.90 次，比上年增加 1.81 次；城乡差异仍然较大。分区域看，珠江三角洲教师人均年培训次数最高，为 10.61 次；东翼地区小学教师人均年培训次数最低，为 3.85 次；小学教师人均培训次数区域差异显著，如图 3－13 所示。

2020 年，广东省初中教师人均年培训次数整体呈现上升趋势。广东省初中教师人均年培训次数为 7.75 次，比上年增加 2.62 次；城市初中为 8.70 次，比上年减少 2.95 次；农村初中为 6.50 次，比上年增加 2.15 次。分区域看，西翼地区初中教师培训次数增幅最大，与上年相比增加 4.25 次；东翼地区初中教师培训次数最少，仅为 3.86 次。分城乡看，山区与珠江三角洲城乡初中教师培训次数差异最大，其他地区城乡差异不明显，如图 3－14 所示。

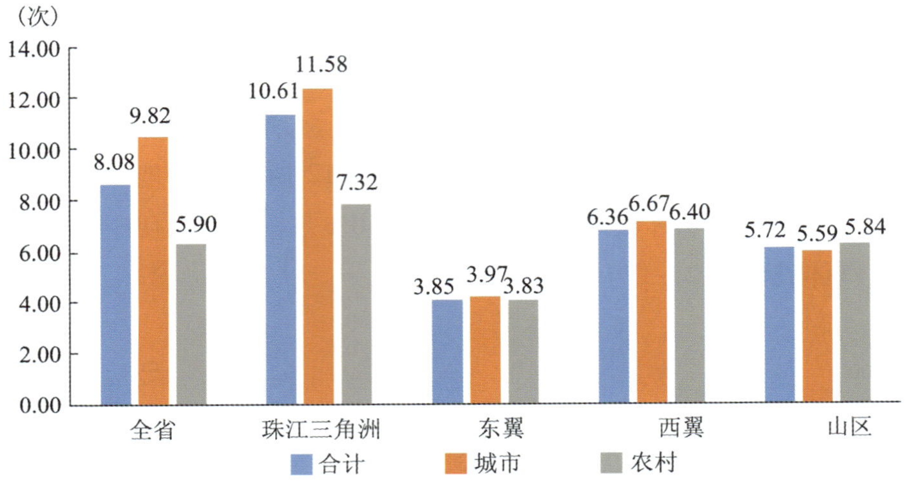

图 3－13　2020 年广东省分区域、分城乡小学教师人均年培训次数

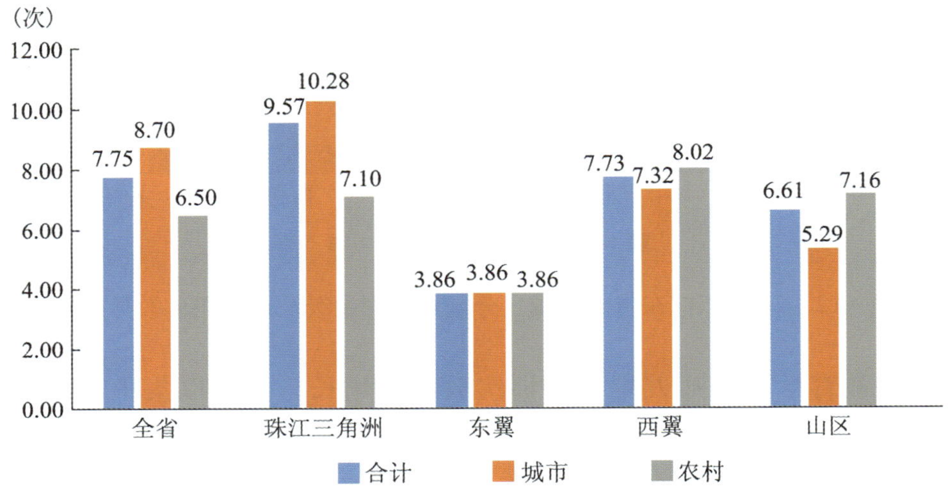

图 3－14　2020 年广东省分区域、分城乡初中教师人均年培训次数

从培训形式看，义务教育学校教师以集中培训为主要形式。2020 年，小学教师接受集中培训次数占培训总次数的比例为 55.92%，初中为 55.23%。分区域看，远程培训的比例较上年相比均上升，集中培训所占比例超过 60% 的，仅有东翼初中教师。如表 3－12 所示。

表 3－12　2020 年广东省义务教育学校教师培训形式占总次数比重情况（%）

地区	集中培训	远程培训	跟岗实践
		小学	
全省	55.92	41.47	2.61
珠江三角洲	57.01	40.45	2.54

续上表

地区	集中培训	远程培训	跟岗实践
小学			
东翼	57.65	40.43	1.93
西翼	50.02	46.04	3.94
山区	55.02	43.00	1.98
初中			
全省	55.23	41.53	3.24
珠江三角洲	56.42	41.38	2.20
东翼	60.36	36.59	3.05
西翼	45.21	47.33	7.46
山区	58.38	38.68	2.95

从培训类型看，义务教育学校教师的培训仍以集中培训、远程培训为主。2020 年，小学教师接受集中培训次数占培训总次数的比例为 55.92%，小学教师接受远程培训次数占培训总次数的比例为 41.47%，如图 3－15 所示。分区域看，远程培训次数均超过 40%。

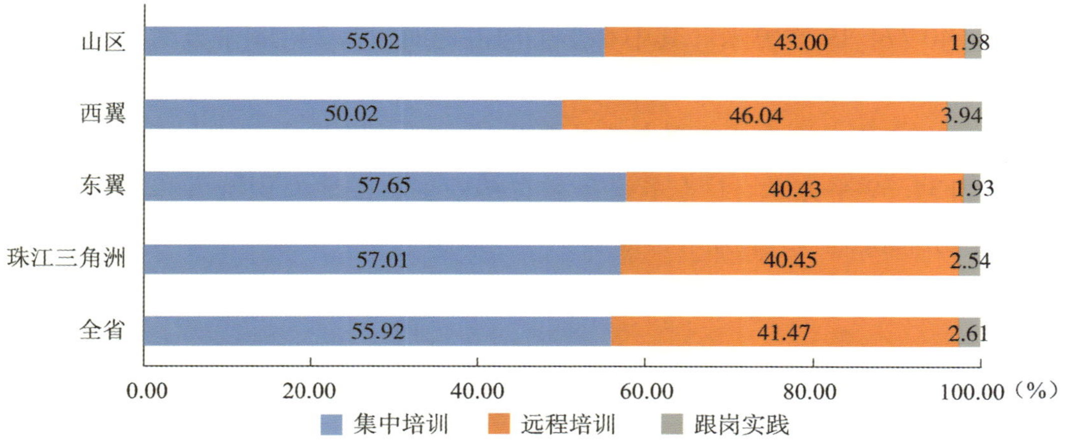

图 3－15 2020 年广东省小学教师培训类型的构成

2020 年，初中教师接受集中培训次数占培训总次数的比例为 55.23%，初中教师接受远程培训次数占培训总次数的比例为 41.53%。分区域看，义务教育学校教师参加远程培训次数均超过 35%，如图 3－16 所示。

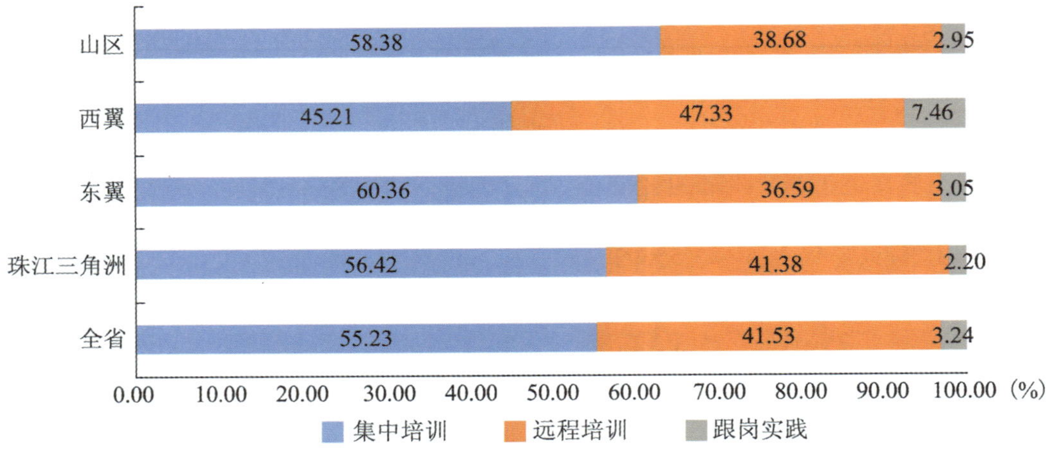

图 3－16　2020 年广东省初中教师培训类型的构成

五、义务教育学校办学条件变化情况

各级政府积极贯彻“新增教育经费主要用于农村”的政策，农村义务教育保障新机制顺利推进，农村义务教育投入大幅增加，农村小学、初中基本办学条件得到明显改善。但是，义务教育学校办学条件的城乡和区域差距依然较大。

1. 义务教育生均占地面积均略有增加

2020 年，广东省义务教育校舍总面积达到 454 624 815. 4 平方米，比上年增加 15 640 774. 19 平方米。其中小学生均占地面积为 24. 48 平方米，初中生均占地面积为 48. 30 平方米。分城乡看，小学农村义务教育的生均占地面积都高于城市。2020 年，广东省义务教育小学生均占地面积城市和农村分别为 17. 55 平方米和 34. 39 平方米。广东省义务教育初中生均占地面积城市和农村分别为 41. 99 平方米和 57. 05 平方米，如表 3－13 所示。

表 3－13　2019 年、2020 年广东省义务教育分城乡生均占地面积情况

单位：平方米

项目	年份				增减	
	2019 年		2020 年			
	小学	初中	小学	初中	小学	初中
占地总面积	249 310 940. 09	189 673 101. 12	258 790 490. 77	195 834 324. 63	9 479 550. 68	6 161 223. 51

续上表

项目	年份				增减	
	2019 年		2020 年			
	小学	初中	小学	初中	小学	初中
生均占地面积	24.12	48.76	24.48	48.30	0.36	-0.46
城市占地面积	102 843 713.38	94 846 262.60	109 161 988.05	98 955 246.72	6 318 274.67	4 108 984.12
城市生均占地面积	16.97	42.19	17.55	41.99	0.58	-0.20
农村占地面积	146 467 226.71	94 826 838.52	149 628 502.72	96 879 077.91	3 161 276.01	2 052 239.39
农村生均占地面积	34.27	57.73	34.39	57.05	0.12	-0.68

分区域来看，广东省生均占地面积比上年略有上升，其中东翼、山区比上年均有减少，分别比上年减少 0.59 平方米和 0.21 平方米，如图 3－17 所示。

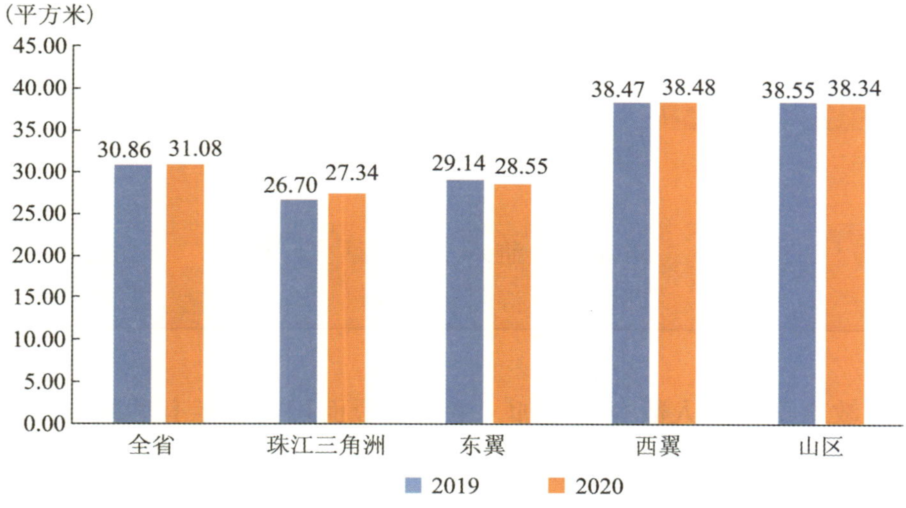

图 3－17　2019 年、2020 年广东省分区域义务教育生均占地面积变化情况

分地市来看，2020 年广东省小学分地市义务教育生均占地面积相比上年有增有减，如表 3－14 所示。其中生均占地面积减少的地市有汕头、韶关、汕尾、江门、湛江、清远、潮州、揭阳 8 市。其他城市生均占地面积与上年相比有所增加。（各地市义务教育小学生均占地面积情况详见附表 2－13）

表 3－14　2020 年广东省分地市义务教育小学生均占地面积变化情况

单位：平方米

增加范围	地市						
1 以上	珠海	佛山	河源	中山			
0～1	广州	深圳	梅州	惠州	东莞	阳江	茂名
	肇庆	云浮					
－1～0	汕头	韶关	汕尾	江门	湛江	清远	潮州
	揭阳						

2020 年，广东省初中分地市义务教育生均占地面积相比上年有所减少，如表 3－15 所示。其中，生均占地面积增加 0～5 平方米的地市有广州、佛山、韶关、惠州、东莞、中山、茂名、肇庆 8 市，生均占地面积减少的地市有深圳、珠海、汕头、河源、汕尾、梅州、阳江、江门、湛江、清远、潮州、揭阳、云浮 13 市。（各地市义务教育初中生均占地面积情况详见附表 2－14）

表 3－15　2020 年广东省分地市义务教育初中生均占地面积变化情况

单位：平方米

增加范围	地市						
0～5	广州	佛山	韶关	惠州	东莞	中山	茂名
	肇庆						
－5～0	深圳	珠海	汕头	河源	梅州	汕尾	江门
	阳江	湛江	清远	潮州	揭阳	云浮	

2. 义务教育寄宿生人数有所增加，生均宿舍面积比上年有所减少

2020 年，广东省小学寄宿生规模达 60.33 万人，比上年增加 5.78 万人，增长 9.58%；小学寄宿生占在校生的比例为 5.71%，小学城市寄宿生占小学寄宿生的比例为 50.36%。广东省小学寄宿生生均宿舍面积为 15.67 平方米，与上年相比，增加了 0. 29 平方米，符合《广东省义务教育规范化学校标准（试行）》生均 4 平方米的标准。其中，西翼地区生均宿舍面积最低，为 8. 71 平方米，比东翼地区少 15. 40 平方米，地区间差异仍较大，如图 3 – 18 所示。

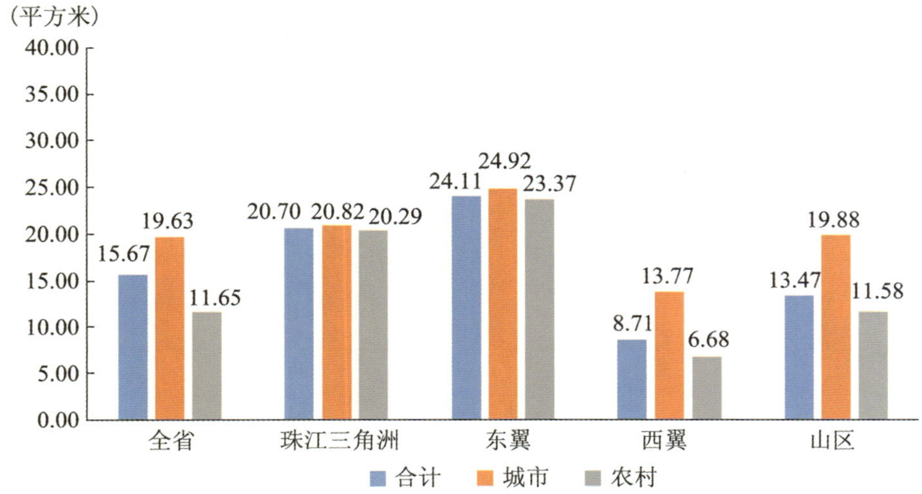

图 3 – 18　2020 年广东省分区域、分城乡小学寄宿生生均宿舍面积

分地市来看，小学生均宿舍面积最高的是梅州，最低的是云浮，其他各市均达到 5 平方米以上，各地市情况如表 3 – 16 所示。（各地区小学寄宿生生均住宿面积详见附表 2 – 15）

表 3 – 16　2020 年广东省部分地区小学寄宿生生均宿舍面积变化情况

单位：平方米

增加范围	地　市						
5～10	清远						
0～5	广州	深圳	珠海	佛山	惠州	汕尾	东莞
	中山	肇庆	潮州	揭阳	云浮		
–5～0	韶关	河源	阳江	湛江	茂名		
–5 以下	汕头	梅州	江门				

2020 年，广东省初中寄宿生规模达 163. 69 万人，比上年增加 13. 42 万人，增加 8. 20%。初中寄宿生占在校生的比例为 40. 37%，初中城市寄宿生占初中寄宿生比例为 50. 28%。广东省初中寄宿生生均宿舍面积为 11. 15 平方米，比上年下降 0. 19 平方米，符合《广东省义务教育规范化学校标准（试行）》生

均4.5平方米的标准。其中西翼8.58平方米，比东翼地区少4.78平方米，区域差异显著，如图3-19所示。

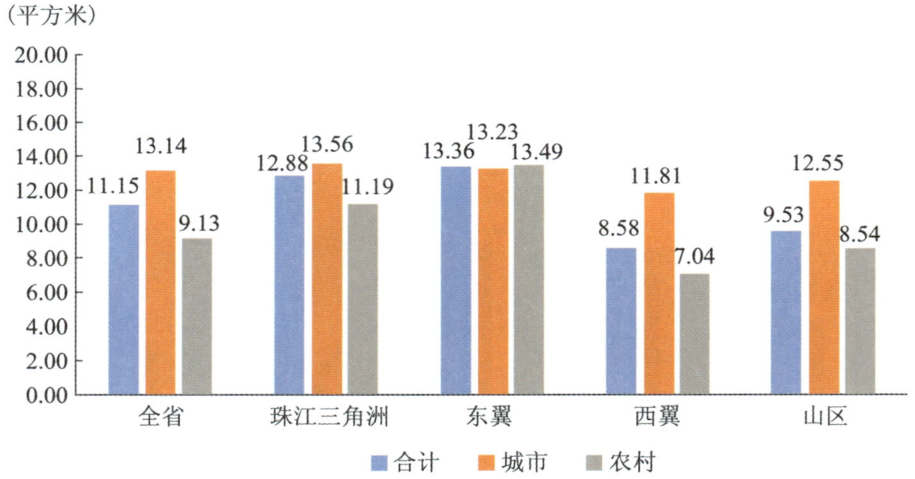

图3-19　2020年广东省分区域、分城乡初中寄宿生生均宿舍面积

分地市来看，佛山、河源、江门、阳江、茂名、清远和云浮等市初中生均宿舍面积未达到10平方米以上，其他地市均达到10平方米以上；与上年相比，珠海、佛山、韶关、梅州、江门、清远等市的初中寄宿生宿舍面积略有上升，如表3-17所示。(各地市初中寄宿生生均宿舍面积详见附表2-16)

表3-17　2019年、2020年广东省部分地区初中寄宿生生均宿舍面积变化情况

单位：平方米

增加范围	地市						
0以上	珠海	佛山	韶关	梅州	江门	清远	
-1～0	河源 肇庆	惠州 揭阳	东莞 云浮	中山	阳江	湛江	茂名
-1以下	广州	深圳	汕头	汕尾	潮州		

3. 义务教育生均运动场地面积总体有所增加，东翼和山区初中生均运动场地面积略有减少

2020年，广东省义务教育生均运动场地面积为9.98平方米，比上年减少0.09平方米。其中，广东省义务教育小学生均运动场地面积为8.56平方米，比上年增加0.29平方米；初中生均运动场地面积为14.86平方米，比上年增

加0.32平方米。

分城乡看，无论是小学还是初中，城市义务教育的生均运动场地面积都低于农村。2020年，广东省小学城市义务教育生均运动场地面积为6.58平方米，比上年增加0.40平方米；初中城市生均运动场地面积为14.02平方米，比上年增加0.62平方米；小学农村义务教育生均运动场地面积为11.38平方米，比上年增加0.15平方米；初中农村义务教育生均运动场地面积为16.03平方米，比上年减少0.07平方米，如表3－18所示。

表3－18 2019年、2020年广东省分城乡义务教育生均运动场地面积情况

单位：平方米

项目	年份				增减	
	2019年		2020年			
	小学	初中	小学	初中	小学	初中
运动场地占地面积	85 436 121.65	56 574 898.12	90 444 114.11	60 270 872.94	5 007 992.46	3 695 974.82
生均运动场地面积	8.27	14.54	8.56	14.86	0.29	0.32
城市运动场地面积	37 424 738.92	30 124 894.24	40 940 338.14	33 049 313.23	2 238 237.22	3 515 599.22
城市生均运动场地面积	6.18	13.40	6.58	14.02	0.40	0.62
农村运动场地面积	48 011 382.73	26 450 003.88	49 503 775.97	27 221 559.71	1 492 393.24	771 555.83
农村生均运动场地面积	11.23	16.10	11.38	16.03	0.15	－0.07

分区域来看，广东省义务教育生均运动场地面积略有上升。2020年，西翼小学生均运动场地面积最高，为11.15平方米，比上年增加0.23平方米；山区初中生均运动场地面积最高，为16.14平方米，比上年减少0.54平方米；珠江三角洲小学最少，为7.33平方米，比上年增加0.43平方米，如表3－19所示。

表 3－19　2019 年、2020 年广东省义务教育生均运动场地面积变化情况

单位：平方米

地区	年份				增减	
	2019 年		2020 年			
	小学	初中	小学	初中	小学	初中
全省	8.27	14.54	8.56	14.86	0.29	0.32
珠江三角洲	6.90	14.63	7.33	15.17	0.43	0.54
东翼	8.33	12.17	8.38	12.17	0.05	－0.01
西翼	10.92	14.63	11.15	15.42	0.23	0.79
山区	10.15	16.68	10.21	16.14	0.06	－0.54

注：东翼初中增减结果为原始数据计算所得。

分地市来看，2020 年，广东省义务教育小学生均运动场地面积与上年相比只有河源、中山、清远和揭阳 4 市有减少，深圳小学生均运动场地面积增幅最大，增加了 1.47 平方米，其他地市都有所增加，清远小学生均运动场地面积降幅最大，减少了 0.29 平方米，如表 3－20 所示。（各地市义务教育小学生均运动场地面积情况详见附表 2－17）

表 3－20　2020 年广东省各地市义务教育小学生均运动场地面积变化情况

单位：平方米

增加范围	各地市及增加面积
1 以上	深圳
0.3～1	汕头　佛山　梅州　茂名
0～0.3	广州　珠海　韶关　惠州　汕尾　东莞　江门 阳江　湛江　肇庆　潮州　云浮
0 以下	河源　中山　清远　揭阳

2020 年，广东省义务教育初中生均运动场地面积与上年相比有增有减，其中，生均运动场地面积增加的有深圳、珠海、汕头、河源、梅州、汕尾、中山、湛江 8 市；生均运动场地面积减少 0.5 平方米以上的有韶关、阳江、肇庆、揭阳 4 市，如表 3－21 所示。（各地市义务教育初中生均运动场地面积情况详见附表 2－18）

表 3－21 2020 年广东省各地市义务教育初中生均运动场地面积变化情况

单位：平方米

增加范围	各地市及增加面积						
0 以上	深圳	珠海	汕头	河源	梅州	汕尾	中山
	湛江						
－0.5～0	广州	佛山	惠州	东莞	江门	茂名	清远
	潮州	云浮					
－0.5 以下	韶关	阳江	肇庆	揭阳			

4. 义务教育生均图书数较上年有所增长

2020 年，广东省义务教育图书总藏量为 562 024 482 册，比上年增加约 2.94 千万册，增长 5.20%；其中，小学增加约 1.87 千万册，初中增加约 1.06 千万册；广东省义务教育生均图书数有所浮动，其中，小学增加 1.11 册，初中增加 0.25 册。

分城乡来看，2020 年广东省小学城市义务教育生均图书数为 30.57 册，比上年增加 1.14 册；初中城市义务教育生均图书数为 62.68 册，比上年增加 0.18 册。小学农村义务教育生均图书数为 30.68 册，比上年增加 1.07 册；初中农村义务教育生均图书数为 53.42 册，比上年增加 0.28 册，如表 3－22 所示。

表 3－22 2019 年、2020 年广东省各城乡义务教育生均图书变化情况

单位：册

项 目	年 份				增 减	
	2019 年		2020 年			
	小学	初中	小学	初中	小学	初中
图书总藏量	304 856 922	227 776 578	323 599 696	238 424 786	18 742 774	10 648 208
生均图书	29.50	58.55	30.61	58.80	1.11	0.25
城市图书	178 326 084	140 499 449	190 133 080	147 712 359	11 806 996	7 212 910
城市生均图书	29.43	62.50	30.57	62.68	1.14	0.18
农村图书	126 530 838	87 277 129	133 466 616	90 712 427	6 935 778	3 435 298
农村生均图书	29.60	53.14	30.68	53.42	1.07	0.28

分区域来看，2020年广东省义务教育生均图书数以及各区域小学、初中生均图书数均呈上升趋势；其中，山区小学生均图书数增幅最大，珠江三角洲初中生均图书数增加0.07册。此外，山区小学生均图书数最高，为31.37册；珠江三角洲初中生均图书数最高，为62.06册，如表3－23所示。

表3－23　2019年、2020年广东省各区域义务教育生均图书变化情况

单位：册

地区	年份				增减	
	2019年		2020年			
	小学	初中	小学	初中	小学	初中
全省	29.50	58.55	30.61	58.80	1.11	0.25
珠江三角洲	29.95	61.99	31.00	62.06	1.05	0.07
东翼	29.48	57.99	29.98	58.67	0.50	0.68
西翼	27.76	53.74	29.23	54.18	1.47	0.44
山区	29.77	53.67	31.37	53.85	1.60	0.18

从各地市来看，2020年广东省各地市义务教育小学生均图书数与上年相比都有增加，如表3－24所示。其中，生均图书数与上年相比增长超过2册的城市为江门、阳江、肇庆、清远、云浮5市。（各地市义务教育小学生均图书情况详见附表2－19）

表3－24　2020年广东省各地市义务教育小学生均图书变化情况

单位：册

增加范围	地市
2以上	江门　阳江　肇庆　清远　云浮
1～2	深圳　珠海　佛山　韶关　梅州　惠州　汕尾　湛江　茂名
0～1	广州　汕头　河源　东莞　中山　潮州　揭阳

2020年，广东省初中各地市义务教育生均图书数相比上年均有所变化。其中，生均图书增加5册以内的地市有深圳、佛山、韶关、汕尾、东莞、江门、阳江、茂名、肇庆、清远、潮州、揭阳12市，如表3－25所示。（各地市义务教育初中生均图书情况详见附表2－20）

表3－25　2020年广东省各地市义务教育初中生均图书变化情况

单位：册

增加范围	地市
0～5	深圳　佛山　韶关　汕尾　东莞　江门　阳江　茂名　肇庆　清远　潮州　揭阳
－5～0	广州　珠海　汕头　河源　梅州　惠州　中山　湛江　云浮

5. 义务教育生均教学仪器设备值有所减少，城乡差距依然较大

2020年，广东省小学生均教学仪器设备值为2917.90元（图3－20），比上年增加321.48元。其中，城市小学比上年增加325.92元，农村小学则比上年增加309.58元。分区域来看，东翼、珠江三角洲、西翼、山区均比上年有所增加。

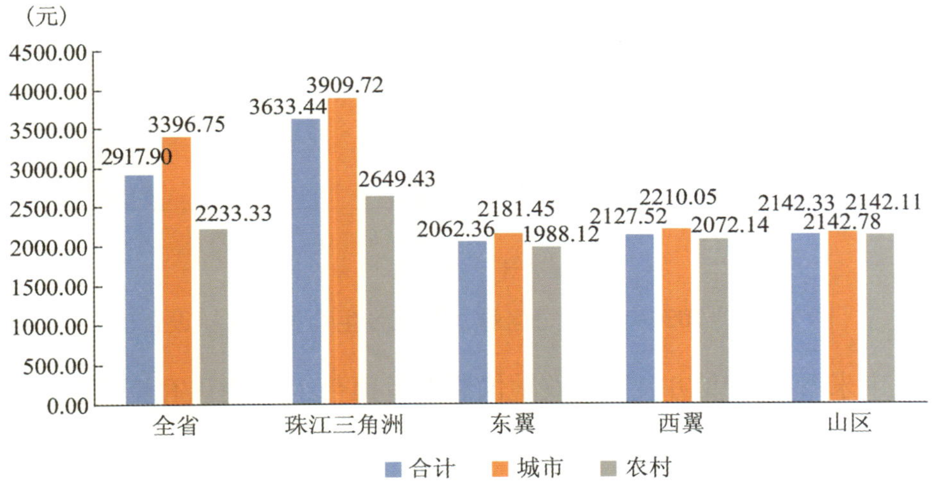

图3－20　2020年小学各区域、各城乡生均教学仪器设备值

分地市来看，深圳小学生均教学仪器设备值最大，为7035.76元，各地市均比上年有所增加，增幅最大的是茂名市，增加1188.78元，如表3－26所示。（各地市小学生均仪器设备值详见附表2－21）

表 3-26　2020 年广东省各地市小学教学仪器设备值变化情况

单位：元

增长范围	地　市
200 以上	深圳　珠海　韶关　河源　东莞　中山　湛江　茂名　肇庆　清远　云浮
100～200	广州　汕头　佛山　梅州　惠州　江门　阳江　潮州　揭阳
0～100	汕尾

2020 年，广东省初中生均教学仪器设备值为 5924.42 元。分区域来看，珠江三角洲各市初中生均教学仪器设备值最高，如图 3-21 所示。

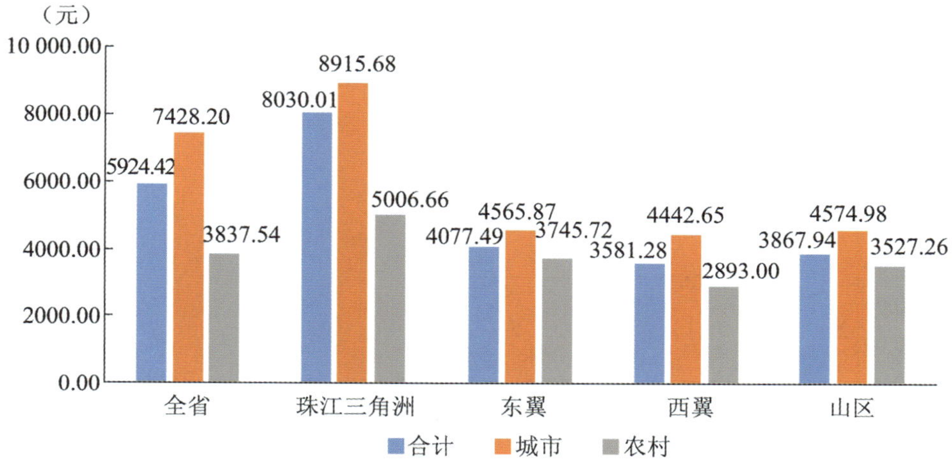

图 3-21　2020 年初中分区域、分城乡生均教学仪器设备值

分地市来看，各市初中生均教学仪器设备值与上年相比有增有减，各地区情况如表 3-27 所示。（各地市初中生均仪器设备值详见附表 2-22）。

表 3-27　2020 年广东省各地市初中教学仪器设备值变化情况

单位：元

增加范围	地　市
400 以上	深圳　韶关　东莞　茂名　肇庆
100～400	梅州　惠州　汕尾　江门　清远　潮州　揭阳　云浮
0～100	汕头　佛山　河源　阳江
0 以下	广州　珠海　中山　湛江

6. 义务教育信息化水平逐步提高，区域间仍存在一定差距

小学、初中每百名学生拥有教学用计算机台数不断增加，地区间差异有所缩小。2020 年，广东省小学每百名学生拥有教学用计算机台数由上年的 21.86 台增加为 22.76 台，初中由上年的 39.67 台增加为 40.74 台，如表 3-28 所示。

表 3-28　广东省每百名学生拥有教学用计算机台数以及增长率变化情况

单位：台

地区	2019 年		2020 年		增长率（%）	
	小学	初中	小学	初中	小学	初中
全省	21.86	39.67	22.76	40.74	4.10	2.70
珠江三角洲	20.48	43.28	21.59	44.81	5.43	3.53
东翼	26.68	41.09	26.70	41.32	0.04	0.57
西翼	22.79	33.01	23.52	34.15	3.22	3.46
山区	20.88	34.10	22.05	34.64	5.63	1.58

分地市看，各地市小学每百名学生拥有教学用计算机台数均在 15 台以上，其中，深圳市最高，为 31.05 台，惠州最低，仅为 16.71 台。与上年相比，除了汕尾、湛江、揭阳外，各市均有所增加，如表 3-29 所示。另外，初中每百名学生拥有教学用计算机台数均在 25 台以上，其中深圳市最高，为 70.70 台。与上年相比，各地市除汕头、梅州、中山、湛江、云浮有所减少以外，其他地市均有所增加，如表 3-30 所示。（广东省各地市义务教育学校每百名学生拥有教学用计算机台数详见附表 2-23）

表 3-29　2020 年广东省各地市小学每百名学生拥有教学用计算机增长率变化情况

单位：%

增减范围	地　市					
5 以上	深圳	佛山	河源	梅州	惠州	东莞
	阳江	茂名	云浮			
0～5	广州	珠海	汕头	韶关	中山	江门
	肇庆	清远	潮州			
0 以下	汕尾	湛江	揭阳			

表 3－30　2020 年广东省各地市初中每百名学生拥有教学用计算机增长率变化情况

单位：%

增减范围	地　市
1～4	广州　佛山　韶关　河源　惠州　汕尾　东莞　阳江　茂名　清远　潮州
0～1	深圳　珠海　江门　肇庆　揭阳
0 以下	汕头　梅州　中山　湛江　云浮

7. 义务教育大班额问题得到一定程度的缓解，小学与初中均达到省规范化学校标准

2020 年，广东省义务教育平均班额为 41 人，与上年持平。分区域看，珠江三角洲平均班额最大，为 44 人，西翼平均班额最小，为 37 人。与 2019 年相比，除了珠江三角洲之外，其他地区平均班额均与上年持平。如表 3－31 所示。

2020 年，广东省小学平均班额为 39 人，较上年减少 1 人，达到了广东省义务教育规范化学校标准规定的小学班额不超过 46 人的标准。分区域看，西翼小学平均班额最小，为 34 人，珠江三角洲平均班额最大，为 43 人，区域差距较大。

2020 年，广东省初中平均班额为 46 人，与上年持平，已达到广东省义务教育规范化学校标准规定的不超过 50 人的标准。分区域看，珠江三角洲、西翼、东翼、山区都与上年持平。

表 3－31　广东省各区域义务教育平均班额统计情况

单位：人

地区	2019 年			2020 年		
	小学	初中	合计	小学	初中	合计
全省	40	46	41	39	46	41
珠江三角洲	44	46	45	43	46	44
东翼	36	45	38	35	45	38
西翼	34	47	37	34	47	37
山区	37	46	39	36	46	39

全省小学城区及镇区大班额现象有所缓解，珠江三角洲和山区尤为突出。2020 年，全省小学 56 人及以上大班额的比例为 0.26%，其中，城市为 0.38%，农村为 0.12%。如表 3－32 所示。

表 3－32 2020 年各区域义务教育阶段大班额比例（%）

地区	小学			初中		
	城市	农村	合计	城市	农村	合计
全省	0.38	0.12	0.26	0.17	0.04	0.12
珠江三角洲	0.35	0.36	0.35	0.16	0.07	0.15
东翼	0.00	0.00	0.00	0.00	0.00	0.00
西翼	0.00	0.00	0.00	0.14	0.00	0.06
山区	1.67	0.15	0.55	0.46	0.07	0.20

分区域看，山区小学大班额比例最高，为 0.55%。其次，珠江三角洲小学大班额比例为 0.35%，与 2019 年相比，全省小学大班额的比例下降了 1.54%。其中，山区大班额比例下降最多，为 3.21%。分地市来看，各地市变化情况有增有减。（各地区小学大班额比例详见附表 2－24）

2020 年，全省初中 56 人及以上大班额比例为 0.12%，比上年下降了 1.22%，其中大班额城区比例为 0.17%，农村为 0.04%。分区域看，山区的比例最高，为 0.20%，东翼最低，为 0.00%。与 2019 年相比，珠江三角洲的大班额比例下降最多，下降了 2.29%。城市大班额现象突出，也反映出义务教育资源配置的均衡问题仍有待改进。分地市来看，惠州市大班额比例达 1% 以上，其他各市比例则均低至 1% 以下。（各地区初中大班额比例详见附表 2－25）

六、广东民办义务教育事业发展基本状况

1. 民办小学

（1）学校数量变化情况。全省民办小学数从 2009 年的 827 所，发展到

2020年的670所，减少了157所，数量有所下降（图3－22），但其中一个原因是部分小学升格为九年一贯制或者十二年一贯制学校，纳入了初、高中学校数统计。2010—2020年，民办小学学校数在广东小学教育学校数总数的比例从4.92%提升到6.32%。

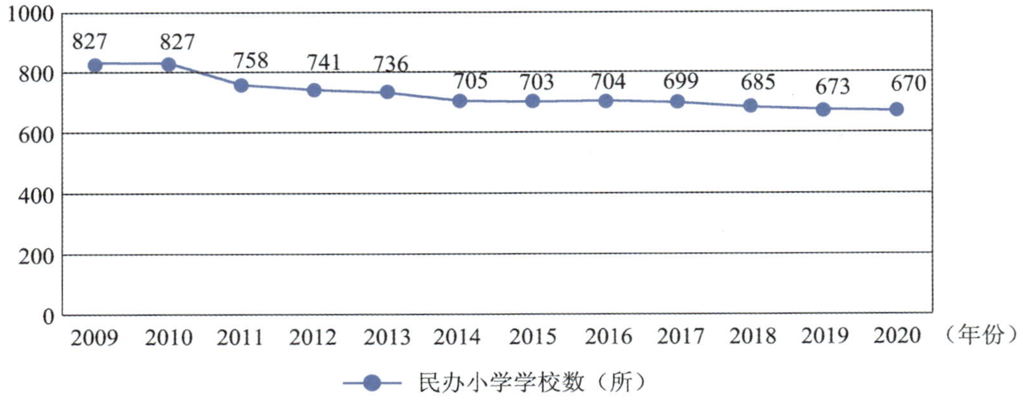

图3－22　2009—2020年广东民办小学学校数变化情况

（2）学生数量变化情况。全省民办小学在校生人数从2009年的135.29万人，发展到2020年的227.41万人，增加了92.12万人，增长了68.10%（图3－23）。2011—2020年，民办小学在校生人数在广东小学教育在校生总数的比例从16.55%提升到21.51%。

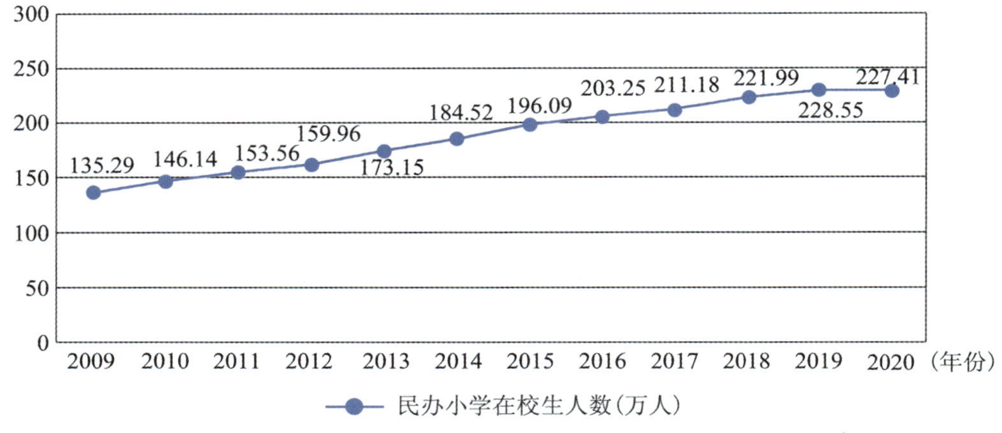

图3－23　2009—2020年广东民办小学在校生数变化情况

（3）教师变化情况。全省民办小学专任教师数从2009年的5.71万人发展到2020年的11.57万人，增加了5.86万人，增长了102.63%（图3－24）。民办小学专任教师数近年增幅较大。

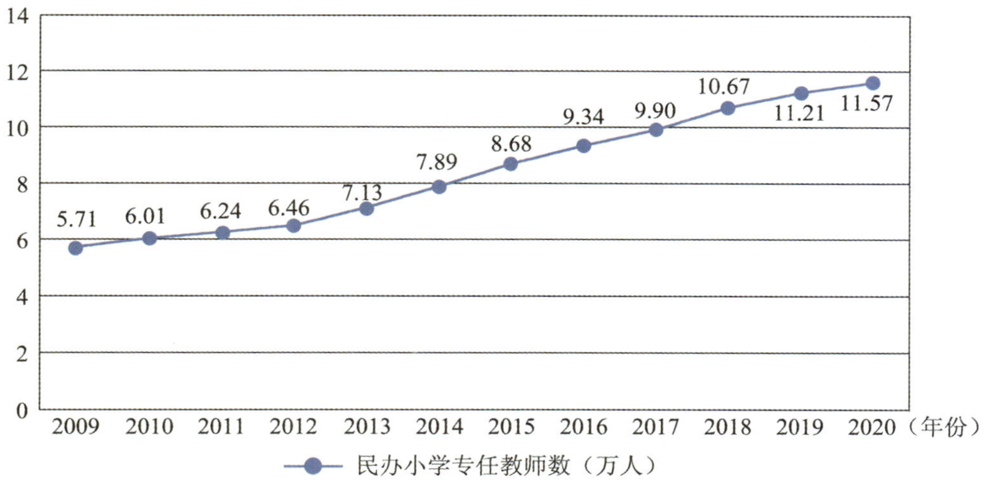

图3－24　2009—2020年广东民办小学专任教师数变化情况

（4）办学条件变化情况。各项办学条件均有明显变化（图3－25、图3－26、图3－27）。

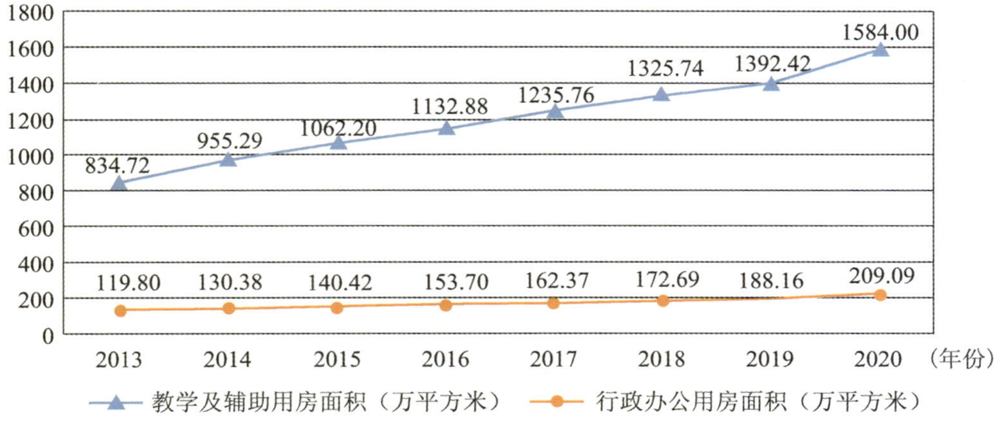

图3－25　2013—2020年广东民办小学校舍面积变化情况

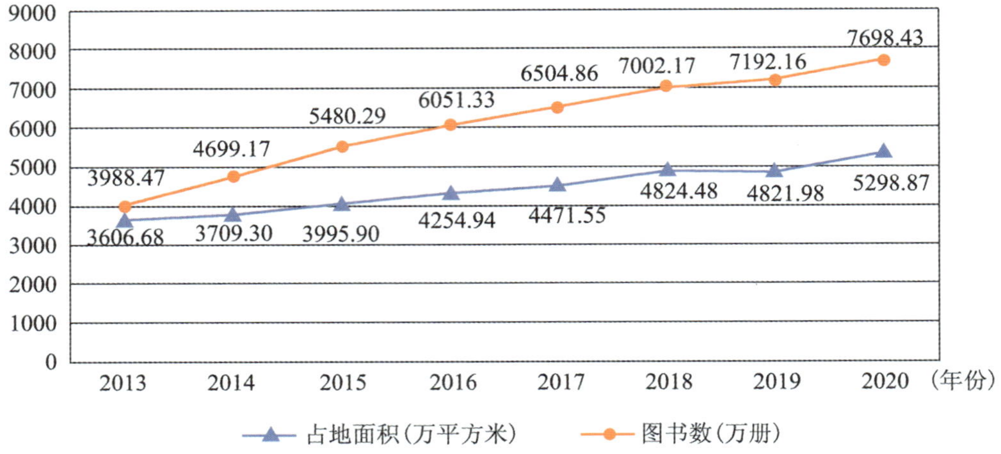

图3－26　2013—2020年广东民办小学占地面积及图书数变化情况

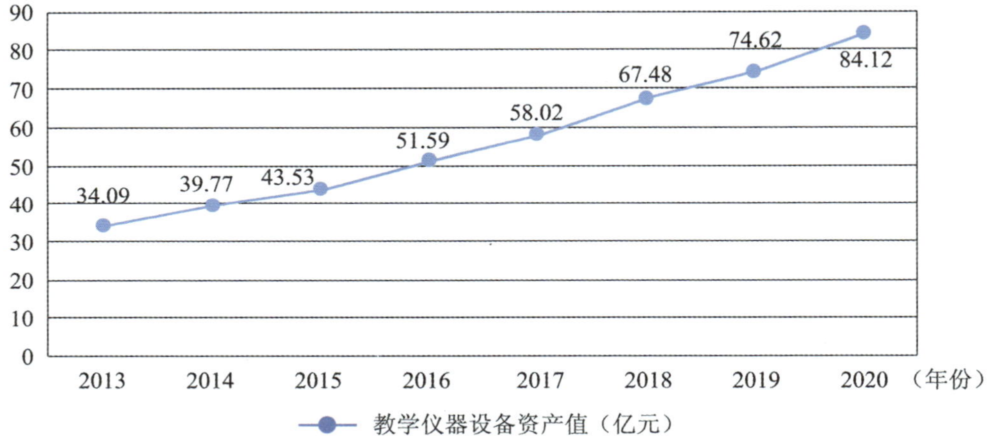

图3－27　2013—2020年广东民办小学教学仪器设备资产值变化情况

2. **民办初中**

（1）学校数量变化情况。全省民办普通初中学校数从2009年的684所，发展到2020年的1063所，增加了379所，增长了55.41%（图3－28）。2011—2020年，民办普通初中学校数占广东初中教育学校总数的比例从19.48%提升到28.36%。民办普通初中学校数呈平稳增长态势。

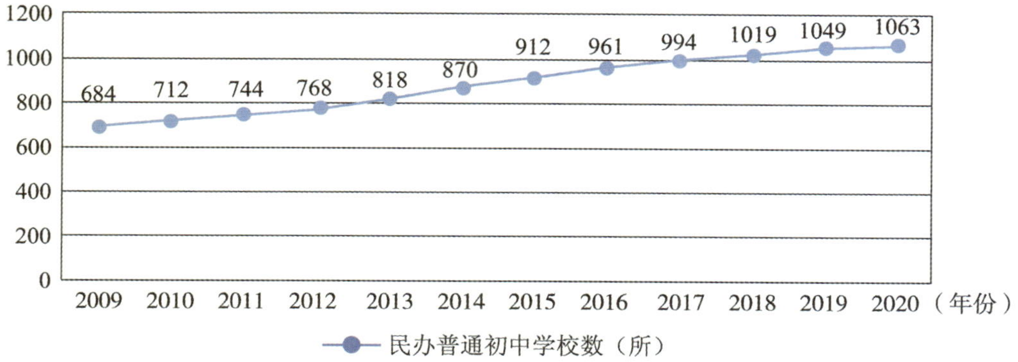

图 3－28 2009—2020 年广东民办普通初中学校数变化情况

（2）学生数量变化情况。全省民办普通初中在校生人数从 2009 年的 54.04 万人，发展到 2020 年的 93.42 万人，增加了 39.38 万人，增长了 72.87%（图 3－29）。2011—2020 年，民办普通初中在校生人数在广东整个初中教育在校生总数的比例从 16.72% 提升到 23.04%。

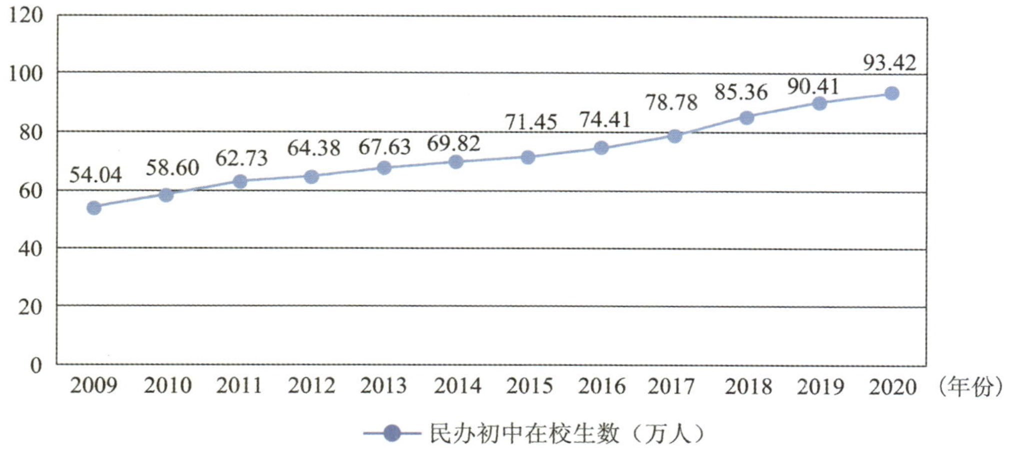

图 3－29 2009—2020 年广东民办普通初中在校生数变化情况

（3）教师变化情况。全省民办普通初中的专任教师数从 2013 年的 3.66 万人，发展到 2020 年的 6.27 万人，增加了 2.61 万人，增长了 71.31%（图 3－30）。

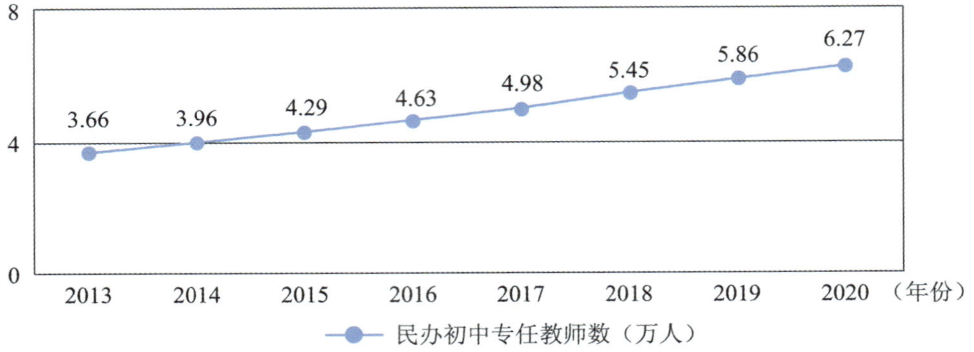

图3－30　2013—2020年广东民办普通初中专任教师数变化情况

（4）办学条件变化情况。各项办学条件均有明显变化（图3－31、图3－32、图3－33）。

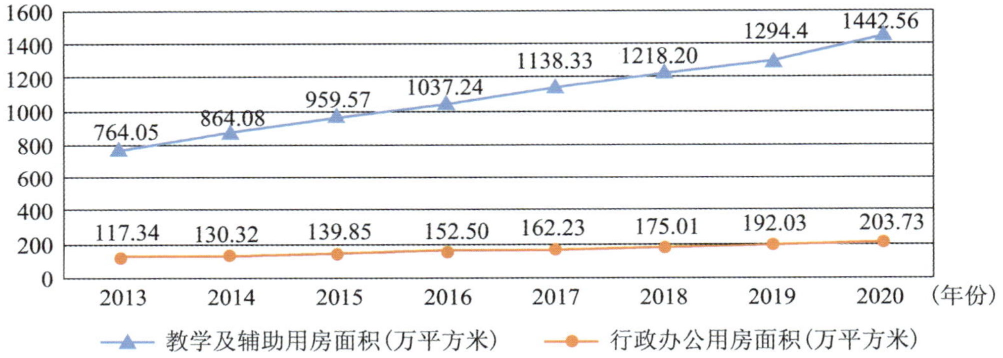

图3－31　2013—2020年广东民办普通初中校舍面积变化情况

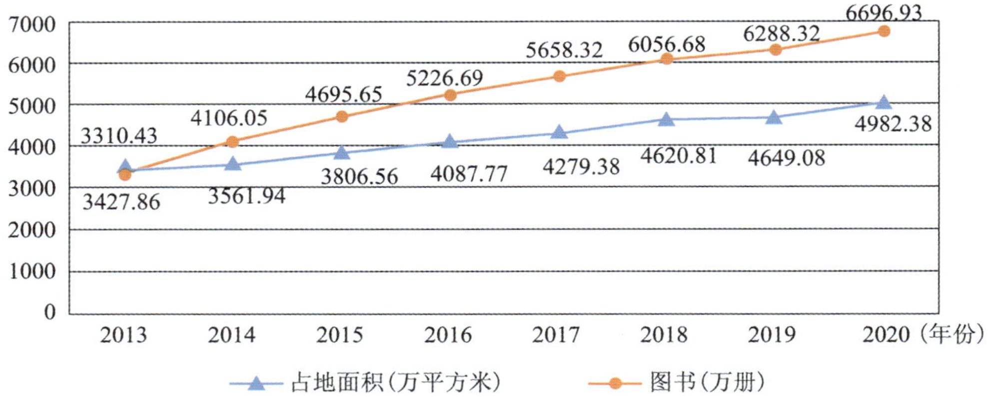

图3－32　2013—2020年广东民办普通初中占地面积及图书数变化情况

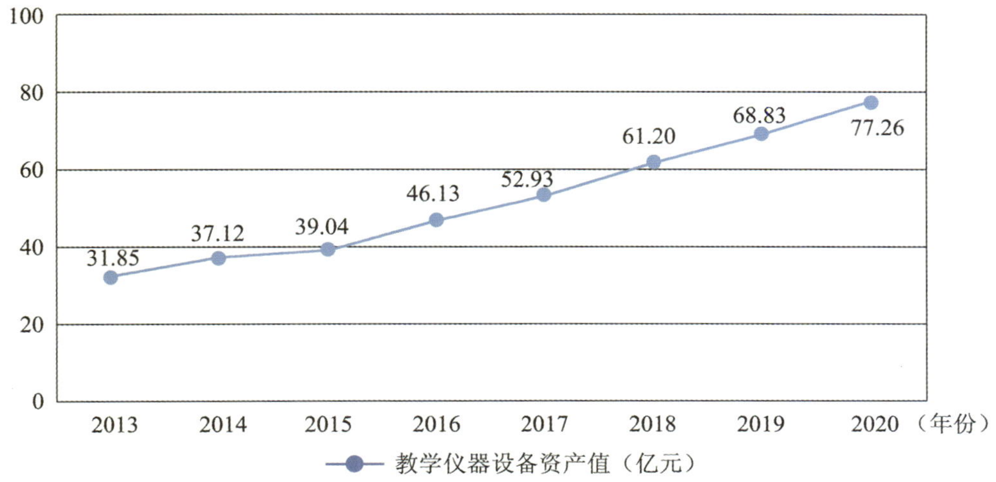

图 3－33　2013—2020 年广东民办普通初中教学仪器设备资产值变化情况

七、小结

广东省在纲领性文件《广东省教育发展“十三五”规划》的统领指导下，2020 年，广东省义务教育的发展在办学规模、办学条件、办学质量和师资队伍建设等各方面取得了长足的进步。

首先，办学规模方面，2020 年，中小学在校生数 1462 万人，已连续三年达到“十三五”规划中“2018 年义务教育在校生数达到 1280 万人”的目标；小学学龄儿童入学率为 100%，已达到“2018 年小学适龄儿童入学率 99.99%”的目标；小学在校生总规模延续上年增长的趋势，达到 1057.11 万人；初中在校生为 405.47 万人，比上年增加 16.44 万人，增长了 4.23%。2021 年是“十四五”规划开局之年，广东省立足新发展阶段，贯彻新发展理念，构建新发展格局，推动“十四五”规划高质量发展。《广东省教育发展“十三五”规划》提出，广东省要实现 1300 万农业户口居民转为城镇户口居民，异地务工人员随迁子女和留守儿童受教育问题将会非常突出。2020 年，广东省义务教育阶段随迁子女达 456.75 万人，与上年相比减少了 3.57 万人。义务教育阶段近八成随迁子女在校生为小学生，且集中在城市，小学生显著多于初中生。

其次，办学条件方面，“十三五”规划中提出：“合理配置教育资源，科学规划义务教育学校设置，全面提升义务教育学校办学条件，有效扩大城镇教育资源，解决‘大班额’问题。”2020 年，义务教育生均占地面积、生均图书和生均仪器设备值小学都偏少，小学教育资源比较紧缺；广东省小学农村大班额比例为 0.12%，城市大班额比例为 0.38%，义务教育大班额问题得到一定程度的缓解；小学、初中每百名学生拥有的计算机台数不断增加，义务教育信息化水平快速提高，大力推进义务教育现代化学校建设；义务教育城乡差距较大，义务教育均衡优质标准化水平有待继续提升。

最后，师资队伍建设方面，小学专任教师 55.34 万人，小学生师比为 18.43∶1，初中专任教师 30.10 万人，初中生师比为 13.47∶1，中小学教师配置有待完善，需要进一步落实“十三五”规划中提出的深入实施中小学新一轮“百千万人才培养工程”。义务教育学校教师人均培训次数偏低，小学教师人均培训次数为 8.08 次，初中教师人均培训次数为 7.75 次，以集中培训和远程培训为主，“十三五”规划中提出：“促进教师教育和教师专业发展。深化教师教育改革，推进教师职前教育与职后专业发展有效衔接。”目前，义务教育教师培训仍需加强，教师专业化发展有待提升。

在“双减”政策的导向下，义务教育将着重促进学生综合素质全面提升，进一步减轻义务教育阶段学生作业负担和校外培训负担，提升学校课后服务水平。强化学生创新精神和创新能力培养，加强体育与劳动教育建设，增加校内运动场地和劳技基地生均面积。同时提升义务教育优质均衡发展水平。按照城镇化和常住人口规模科学编制城乡义务教育学校布局规划，科学测算学位需求，扩大学位增量，在 2020 年基础上新增约 370 万个公办义务教育学位，满足适龄学生入学需求，全面消除义务教育学校超省标准化学校标准班额。开展义务教育质量常态化监测，强化结果运用，推动教育质量和水平提升，为建成教育强省和粤港澳大湾区国际教育示范区奠定基础。

第四部分 高中阶段教育

2020年广东省全面落实《国家教育规划纲要》和《省教育规划纲要》，进一步普及高中教育的目标，高中教育普及水平稳定提升，高中办学条件得到进一步改善，图书数量和设备资产得到进一步提高，招生规模有所上升，全省高中阶段①教师数量和质量都得到提升。总体来说，高中阶段教育普及水平进一步提高。进一步缩小普通高中和职业教育之间的规模，推动了中等职业教育内涵优质高效发展。

一、高中阶段教育规模与普及水平发展情况

1. 高中阶段招生规模有所上升

2020年，全省高中阶段教育共招生98.26万人，比上年增加3.01万人，上升3.16%。如表4-1所示。

表4-1　2019年、2020年广东省分区域高中阶段教育招生规模变化情况

单位：万人

地区	2019年	2020年	增加	增长率（%）
全省	95.25	98.26	3.01	3.16
珠江三角洲	47.85	49.13	1.28	2.68
东翼	15.78	16.25	0.47	2.96
西翼	16.21	16.74	0.53	3.33
山区	15.41	16.13	0.72	4.66

分区域来看，2020年全省高中阶段教育招生规模均有所上升。其中，山区高中阶段教育招生16.13万人，比上年上升4.66%，增幅最大，为4.66%；西翼高中阶段教育招生16.74万人，比上年增加0.53万人，增幅为3.33%；东翼高中阶段教育招生16.25万人，比上年增加0.47万人，增幅为2.96%；珠江三

① 无特殊说明，本书中高中阶段教育包括普通高中和中等职业教育（未含技工学校）。

角洲高中教育阶段招生 49.13 万人，比上年增加 1.28 万人，增幅为 2.68%。

分地市来看，全省 21 个地市中，除广州、汕头、佛山外，其余 18 个地市高中阶段教育招生规模均有所上升。其中，惠州市增幅最大，达到 11.05%；茂名市增幅最小，为 0.13%，教育招生规模与上年基本持平。（各地市高中阶段招生规模情况详见附表 3－1）

2020 年，全省普通高中教育招生人数为 67.18 万人，比上年增长 3.24 万人，增长 5.07%。如表 4－2 所示。

分区域看，2020 年全省各区域普通高中教育招生规模都有所增加。其中，珠江三角洲普通高中教育招生人数在各区域中最多，为 31.38 万人，比上年增加了 23 819 人，增加 8.22%，增幅最大；东翼普通高中教育招生人数为 13.30 万人，比上年增加了 4124 人；西翼普通高中教育招生人数为 11.39 万人，比上年增加 1743 人，增幅最小。山区普通高中教育招生规模在各区域中最小，招生人数为 11.12 万人，比上年增加 2706 人，增长 2.49%。

分城乡看，2020 年全省城区普通高中教育招生 32.72 万人，比上年增加 10 430 人，增长 3.29%；镇区及乡村普通高中教育招生 34.47 万人，比上年增加 2.20 万人，增长 6.81%，增幅较大。

表 4－2　2020 年广东省普通高中教育招生规模变化情况

单位：万人

地区	2020 年			比上年增长情况（%）		
	城区	镇区及乡村	合计	城区	镇区及乡村	合计
全省	32.72	34.47	67.18	3.29	6.81	5.07
珠江三角洲	19.80	11.58	31.38	5.70	12.80	8.22
东翼	3.16	10.14	13.30	－0.26	4.33	3.20
西翼	6.50	4.90	11.39	2.16	0.76	1.55
山区	3.26	7.85	11.12	－4.51	5.72	2.49

2020 年，全省中等职业教育招生人数为 31.08 万人，比上年减少 0.24 万人，减少 0.75%。

分区域看，2020 年全省各区域中等职业教育招生规模除珠江三角洲外均有所上升。其中，山区中等职业教育招生人数为 5.01 万人，比上年增加 0.45 万人，上升 9.79%，上升幅度在各区域中最大。珠江三角洲地区中等职业教育招生人数为17.76万人，比上年减少1.10万人，下降5.84%，下降幅度在各区域中最大。如表4－3所示。

表4－3 2019年、2020年广东省中等职业教育招生规模变化情况

单位：万人

类型	2019年	2020年	增加数量	增长率（%）
全省	31.31	31.08	－0.23	－0.75
珠江三角洲	18.86	17.76	－1.10	－5.84
东翼	2.90	2.95	0.05	1.72
西翼	5.00	5.36	0.36	7.20
山区	4.57	5.01	0.44	9.63

2020年，全省中等职业教育学校共招收农民学生45人，同比上年人数大幅下降。其中广州市招收2人，湛江市招生4人，茂名市招收38人，清远市招收1人，其余17个地市并未招收农民学生。

2. 高中阶段教育在校生规模比上年有所上升

2020年，高中阶段教育在校生总规模为276.40万人，比上年增加6.69万人，上升了2.48%。

分区域来看，2020年全省各区域高中阶段教育在校生规模均有所上升。其中，珠江三角洲在校生规模为139.00万人，比上年增加4.21万人，上升3.12%，在所有区域增幅最大；增幅最小的地区为西翼，其在校生规模为47.09万人，比上年上升0.31万人，上升0.66%。如表4－4所示。

表4－4 2019年、2020年广东省各区域高中阶段教育在校生规模变化情况

单位：万人

地区	2019年	2020年	增加数量	增长率（%）
全省	269.71	276.40	6.69	2.48
珠江三角洲	134.79	139.00	4.21	3.12
东翼	44.57	45.58	1.02	2.28
西翼	46.78	47.09	0.31	0.66
山区	43.57	44.81	1.24	2.85

分地市来看，全省21个地市高中阶段教育在校生规模除广州、汕头、湛江外均有所上升。增幅最大的是深圳市，比上年上升7.03%，梅州市在校生规模比上年上升0.07%，增幅最小。（各地市高中阶段在校生规模情况详见附表3－1）

2020年，全省普通高中在校生规模为190.35万人，比上年增长了66 118人，增长3.60%。如表4－5所示。

表4－5　2020年广东省各区域、各城乡普通高中教育在校生规模变化情况

单位：万人

地区	2020年			比上年增长情况（%）		
	城区	镇区及乡村	合计	城区	镇区及乡村	合计
全省	94.04	96.31	190.35	2.09	5.11	3.60
珠江三角洲	55.87	31.48	87.35	3.26	10.20	5.66
东翼	9.25	28.43	37.68	1.75	3.26	2.89
西翼	19.30	14.06	33.37	1.16	－1.01	0.23
山区	9.61	22.34	31.96	－2.22	4.77	2.56

分区域看，2020年全省各区域普通高中教育在校生规模均有不同程度的增长。其中，山区普通高中教育在校生规模最小，为31.96万人，比上年增加了7986人，增长2.56%；在各区域中西翼增长幅度最小，其普通高中教育在校生规模为33.37万人，比上年增长772人，增长0.23%；增长幅度最大的是珠江三角洲，其普通高中教育在校生人数为87.35万人，比上年增加4.68万人，增长5.66%。（各地区普通高中教育在校生规模变化情况详见附表3－2）

分城乡看，2020年全省城区普通高中教育在校生规模为94.04万人，比上年增加19 266人，增长了2.09%；镇区及乡村普通高中教育在校生规模为96.31万人，比上年增加46 852人，增长5.11%。

2020年，全省中等职业教育在校生规模为86.05万人，比上年增加5321人，上升0.62%。如表4－6所示。

分区域看，2020年全省各区域中等职业教育在校生规模除珠江三角洲、东翼地区外均有所上升。其中，山区中等职业教育在校生规模为12.85万人，比上年增加0.55万人，增加4.47%，增长幅度在各区域中最大。西翼中等职业教育在校生规模为13.72万人，比上年增加0.44万人，上升3.31%。（各地市

中等职业教育学生规模变化情况详见附表3－3）

表4－6　2019年、2020年广东省各区域中等职业教育在校生规模变化情况

单位：万人

地区	2019年	2020年	增加数量	增长率（%）
全省	85.52	86.05	0.53	0.62
珠江三角洲	52.00	51.57	－0.43	－0.83
东翼	7.95	7.91	－0.04	－0.50
西翼	13.28	13.72	0.44	3.31
山区	12.30	12.85	0.55	4.47

3. 普通高中学校数量有所增加，中等职业教育学校数量有所减少

2020年，全省普通高中学校规模为1035所，比上年增加27所，上升2.68%。如表4－7所示。

表4－7　2020年广东省各区域普通高中公办、民办学校规模变化情况

单位：所

地区	2020年			比上年增长情况（%）		
	公办	民办	合计	公办	民办	合计
全省	807	228	1035	0.62	10.68	2.68
珠江三角洲	345	145	490	1.77	13.28	4.93
东翼	197	33	230	0	0	0
西翼	116	27	143	－0.85	12.50	1.42
山区	149	23	172	0	9.52	1.18

分区域来看，2020年全省各区域普通高中学校规模除东翼外均有不同程度的增长，珠江三角洲2020年普通高中学校规模为490所，比上年增加23所，增长4.93%，增幅最大；山区学校规模为172所，比上年增加2所，增长1.18%；东翼与上年保持相同水平。

分举办者类型看，2020年全省公办普通高中学校规模为807所，比上年增

加 5 所，增长 0.62%；民办普通高中学校规模为 228 所，比上年增加 22 所，增长 10.68%。全省各区域中，民办普通高中学校规模都有不同程度的上升。

2020 年，全省中等职业学校共 396 所，比上年减少 30 所，下降 7.04%。按举办者类型看，2020 年全省公办中等职业教育学校 296 所，比上年减少 18 所，下降 5.73%；民办中等职业教育学校 100 所，比上年减少 12 所，下降 10.71%。

二、高中阶段教育教师队伍发展情况

1. 全省普通高中专任教师数有所上升，中等职业教育专任教师数有所减少

2020 年，全省普通高中专任教师规模为 15.18 万人，相比上年增加 3027 人，增长了 2.03%。如表 4－8 所示。

表 4－8　2020 年广东省各区域、各城乡普通高中教育专任教师规模变化情况

单位：万人

地区	2020 年			比上年增长情况（%）		
	城区	镇区及乡村	合计	城区	镇区及乡村	合计
全省	7.68	7.50	15.18	2.00	2.07	2.03
珠江三角洲	4.56	2.42	6.98	2.81	7.09	4.26
东翼	0.73	2.13	2.86	－0.04	－0.01	－0.02
西翼	1.62	1.11	2.73	2.86	－3.53	0.16
山区	0.78	1.83	2.61	－2.27	1.78	0.53

分区域看，2020 年全省各区域普通高中教育专任教师规模仅东翼有所下降。其中，珠江三角洲普通高中教育专任教师规模为 6.98 万人，相比上年增加 2851 人，增长 4.26%，在各区域中增幅最大；东翼普通高中教育专任教师规模为 2.86 万人，比上年减少了 5 人，下降 0.02%。

分城乡看，2020 年全省城区普通高中教育专任教师规模为 7.68 万人，比上年增加 1510 人，上升 2.00%；镇区及乡村普通高中教育专任教师规模为 7.50 万人，比上年增加 1517 人，增长 2.07%。

分地市来看，全省共有 15 个地市普通高中教育专任教师人数比上年有所

增加。其中，东莞市增幅最大，达到 8.26%。

2020 年，全省中等职业教育专任教师规模为 4.35 万人，比上年减少 196 人，下降 0.45%。如图 4-1 所示。

从区域看，2020 年全省各区域中等职业教育专任教师规模除珠江三角洲外均有所减少。其中，珠江三角洲中等职业教育专任教师人数为 2.66 万人，比上年增加 258 人，上升 0.98%；山区中等职业教育专任教师人数为 0.65 万人，下降 2.70%；东翼中等教育专任教师规模为 0.46 万人，比上年减少 194 人，下降 4.04%，下降幅度最大。在各区域中，西翼下降幅度最小，为 1.37%。

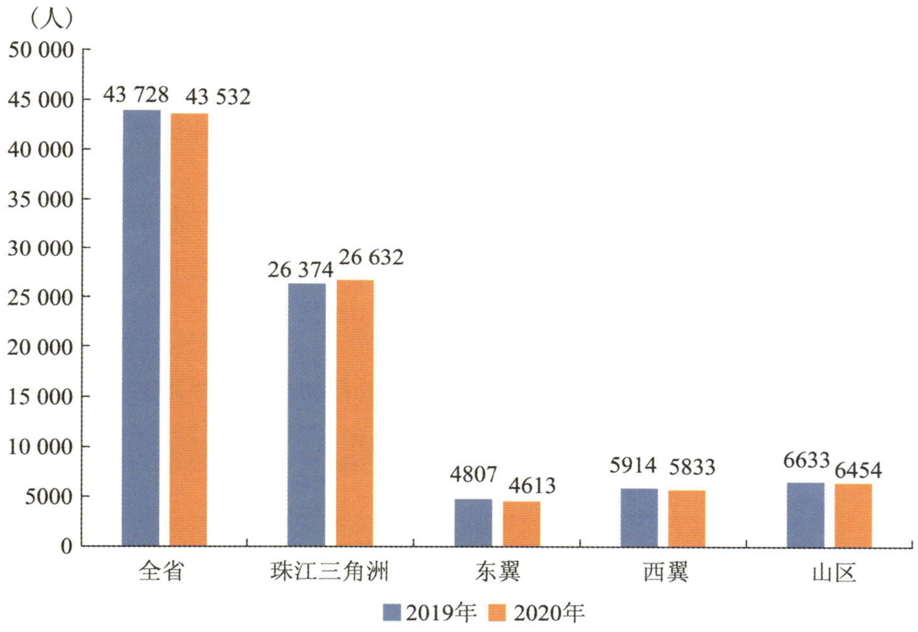

图 4-1 2019 年、2020 年广东省各区域中等职业教育专任教师规模变化情况

2. 中等职业教育双师型教师比例进一步提高，达到国家规定标准

2020 年，全省中等职业教育双师型教师比例为 44.14%，比上年增加 0.21%，达到了《中等职业教育设置标准》提出的双师型教师比例不低于 30% 的标准。如图 4-2 所示。

从区域看，2020 年全省各区域中等职业教育双师型教师比例仅珠江三角洲和山区有所增加，珠江三角洲中等职业教育双师型教师比例增幅较大，比例达到了 44.35%，较上年增加了 0.94%；东翼中等职业教育双师型教师比例降幅最大，较上年下降了 6.49%。

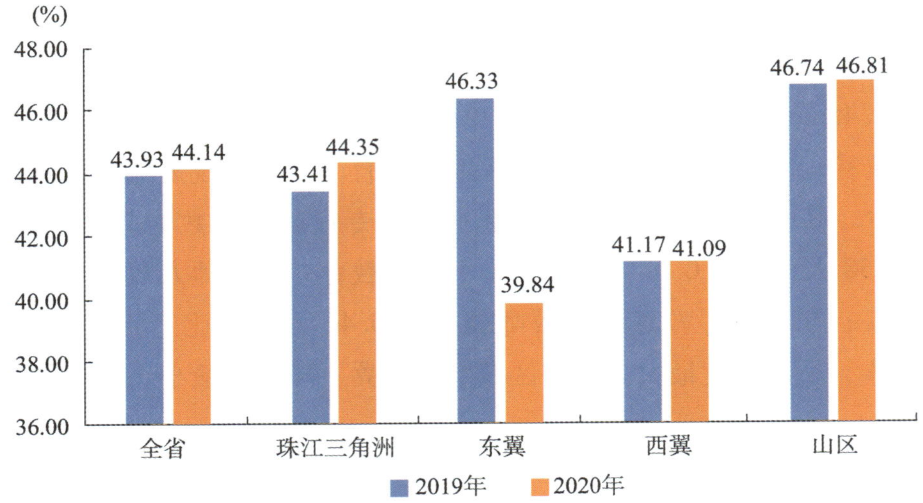

图 4－2　2019 年、2020 年广东省各区域双师型教师比例

分地市看，2020 年全省 21 个地市中仅有珠江三角洲的惠州市和东翼的汕尾市的中等职业教育双师型教师比例低于 30%，其余 19 个地市均达到国家设置标准。如表 4－9 所示。

表 4－9　2020 年广东省各地市中等职业教育双师型教师比例情况

分档	珠江三角洲	东翼	西翼	山区
50% 以上	珠海、佛山、江门	汕头		清远、云浮
40% ～50%	广州、深圳、中山、肇庆	潮州	阳江、茂名	韶关、河源、梅州
30% ～40%	东莞	揭阳	湛江	
30% 以下	惠州	汕尾		

3. 全省普通高中生师比有所上升，城乡区域间差异较小；中等职业教育生师比有所上升，接近国家标准

2020 年，全省普通高中教育生师比为 12.54∶1，比上年上升 1.54%。分区域看，2020 年全省各区域普通高中教育生师比均有所上升。其中，东翼普通高中教育生师比最高，为 13.18∶1；生师比最低的是山区，为 12.23∶1。与上年相比，全省各区域生师比改善程度最大的是东翼，上升 2.97%。

分地市看，2020 年全省超过一半地市的普通高中教育生师比高于全省平均水平，包括汕头、佛山、惠州、汕尾、东莞、中山、江门、阳江、肇庆、揭阳、云浮 11 市。其中，揭阳市生师比最高，为 14.33∶1；生师比最低的是广州市，为 10.91∶1。（各地市普通高中教育教师配备情况详见附表 3－4）

分城乡看，2020 年全省城乡普通高中教育生师比与上年相比均有所上升，各区域之间、城区与镇区及乡村之间差距均较小。其中，城区普通高中教育生师比为 12.24∶1，比上年上升 0.01；镇区及乡村普通高中教育生师比为 12.85∶1，比上年上升 0.37。如表 4－10 所示。

表 4－10　2020 年广东省各区域、各城乡普通高中教育生师比变化情况

单位：万人

地区	2020 年			比上年增长情况		
	城区	镇区及乡村	合计	城区	镇区及乡村	合计
全省	12.24∶1	12.85∶1	12.54∶1	0.01	0.37	0.19
珠江三角洲	12.26∶1	12.99∶1	12.51∶1	0.05	0.37	0.17
东翼	12.71∶1	13.34∶1	13.18∶1	0.22	0.42	0.37
西翼	11.94∶1	12.68∶1	12.24∶1	－0.20	0.32	0.01
山区	12.29∶1	12.20∶1	12.23∶1	0.01	0.35	0.24

2020 年，全省中等职业教育生师比为 19.77∶1，比上年上升 0.38，接近教育部《中等职业教育设置标准》规定的 20.00∶1。

分区域看，2020 年全省各区域中等职业教育生师比除珠江三角洲以外均有所上升。其中，西翼中等职业教育最高，达到 23.53∶1，与生师比最低的东翼相差 6.39；与上年相比，山区生师比变化最大，比上年上升了 1.53。如表 4－11 所示。

表 4－11　2019 年、2020 年广东省分区域中等职业教育生师比变化情况

地区	2019 年	2020 年	增加数量
全省	19.39∶1	19.77∶1	0.38
珠江三角洲	19.58∶1	19.36∶1	－0.22
东翼	15.91∶1	17.14∶1	1.23
西翼	22.67∶1	23.53∶1	0.86
山区	18.38∶1	19.91∶1	1.53

分地市看，深圳、佛山、韶关、河源、梅州等地市的中等职业教育生师比仍低于20:1，而湛江市的生师比高达26.36:1，明显高于其他城市。（各地市中等职业教育（机构）教师配备情况详见附表3－5）

4. 全省普通高中专任教师学历合格率相比上年略有下降；中等职业教育专任教师学历合格率相比上年有所增长[①]

2020年，全省普通高中专任教师学历合格率为99.26%，比上年下降了0.08%。如表4－12所示。

表4－12　2020年广东省普通高中教育专任教师学历合格率变化情况（%）

地区	2020年			比上年增长情况		
	城区	镇区及乡村	合计	城区	镇区及乡村	合计
全省	99.35	99.18	99.26	－0.14	－0.03	－0.08
珠江三角洲	99.34	99.50	99.39	－0.22	－0.21	－0.21
东翼	99.68	98.78	99.01	0.12	－0.07	－0.02
西翼	99.25	99.64	99.41	－0.17	0.26	0.00
山区	99.28	98.95	99.05	0.11	0.06	0.07

分区域看，2020年全省各区域中西翼普通高中教育专任教师的学历合格率最高，为99.41%；东翼地区专任教师学历合格率为99.01%，合格率最低。

分城乡看，2020年全省城区普通高中教育专任教师学历合格率为99.35%，比上年下降0.14%；镇区及乡村专任教师学历合格率为99.18%，比上年下降0.03%；城乡之间专任教师学历合格率差距较小。

2020年，全省中等职业教育专任教师学历合格率为94.34%，比上年增加0.25%。如表4－13所示。

分区域看，2020年全省各区域中珠江三角洲地区中等职业教育专任教师的学历合格率最高，达到95.07%，比上年增长了0.05%；山区中等职业教育专任教师的学历合格率为92.63%，合格率最低，但比上年增加1.14%。

① 本节专任教师学历合格率指本科及以上学历教师比例。

表 4－13　2019 年、2020 年广东省中等职业教育专任教师学历合格率变化情况（%）

地区	2019 年	2020 年	增加
全省	94.09	94.34	0.25
珠江三角洲	95.02	95.07	0.05
东翼	93.69	93.31	－0.38
西翼	93.18	93.69	0.51
山区	91.49	92.63	1.14

5. 全省高中阶段教育中级及以上职称专任教师比例相比上年略有下降

2020 年，全省普通高中教育中级及以上职称专任教师比例为 66.67%，比上年下降 0.20%。如表 4－14 所示。

分区域看，2020 年山区普通高中教育中级及以上职称专任教师比例最高，为 73.88%；东翼普通高中教育中级及以上职称专任教师比例为 58.24%，比例最低。

分城乡看，2020 年全省城区普通高中教育中级及以上职称专任教师比例为 69.74%，比上年上升 0.02%；镇区及乡村普通高中教育中级及以上职称专任教师比例为 63.52%，比上年下降 0.43%；城乡之间、地域之间中级及以上职称专任教师比例存在差异。

表 4－14　2020 年广东省普通高中教育中级及以上职称专任教师比例变化情况（%）

地区	2020 年			比上年增长情况		
	城区	镇区及乡村	合计	城区	镇区及乡村	合计
全省	69.74	63.52	66.67	0.02	－0.43	－0.20
珠江三角洲	70.92	63.64	68.39	－0.35	－1.67	－0.87
东翼	62.02	56.95	58.24	0.74	－0.92	－0.50
西翼	65.66	62.03	64.18	0.66	0.22	0.53
山区	78.50	71.90	73.88	0.44	1.10	0.84

2020 年，全省中等职业教育中级及以上职称专任教师比例为 61.47%，比上年下降 1.64%。如表 4－15 所示。

分区域看，2020 年全省各区域中，山区中等职业教育中级及以上职称专任教师比例最高，达到65.91%，比上年下降2.62%；西翼中等职业教育中级及以上职称专任教师比例为56.27%，比例最低，且比上年下降1.82%。

表4－15 2019年、2020年广东省中等职业教育中级及以上专任教师比例变化情况（%）

地区	2019年	2020年	增加
全省	63.11	61.47	－1.64
珠江三角洲	62.99	61.82	－1.17
东翼	62.44	59.78	－2.66
西翼	58.09	56.27	－1.82
山区	68.53	65.91	－2.62

6. 全省高中阶段教育专任教师培训均以校级培训为主

2020年，全省普通高中专任教师共116.12万人次参加培训，比上年增加43.64万人次；专任教师人均参加培训7.65次，比上年增加2.78次。如表4－16所示。

分区域来看，2020年珠江三角洲专任教师参加培训次数最多，达到64.86万人次，人均参加培训次数亦最多，达到9.29人次；东翼参加培训次数为10.32万人次，人均参加培训次数为3.61次，在各区域中最低。

表4－16 2019年、2020年广东省普通高中教育专任教师参加培训变化情况

单位：万人

地区	2019年		2020年		比上年增长情况	
	培训总人次	人均培训次数（人次）	培训总人次	人均培训次数（人次）	培训总人次	人均培训次数（人次）
全省	72.48	4.87	116.12	7.65	43.64	2.78
珠江三角洲	40.77	6.09	64.86	9.29	24.09	3.20
东翼	8.52	2.98	10.32	3.61	1.80	0.63
西翼	10.60	3.89	25.17	9.23	14.57	5.34
山区	12.59	4.84	15.76	6.03	3.17	1.19

2020 年，全省中等职业教育专任教师共参加培训 26.59 万人次，比上年增加 7.19 万人次；专任教师人均参加培训 6.06 次，比上年增加 1.66 次。如表 4－17 所示。

分区域来看，2020 年珠江三角洲专任教师参加培训次数最多，达到 20.21 万人次，人均参加培训次数亦最多，达到 7.54 人次；东翼参加培训次数为 1.54 万人次，人均参加培训次数为 3.30 次，在各区域中最低。

表 4－17　2019 年、2020 年广东省中等职业教育专任教师参加培训变化情况

单位：万人

地区	2019 年		2020 年		比上年增长情况	
	培训总人次	人均培训次数（人次）	培训总人次	人均培训次数（人次）	培训总人次	人均培训次数（人次）
全省	19.41	4.41	26.59	6.06	7.19	1.66
珠江三角洲	13.79	5.19	20.21	7.54	6.42	2.35
东翼	1.17	2.40	1.54	3.30	0.37	0.89
西翼	2.14	3.62	2.02	3.45	－0.12	－0.17
山区	2.31	3.46	2.83	4.33	0.51	0.87

2020 年，全省普通高中专任教师接受培训的层次中以校级培训为主，占比达到 42.76%，其中地市级培训比例为 27.38%、县级培训比例为 13.64%、省级培训比例为 15.42%、国家级培训比例为 0.79%，国际级（国（境）外培训）比例为 0.005%。

从各区域组织的培训层次来看，专任教师参加校级培训比例最高的是西翼，为 44.75%；县级培训比例最高的是山区，为 21.49%；地市级培训比例最高的是珠江三角洲，所占比例为 31.61%；省级培训比例最高的是东翼，为 24.27%。在接受国家组织的培训方面，山区比例最高，为 1.30%；参加国（境）外培训比例最高的为珠江三角洲，为 0.008%。如图 4－3 所示。

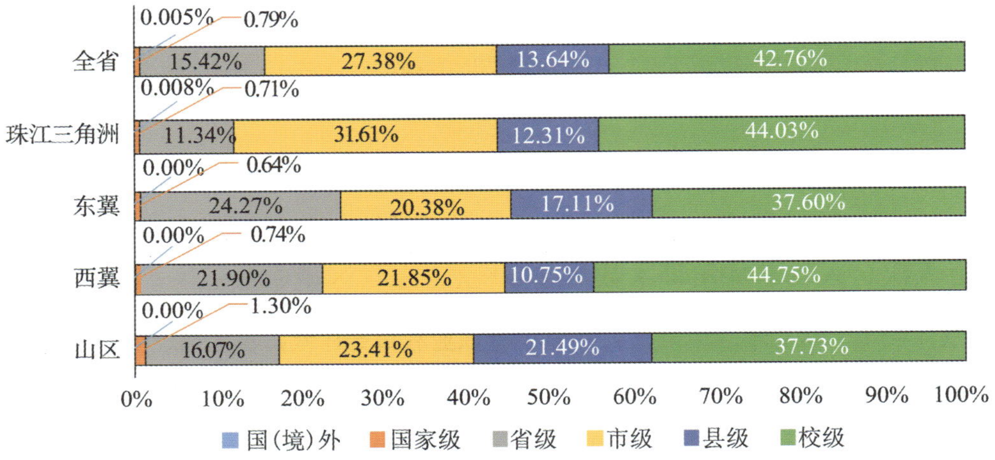

图4－3　2020年广东省各区域普通高中教育专任教师参加培训的层次构成情况

2020年，全省中等职业教育专任教师参加培训的层次以校级培训为主，所占比例为40.66%，紧随其后的是市级培训，所占比例为36.82%。

分区域看，珠江三角洲中等职业教育专任教师参加培训的层次以市级培训为主，所占比例达到41.49%，为全省最高比例；其余地区均以校级培训为主，其中，西翼中等职业教育专任教师参加校级培训的比例高于其他地区，为53.51%。如图4－4所示。

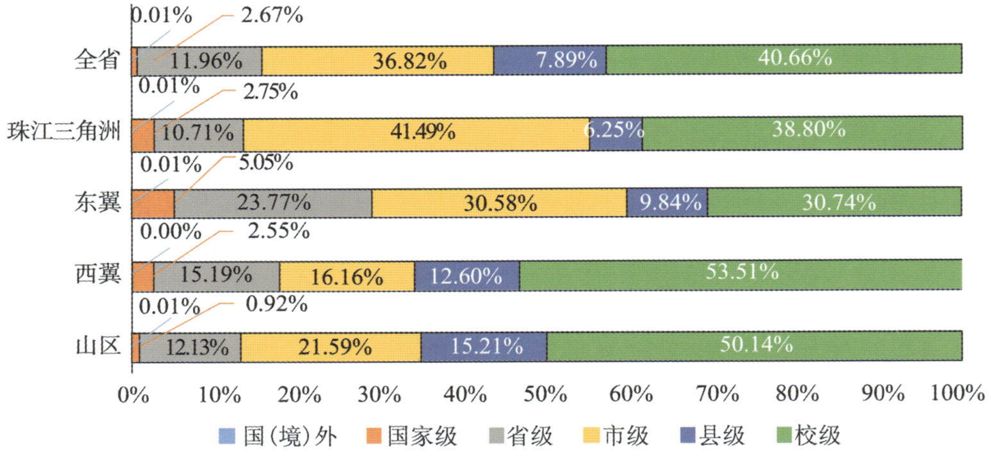

图4－4　2020年广东省各区域中等职业教育专任教师参加培训的层次构成情况

2020年，全省普通高中专任教师培训以集中培训为主，所占比例达到48.64%。此外，远程培训的比例为47.59%，跟岗实践的比例为3.77%。

分区域来看，珠江三角洲和山区专任教师参加培训的形式以集中培训的比例最高，东翼和西翼专任教师参加培训的形式以远程培训的比例最高。如表 4－18 所示。

表 4－18　2020 年广东省各区域普通高中教育专任教师参加培训形式构成情况（%）

地区	集中培训	远程培训	跟岗实践
全省	48.64	47.59	3.77
珠江三角洲	53.92	44.57	1.51
东翼	41.74	54.33	3.93
西翼	37.30	52.64	10.06
山区	49.55	47.52	2.92

2020 年，全省中等职业教育专任教师参加培训的形式以远程培训为主，所占比例为 56.26%；其次是集中培训，比例为 41.42%；跟岗实践的比例为 2.32%。

分区域来看，珠江三角洲和东翼专任教师参加培训的形式以远程培训的比例最高，西翼和山区专任教师参加培训的形式以集中培训的比例最高。如表 4－19 所示。

表 4－19　2020 年广东省各区域中等职业教育专任教师参加培训时间分布情况（%）

地区	集中培训	远程培训	跟岗实践
全省	41.42	56.26	2.32
珠江三角洲	37.90	59.47	2.63
东翼	39.76	59.41	0.83
西翼	54.10	44.45	1.46
山区	58.46	40.07	1.47

三、高中阶段教育办学条件变化情况

1. 普通高中生均校舍建设面积有所增长，中等职业教育校舍建设总体面积有所增长

2020 年，全省普通高中生均校舍建筑面积为 30.15 平方米，比上年增加

0.93平方米，增长3.19%。如表4－19所示。

分区域来看，珠江三角洲普通高中生均校舍建筑面积增长最多，达到35.46平方米，比上年增加1.43平方米，增长4.20%；东翼比上年增加0.08平方米，为23.88平方米，比上年增长0.34%，增幅最小；西翼比上年增加0.34平方米，为26.56平方米，增幅为1.30%；山区比上年增加0.77平方米，为26.80平方米，增幅为2.96%。如表4－20所示。

表4－20　2019年、2020年广东省普通高中生均校舍建筑面积变化情况

地区	生均校舍建筑面积（平方米）		增加面积（平方米）	增长率（%）
	2019年	2020年		
全省	29.22	30.15	0.93	3.18
珠江三角洲	34.03	35.46	1.43	4.20
东翼	23.80	23.88	0.08	0.34
西翼	26.22	26.56	0.34	1.30
山区	26.03	26.80	0.77	2.96

分地市来看，广州、深圳、珠海、汕头、佛山、韶关、梅州、惠州、汕尾、东莞、中山、湛江、茂名、肇庆、清远及云浮16市的生均校舍面积超过26平方米；在全省21个地市中潮州市最低，为18.20平方米，相比上年下降4.46%。（各地市普通高中教育生均校舍建筑面积情况详见附表3－6）

2020年，全省中等职业教育生均校舍建筑面积比上年减少0.10平方米，下降0.52%，生均校舍建筑面积为19.31平方米，与《中等职业教育设置标准》要求的生均20平方米相比，仍有少许差距。

分区域看，全省各区域中等职业教育生均校舍建筑面积与上年相比，大部分地区均有所增加。相比其他区域，东翼中等职业教育生均校舍建筑面积最大，为22.55平方米，比上年增加0.39平方米，增加1.76%，达到了20平方米的标准；西翼中等职业教育生均校舍建筑面积最小，为16.91平方米，比上年减少0.92平方米，下降5.16%。如图4－5所示。

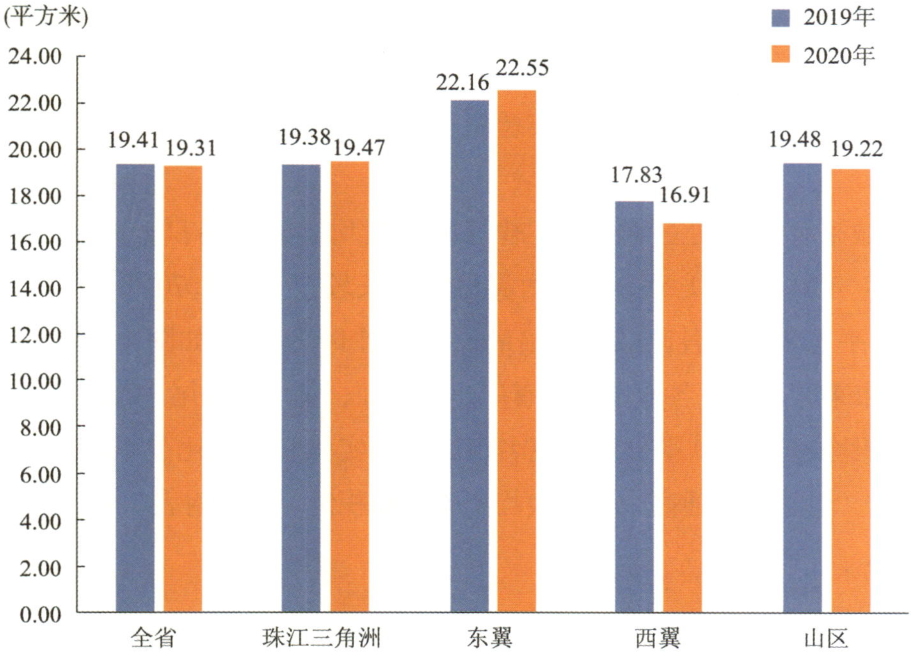

图 4－5　2019 年、2020 年广东省中等职业教育生均校舍建筑面积变化情况

分地市看，2020 年全省各地市中，有 11 个地市中等职业教育生均校舍建筑面积减少，其中，韶关市生均校舍建筑面积为 18.15 平方米，比上年减少 2.08 平方米，下降 10.30%，下降幅度最大；珠海市生均校舍建筑面积为 19.53 平方米，比上年减少 0.20 平方米，下降 1.01%，下降幅度最小。如表 4－21 所示。（各地市中等职业教育（机构）生均校舍建筑面积情况详见附表 3－7）

表 4－21　2020 年广东省各地市中等职业教育生均校舍建筑面积

单位：平方米

分　档	地　区			
	珠江三角洲	东翼	西翼	山区
20 以上	深圳、佛山、惠州、东莞	汕头、揭阳		
10～20	广州、珠海、中山、江门、肇庆	汕尾、潮州	湛江、茂名	韶关、河源、梅州、清远、云浮
10 以下			阳江	

2. 普通高中生均实验室建设面积有所增长，中等职业教育生均实验室建设面积有所下降

2020 年，全省普通高中生均实验室面积为 1. 80 平方米，比上年增加 0. 06 平方米。

分区域来看，珠江三角洲地区普通高中生均实验室面积最高，为 1. 98 平方米，比上年减少 0. 01 平方米；西翼地区增长较快，为 1. 70 平方米，比上年增加 0. 22 平方米，在各区域中增幅最大，增加 14. 86% 。如图 4 –6 所示。

分地市来看，全省各地市中只有广州、深圳、佛山、汕尾、茂名和云浮生均实验室面积均超过 2. 00 平方米；茂名市的生均实验室面积比上年增长 22. 34% ，增幅最大。(各地市普通高中教育生均实验室面积情况详见附表 3 –8)

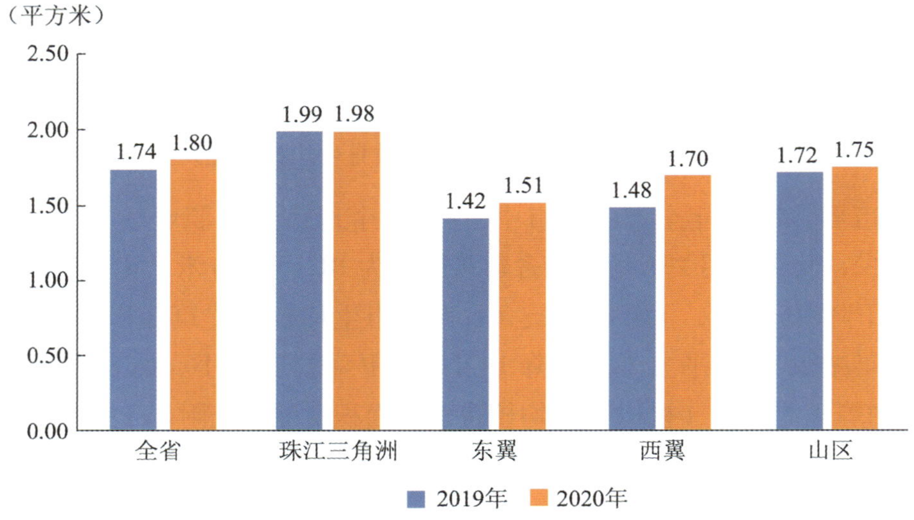

图 4 –6　2019 年、2020 年广东省普通高中生均实验室面积变化情况

2020 年，全省中等职业教育生均实验室和实习场地面积为 4. 02 平方米，比上年减少 0. 03 平方米。如图 4 –7 所示。

分区域看，2020 年东翼中等职业教育生均实验室和实习场地面积最高，为 4. 52 平方米，比上年增加 0. 17 平方米，上升 3. 84% ；西翼中等职业教育生均实验室和实习场地面积最低，为 3. 52 平方米，比上一年减少 0. 18 平方米，下降 4. 89% 。

分地市看，2020 年全省各地市中，有 10 个地市中等职业教育生均实验室和实习场地面积有所下降，其中珠海市的中等职业教育生均实验室和实习场地面积为2.88平方米，比上年减少0.88平方米，下降23.42%，下降幅度最大。（各地市中等职业教育（机构）生均实验室和实习场地面积情况详见附表3－9）

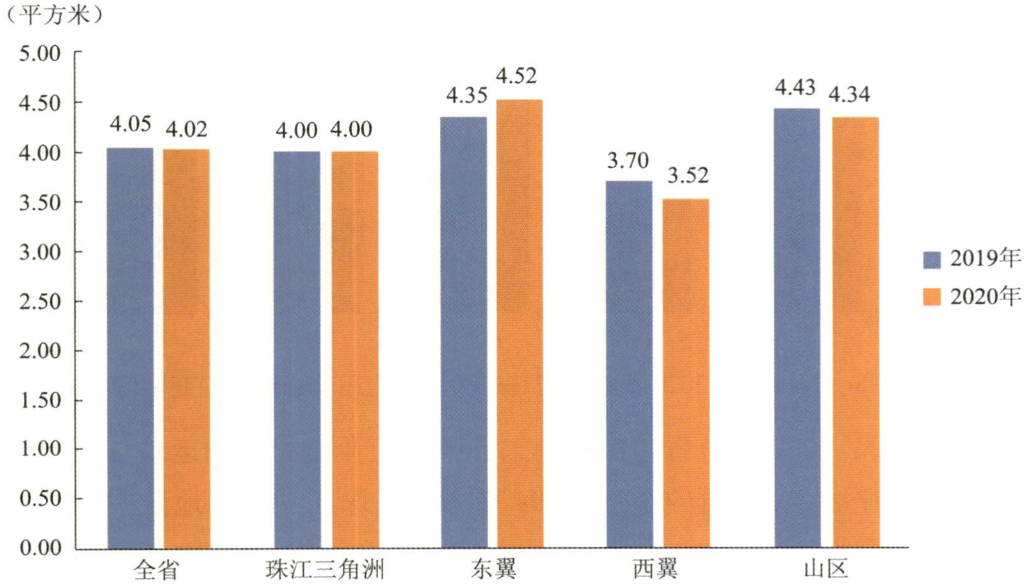

图4－7 2019年、2020年广东省中职学校生均实验室、实习场所面积变化情况

3. 普通高中运动场地面积有所增加，中等职业教育运动场地面积有所减少

2020年，全省普通高中生均运动场地面积为12.95平方米，比上年增加0.39平方米。

分区域来看，山区普通高中生均运动场地面积最高，为14.24平方米，与上年持平；东翼最少，为10.39平方米，比上年减少0.06平方米。如图4－8所示。

分地市来看，全省有珠海市、河源市、惠州市和揭阳市4市普通高中生均运动场地面积不足10平方米。（各地市普通高中教育生均运动场地面积情况详见附表3－10）

2020年，全省中等职业教育生均运动场地面积为6.05平方米，比上年减少0.07平方米，下降1.14%。

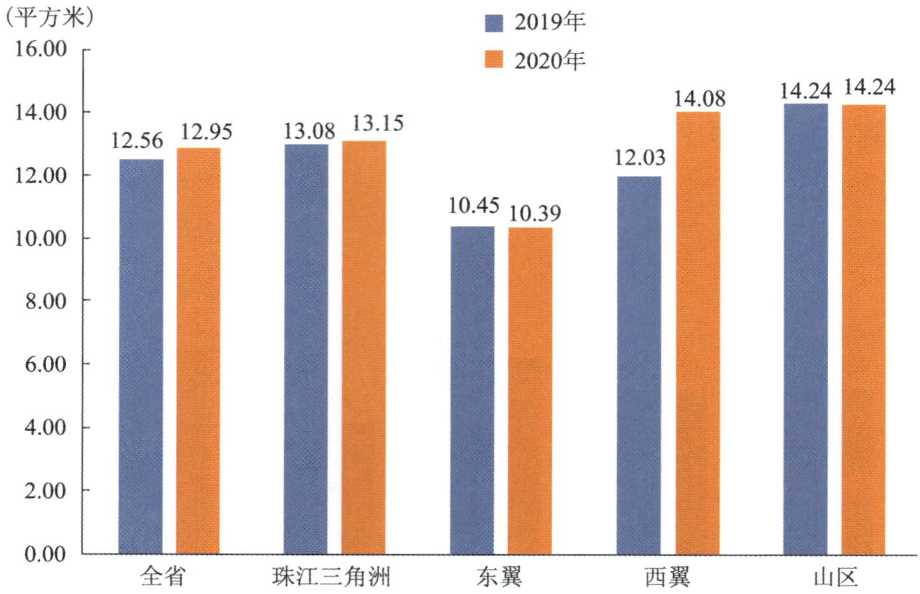

图 4－8　2019 年、2020 年广东省普通高中生均运动场地面积变化情况

分区域看，2020 年全省各区域中东翼中等职业教育生均运动场地面积最大，为 7.84 平方米，比上年减少 0.04 平方米；珠江三角洲地区中等职业教育生均运动场地面积最小，为 5.64 平方米，比上年减少 0.01 平方米。如图 4－9 所示。

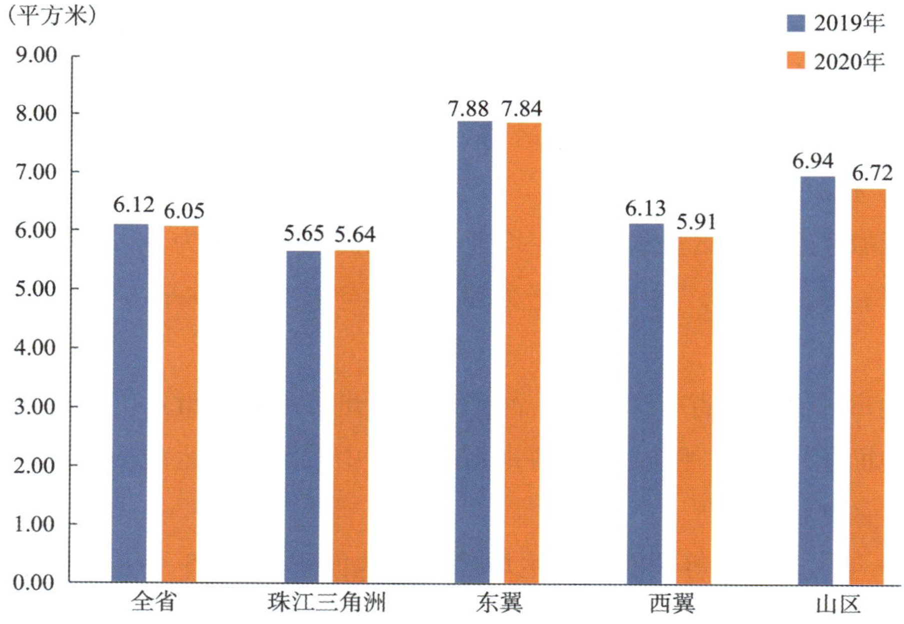

图 4－9　2019 年、2020 年广东省中等职业教育生均运动场地面积变化情况

分地市看，2020 年全省各地市中，有 9 个地市中等职业教育生均运动场地面积有所上升。云浮市中等职业教育生均运动场地面积为 8.78 平方米，比上年增加 2.16 平方米，上升 32.63%，上升幅度最大。（各地市中等职业教育（机构）生均运动场地面积情况详见附表 3－11）

4. 普通高中和中等职业教育图书总数均有所增加，生均图书量有不同程度波动

（1）高中阶段全省图书总量上升，珠江三角洲生均图书下降幅度最大，仅西翼生均图书有所上升

2020 年，全省普通高中图书总量为 11 518.54 万册，比上年增加 1.54%。全省生均图书数为 60.51 册，比上年减少了 1.23 册，下降 1.99%。

分区域来看，2020 年全省各区域中珠江三角洲图书总量增长最快，比上年增长 2.82%，但生均图书比上年下降了 2.70%，是下降幅度最大的区域；西翼生均图书量上升，比上年增加 0.36%。如表 4－22 所示。

分地市来看，2020 年全省 21 个地市中珠海、韶关、汕尾、江门、阳江及清远 6 市生均图书量均有所增长，其他地市则有不同程度减少，其中广州市普通高中教育生均图书数量达到 86.56 册，生均图书量最多。（各地市普通高中教育生均图书量情况详见附表 3－12）

表 4－22　2019 年、2020 年广东省普通高中图书总数和生均图书数变化情况

地区	总数（万册）		增长率（%）	生均（册）		增长率（%）
	2019 年	2020 年		2019 年	2020 年	
全省	11 343.42	11 518.54	1.54	61.74	60.51	－1.99
珠江三角洲	5055.83	5198.23	2.82	61.16	59.51	－2.70
东翼	2379.61	2402.68	0.97	64.98	63.77	－1.86
西翼	2031.99	2044.10	0.60	61.04	61.26	0.36
山区	1875.99	1873.54	－0.13	60.21	58.62	－2.63

（2）全省中等职业教育阶段图书总量上升，生均图书数仅西翼下降

2020 年，全省中等职业教育图书总量为 2502.36 万册，比上年增加

1.48%；全省生均图书数为29.08册，比上年增加了0.25册，增长0.87%。

分区域看，2020年全省各区域中珠江三角洲和山区图书总量均有所增加，东翼和西翼的图书总量则有所减少。其中山区图书总数为406.38万册，比上年上升5.48%，上升幅度最大；西翼地区图书总数为319.35万册，比上年下降2.99%，下降幅度最大。如表4－23所示。

分地市看，2020年全省21个市中有9个市的中等职业教育生均图书量有所增加，其他地市则有不同程度减少；其中，清远市中等职业教育生均图书量达到35.07册，生均图书量最多。（各地市中等职业教育（机构）生均图书量情况详见附表3－13）

表4－23　2019年、2020年广东省中等职业教育图书总数和生均图书数变化情况

地区	总数（万册）		增长率（%）	生均（册）		增长率（%）
	2019年	2020年		2019年	2020年	
全省	2465.86	2502.36	1.48	28.83	29.08	0.87
珠江三角洲	1500.09	1526.46	1.76	28.85	29.60	2.60
东翼	251.31	250.17	－0.46	31.62	31.64	0.06
西翼	329.20	319.35	－2.99	24.80	23.27	－6.17
山区	385.26	406.38	5.48	31.32	31.63	0.99

5. 普通高中仪器设备资产总值与生均值均有所提高；中等职业教育教学、实习仪器设备资产值与生均值均有所提高

2020年，全省普通高中仪器设备资产总值为1 234 936.69万元；生均教学仪器设备资产值达到6487.66元，比上年增加371.84元，增长6.08%。

分区域来看，2020年全省各区域中西翼生均教学仪器设备资产值增长幅度最大，比上年增加786.53元，增长24.16%；珠江三角洲比上年增长2.51%，增加216.63元；东翼地区比上年增长3.32%，增加153.38元；山区比上年增长8.29%，增加356.37元。如图4－10所示。

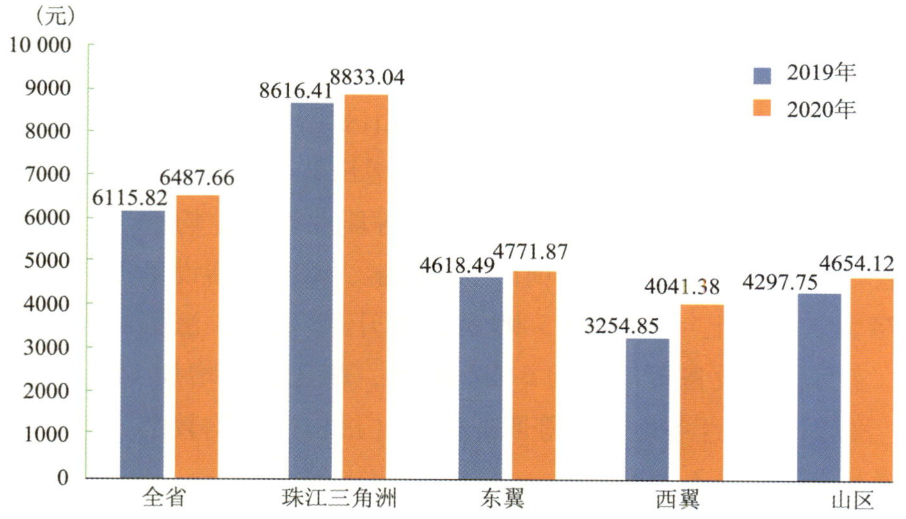

图 4－10　2019 年、2020 年广东省普通高中教育生均教学仪器设备资产值情况

分地市看，大部分地市的普通高中生均教学仪器设备值有波动。其中，珠海市的增长幅度最大，比上年增长 46. 69%。深圳市普通高中生均教学仪器设备资产值最高，为 18 816. 85 元。（各地市普通高中生均教学仪器设备资产值情况详见附表 3－14）

2020 年，全省中等职业教育教学、实习仪器设备资产值为 902 827. 06 万元，比上年增加了 58 591. 05 万元；生均教学、实习仪器设备资产值为 10 491. 73 元，比上年增加 619. 84 元。如图 4－11 所示。

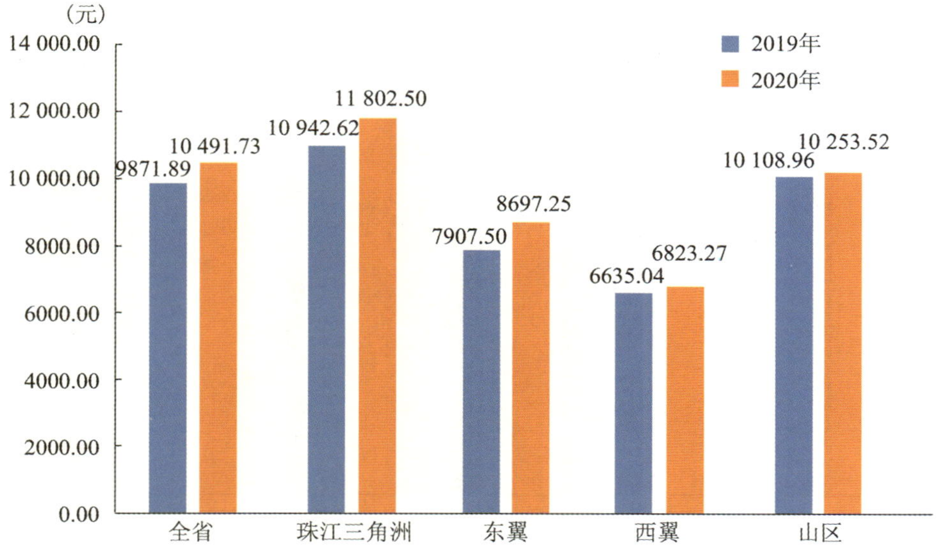

图 4－11　2019 年、2020 年广东省中等职业教育生均教学、实习仪器设备资产值变化情况

分区域看，2020 年全省各区域中等职业教育教学、实习仪器设备资产值均有所增加。其中，东翼生均教学、实习仪器设备资产值为 8697.25 元，比上年增加 789.75 元，增长 9.99%，增幅最大；山区生均教学、实习仪器设备资产值为 10 253.52 元，比上年增加 144.56 元，增长 1.43%，增幅最小。

分地市看，2020 年全省有 14 个地市中等职业教育生均教学、实习仪器设备资产值均有所增加。其中，深圳市生均教学、实习仪器设备资产值最高，为 24 668.74 元，相比上年增加 6015.99 元，上升 32.25%，涨幅最大；肇庆市生均教学、实习仪器设备资产值为 6139.90 元，相比上年增加 142.81 元，上升 2.38%，涨幅最小。（各地市中等职业教育（机构）生均教学、实习仪器设备资产值情况详见附表 3－15）

6. 全省高中阶段每百名学生拥有的教学用计算机台数继续增加，但各市差异较大

2020 年，全省普通高中每百名学生拥有教学用计算机台数为 33.71 台，比上年增加 0.41 台，增长 1.25%。如图 4－12 所示。

分区域看，2020 年全省各区域中珠江三角洲每百名学生拥有教学用计算机数量最多，为 37.03 台，比上年增加 0.12 台，增长 0.33%；山区每百名学生拥有教学用计算机数量最少，为 27.81 台，相比上年增加了 0.54 台，增长 2.00%。

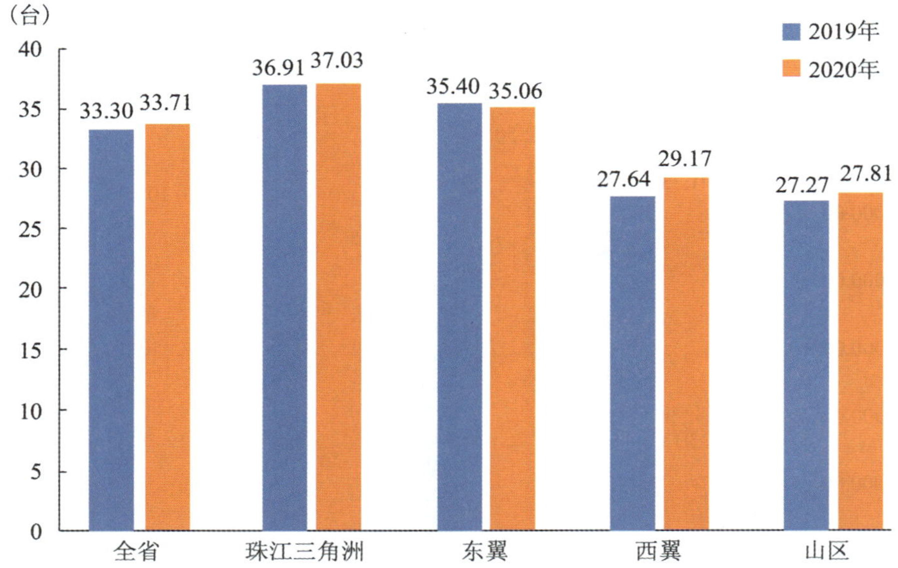

图 4－12　2019 年、2020 年广东省普通高中教育每百名学生拥有教学用计算机台数

分地市来看，在全省 21 个地市中广州市、深圳市、汕头市、潮州市和云浮市超过 35 台。（各地市普通高中教育信息化水平情况详见附表 3 – 16）

2020 年，全省中等职业教育每百名学生拥有教学用计算机 35.52 台，比上年增加 0.88 台，增长 2.54%。如图 4 – 13 所示。

根据《中等职业教育设置标准》要求“学校计算机拥有数量不少于每百生 15 台”的标准，2020 年全省各区域均达到标准要求。分区域看，珠江三角洲中等职业教育每百名学生拥有教学用计算机数量最多，为 40.61 台。2020 年全省各区域中，中等职业教育每百名学生拥有教学用计算机数量均有所增加，东翼每百名学生拥有教学用计算机数量为 39.88 台，比上年增加 0.69 台，增长 1.76%。

分地市看，2020 年全省 21 个地市中仅有 8 市每百名学生拥有教学用计算机数量有所减少，其中潮州市每百名学生拥有教学用计算机数量 43.28 台，比上年减少 9.51 台，下降 18.01%。（各地市中等职业教育（机构）信息化水平情况详见附表 3 – 17）

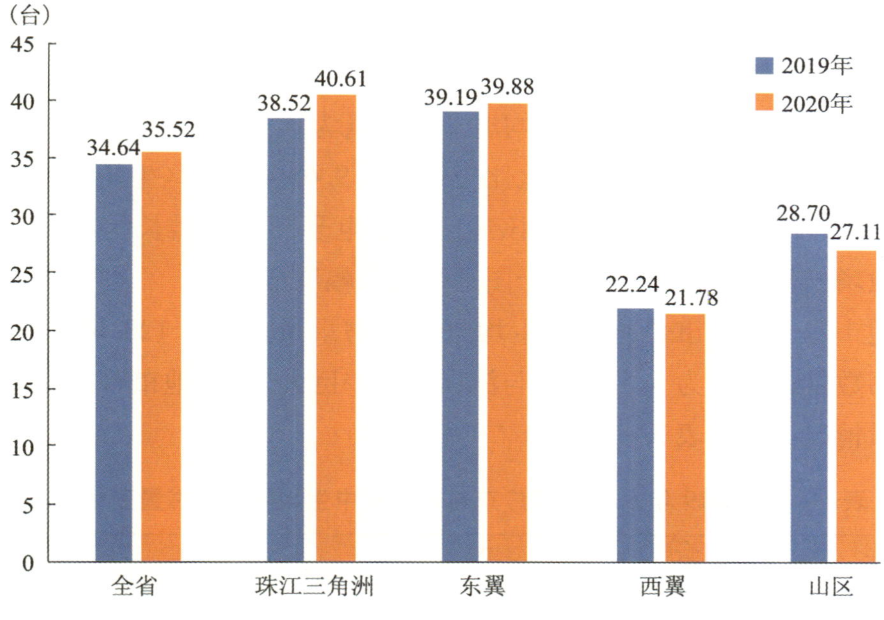

图 4 – 13　2019 年、2020 年各地区中等职业教育每百名学生拥有教学用计算机台数

2020 年，全省各地市之间中等职业教育每百名学生拥有教学用计算机台数存在一定的差异，所有地市每百名学生拥有教学用计算机台数均超过 15 台，达到国家规定标准。如表 4 – 24 所示。

表 4－24　2020 年全省各地市中等职业教育每百名学生拥有教学用计算机台数量情况

单位：台

分　档	地　区			
	珠江三角洲	东翼	西翼	山区
50 以上	深圳、东莞、中山			
45 ～50	佛山			
35 ～45	广州、珠海、江门	汕头、汕尾、潮州、揭阳		
25 ～35	肇庆		湛江	河源、梅州、清远
25 以下	惠州		阳江、茂名	韶关、云浮

7. 全省高中阶段和中等职业教育阶段生均电子图书数明显

2020 年，全省普通高中教育生均电子图书量下降明显，相比上年降低了 39. 75%，为 38. 87GB/生。如表 4－25 所示。

分区域看，2020 年全省各区域中东翼生均电子图书量最高，达到 55. 97GB，比上年降低 6. 79%；珠江三角洲的总电子图书量骤降，且在校生人数增加幅度最大，因此生均电子图书量各区域中降幅最大，比上年下降 66. 14%，为 46. 61GB；西翼的生均电子图书量为 8. 95GB，其总电子图书量增加，且在校生人数小幅增长，因此比上年增长 9. 68%；山区生均电子图书量为 28. 78GB，比上年增长 50. 84%，该地区的总电子图书量增长幅度最大，且在校生人数增长较少，因此生均电子图书数增长幅度最大。

分地市看，深圳市普通高中生均电子图书量最大，为 123. 61GB；茂名市电子图书数量最小，为 5. 57GB，与深圳市相差巨大。（各地市普通高中生均电子图书量情况详见附表 3－16）。

表 4－25　2019 年、2020 年广东省普通高中生均电子图书量变化情况

地区	生均电子图书量（GB）		增长率（%）	区域排名前三的地市
	2019 年	2020 年		
全省	78. 62	38. 87	－50. 56	深圳、潮州、揭阳
珠江三角洲	137. 67	46. 61	－66. 14	深圳、珠海、东莞
东翼	60. 05	55. 97	－6. 79	潮州、揭阳、汕头
西翼	8. 16	8. 95	9. 68	阳江、湛江、茂名
山区	19. 08	28. 78	50. 84	河源、梅州、清远

2020 年，全省中等职业教育在校生人数上涨，但电子图书总量下降，生均电子图书量有所减少，相比上年减少了 51.64%，为 24.37GB，如表 4－26 所示。

分区域看，2020 年全省各区域中珠江三角洲中等职业教育生均电子图书量最大，高达 71.45GB，比上年上升 12.76%；西翼中等职业教育生均电子图书量最小，仅 13.12GB，比上年下降 13.50%。

分地市来看，2020 年全省有 10 个地市中等职业教育生均电子图书量有所增加，潮州市生均电子图书量最小，仅 1.31GB，比上年下降了 0.76%；深圳市中等职业教育生均电子图书量最大，达到 74.97GB。（各地市中等职业教育（机构）生均电子图书量情况详见附表 3－17）

表 4－26 2019 年、2020 年广东省中等职业教育生均电子图书量变化情况

地区	生均电子图书量（GB）		增长率（%）	区域排名前三的地市
	2019 年	2020 年		
全省	50.38	24.37	-51.63	深圳、东莞、云浮
珠江三角洲	63.36	71.45	-60.98	深圳、东莞、佛山
东翼	10.68	22.47	3.23	揭阳、汕头、汕尾
西翼	15.17	13.12	17.01	湛江、阳江、茂名
山区	17.25	19.53	2.19	云浮、清远、河源

8. 普通高中教育每百名专任教师接受信息化培训次数总体上升，西翼上升最为明显；中等职业教育每百名专任教师接受信息化培训次数明显增加

2020 年，全省普通高中教育每百名专任教师接受信息化培训规模为 132.14 人次，比上年增加 8.04 人次，上升 6.48%。如表 4－27 所示。

表 4－27 2019 年、2020 年广东省普通高中教育每百名专任教师接受信息化培训情况

地区	培训次数（人次）		增长率（%）
	2019 年	2020 年	
全省	124.10	132.14	6.48
珠江三角洲	132.60	139.34	5.08
东翼	108.57	116.17	6.99
西翼	119.10	131.69	10.57
山区	124.54	130.84	5.06

分区域来看，2020年全省各区域普通高中教育每百名专任教师接受信息化培训的次数均有所变化，珠江三角洲普通高中教育每百名专任教师接受信息化培训次数为139.34人次，比上年增加6.74人次，下降5.09%；东翼普通高中教育每百名专任教师接受信息化培训次数为116.17人次，比上年增加7.59人次，增长6.99%；西翼普通高中教育每百名专任教师接受信息化培训次数为131.69人次，比上年增加12.59人次，增长10.57%，增幅最大；山区普通高中教育每百名专任教师接受信息化培训次数为130.84人次，比上年增加6.30人次，下降5.06%，下降幅度在各区域中最大。

2020年，全省中等职业教育每百名专任教师接受信息化培训次数为74.69人次，比上年增加5.79人次，上升8.40%。如表4－28所示。

分区域看，2020年全省各区域中，东翼每百名专任教师接受信息化培训次数为61.33人次，比上年增加8.78人次，增长16.71%，增长幅度最大；山区每百名专任教师接受信息化培训次数为60.89人次，比上年减少11.19人次，下降15.52%，下降幅度最大。

表4－28　2019年、2020年广东省中等职业教育每百名专任教师接受信息化培训情况

地区	培训次数（人次）		增长率（%）
	2019年	2020年	
全省	68.90	74.69	8.40
珠江三角洲	72.19	83.45	15.60
东翼	52.55	61.33	16.71
西翼	64.00	60.54	－5.41
山区	72.08	60.89	－15.52

四、小结

《广东省教育发展“十三五”规划》是指导全省教育改革与发展的纲领性文件，2020年是广东省“十三五规划”的收官之年，高中阶段教育稳步提高，普职比保持大体相当。

办学规模方面，2020年高中阶段教育的在校生数276.40万人，中等职业教育在校生达86.05万人，未达到“十三五”规划中“2020年高中阶段教育的全日制在校生达330万人，其中中等职业教育在校生达155万人”的目标，与2020年高中阶段教育的全日制在校生目标人数存在一定差距。普及高中阶段教育需进一步加强，争取高水平高质量普及高中阶段教育。

师资队伍建设方面，广东省高中阶段教育中，普通高中教育专任教师规模有所上升，中等职业教育专任教师人数有所减少，普通高中教育专任教师15.18万人，普通高中教育生师比为12.54:1；中等职业教育专任教师4.35万人，中等职业教育生师比为19.77:1，接近教育部《中等职业教育设置标准》规定的20:1。高中阶段教育学校专任教师人均培训次数普遍增加，普通高中教育专任教师人均培训次数为7.65次；珠江三角洲中等职业教育专任教师培训次数最多，为7.54次。中等职业教育专任教师参加培训的层次以校级培训为主，以集中培训的形式为主，培训质量有待提高，“十三五”规划中提出“实施卓越教师培养计划”，加强职业教育“双师型”教师培训和基地建设，从而促进教师教育和教师专业发展。

办学条件方面，高中阶段教育生均校舍建筑面积、生均实验室建筑面积、生均运动场地、生均电子图书和生均仪器设备值都有所提高，教育资源呈现良好状态；教育信息化水平快速提高，高中阶段教育每百名学生拥有的计算机台数不断增加；每百名专任教师接受信息化培训次数明显增加，普通高中教育每百名专任教师接受信息化培训次数为132.14人次，中等职业教育每百名专任教师接受信息化培训次数为74.69人次，增长率明显提高。

办学质量方面，更科学合理配置教育资源，不断推进教育公平，满足教育发展需求。进一步完善学生接受高中阶段教育的政策，扩大优质教育资源覆盖面，提升教学环境，将发展迅速的教育信息化水平更好地为教育服务。

第五部分　高等教育

2020 年，广东省高等教育规模基本保持稳步增长，本、专、研招生和在校生结构基本保持平衡，教师队伍规模持续稳定扩大，高校办学条件继续稳步提升。但全省的公办、民办高等院校办学条件差异较大，高校专任教师配置仍然趋紧。

一、高等教育规模发展与结构调整情况

1. 高等教育本专科招生人数稳步增长，研究生招生增幅稳定，民办高职（专科）院校招生人数显著上升

2020 年，广东省高等院校共招收研究生 59 918 人（普通高校 59 785 人，科研单位 133 人），其中博士生 6394 人，硕士生 53 524 人，较上年增长 28.74%。2019 年普通本专科招生 640 056 人，2020 年普通本专科招生 917 196 人，较上年增加了 43.30%，受高职院校扩招影响，招生规模增幅较大。

从办学性质来看，2020 年全省公办院校本专科招生数与上年相比增幅显著，增长率 39.57%。公办一般本科院校的本专科招生人数较上年相比增加 18.50%。公办高职（专科）院校的专科招生人数较上年相比增长显著，增长率达到了 61.02%。2020 年全省民办院校本专科招生数呈上升趋势，其中民办一般本科院校的本专科招生人数下降了 15.53%，而民办高职（专科）院校的本专科招生人数增幅较大，增长率高达 108.56%，如表 5－1 所示。

表 5－1　2019 年、2020 年广东省普通高校分办学性质本专科及研究生招生人数情况

单位：人

院校类别	院校性质	2019 年		2020 年		增长（%）	
		本专科	研究生	本专科	研究生	本专科	研究生
一般本科院校	公办	191 595	46 440	214 456	59 785	18.50	28.74
	民办	137 360	—	130 735	—	15.53	—
高职（专科）院校	公办	246 906	—	397 580	—	61.02	—
	民办	64 195	—	133 710	—	108.56	—
全省	公办	438 501	46 440	624 623	59 785	42.45	28.74
	民办	201 555	—	292 573	—	45.16	—

分层次来看，全省部级、省级和地级院校的本专科招生人数较上年有所增长，增幅分别为4.31%、45.56%、43.21%。全省部级、省级和地级一般本科院校的研究生招生人数有所增加，增幅分别为16.10%、36.43%、42.81%。全省一般本科院校的本专科招生人数也有所增加，其中部级、省级和地级的招生人数较上年分别增加了3.02%、21.49%、5.79%。高职（专科）院校增幅更为显著，分别增加了10.65%、77.34%、62.79%，如表5-2所示。

从各高校具体情况来看，个别高校的本专科招生人数增加显著，比较典型的是原广东技术师范学院天河学院改为广州理工学院后，招生人数大幅上升，由854人增长到5864人，增长率为586.65%。同时，东莞理工学院城市学院、广东以色列理工学院、北京师范大学珠海分校等院校在2020年的本专科招生人数与上年相比均较大程度的下降。（广东省各高等院校研究生、本专科生规模发展情况详见附表4-1和附表4-2）

表5-2 2019年、2020年广东省普通高校分层次本专科及研究生招生人数情况

单位：人

院校类别	院校层次	2019年		2020年		增长（%）	
		本专科	研究生	本专科	研究生	本专科	研究生
一般本科院校	部级	20 431	19 912	21 048	23 118	3.02	16.10
	省级	245 052	19 089	297 708	26 043	21.49	36.43
	地级	63 472	7439	67 150	10 624	5.79	42.81
高职（专科）院校	部级	4150	—	4592	—	10.65	—
	省级	185 691	—	329 298	—	77.34	—
	地级	121 260	—	197 400	—	62.79	—
全省	部级	24 581	19 912	25 640	23 118	4.31	16.10
	省级	430 743	19 089	627 006	26 043	45.56	36.43
	地级	184 732	7439	264 550	10 624	43.21	42.81

2020年，全省普通本专科招生数为917 196人，较上年增加了43.30%，普通本科与专科招生之比为42.07:57.93。2020年广东省各地区普通本专科招收外地生源达65 579人（含港澳台侨），外地生源占招生总数的比例为7.15%。广东省外地生源主要集中于一般本科院校，占该类人数的12.64%，

较上年相比下降 1.74%，如表 5－3 所示。

表 5－3　2020 年广东省普通高校本专科招生生源情况

院校类别	人数（人）		占比（%）	
	本地生源	外地生源	本地生源	外地生源
一般本科院校	337 129	48 777	87.36	12.64
高职（专科）院校	514 488	16 802	96.84	3.16
全省	851 617	65 579	92.85	7.15

2. 在校本专科、研究生学生规模较上年相比均有增长，其中高职（专科）院校学生规模增幅较大

2020 年，广东省各种形式的高等教育在校生总规模达到 3 503 751 人，普通高校（不包括成人教育和网络教育）在校生规模为 2 551 180 人，与上年相比，增长了 16.84%。普通高校高等教育毛入学率达 53.41%，与 2019 年相比，上升了 4.61%，如图 5－1 所示。

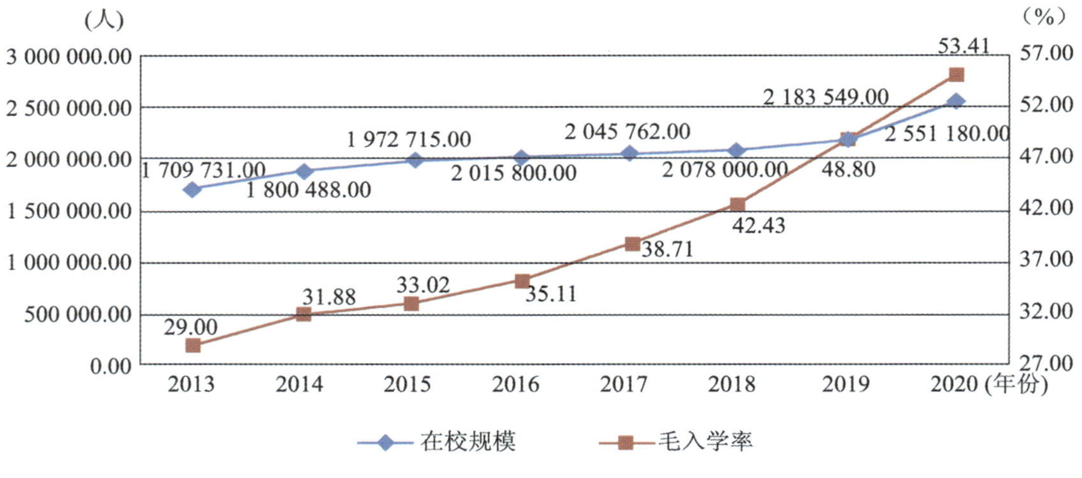

图 5－1　2013—2020 年广东省普通高校在校生规模及毛入学率变化

2020 年，全省公办和民办院校本专科生在校生人数为 2 400 227 人，分别较上年增长了 6.69% 和 0.71%，其中公办高职（专科）院校在校生数量增加显著，广东江门幼儿师范高等专科学校、广东财贸职业学院，增长率分别为 309.51% 与 231.21%。全省普通高校在校研究生 150 593 人，其中博士生 22 100 人，硕士生 128 853 人，较上年相比增长了 16.83%，如表 5－4 所示。

表 5－4 2019 年、2020 年广东省普通高校分办学性质在校生人数情况

单位：人

院校类别	院校性质	2019 年		2020 年		增长（%）	
		本专科	研究生	本专科	研究生	本专科	研究生
一般本科院校	公办	751 372	129 204	785 245	150 953	4. 51	16. 83
	民办	442 577	—	524 077	—	18. 41	
高职（专科）院校	公办	617 428	—	823 260	—	33. 34	
	民办	208 553	—	267 645	—	28. 33	
全省	公办	1 368 800	129 204	1 608 505	150 953	17. 51	16. 83
	民办	651 130	—	791 722	—	21. 59	

从层次来看，较 2019 年而言，2020 年省级和地级普通高校本专科在校生人数均增幅显著，分别增长了 18. 09% 和 16. 37%，部级普通高校本专科在校生人数较上年增幅平缓，增长了 1. 58%。全省部级、省级和地级院校研究生在校生数均增幅显著，增幅分别为 11. 24%、18. 46%、29. 64%，如表 5－5 所示。

表 5－5 2019 年、2020 年广东省普通高校分层次在校生人数情况

单位：人

院校类别	院校层次	2019 年		2020 年		增长（%）	
		本专科	研究生	本专科	研究生	本专科	研究生
一般本科院校	部级	83 200	57 478	84 329	63 937	1. 36	11. 24
	省级	902 438	53 392	98 9741	63 248	9. 67	18. 46
	地级	240 002	18 334	235 252	23 768	3. 95	29. 64
高职（专科）院校	部级	12 363	—	12 744	—	3. 08	—
	省级	504 148	—	671 232	—	33. 14	—
	地级	311 826	—	406 929	—	30. 50	—
全省	部级	95 563	57 478	97 073	63 937	1. 58	11. 24
	省级	1 406 586	53 392	1 660 973	63 248	18. 09	18. 46
	地级	551 828	18 334	642 181	23 768	16. 37	29. 64

3. 本专科毕业生和研究生毕业生规模同上年相比均有所增长

2020 年，全省普通高校本专科毕业生为 550 090 人，较上年增长了 5.36%；部级、省级、地级普通本专科毕业生增幅分别为 1.91%、6.27%、3.63%。全省普通高校毕业研究生 35 904 人（其中博士毕业生 3386 人，硕士毕业生 32 518 人），较上年增长了 19.39%，如表 5－6 所示（广东省各高等院校研究生和普通本专科毕业生增长情况详见附表 4－3）

表 5－6　2019 年、2020 年广东省普通高校分层次研究生和普通本专科毕业生规模及变化情况

单位：人

院校层次	学生类型	一般本科院校			高职（专科）院校			全省		
		2019 年	2020 年	增长（%）	2019 年	2020 年	增长（%）	2019 年	2020 年	增长（%）
部级	研究生	12 863	15 272	18.73	—	—	—	12 863	15 272	18.73
	本专科	18527	19127	3.24	4155	3989	－4.00	22682	23116	1.91
省级	研究生	13 325	15 550	16.70	—	—	—	13 325	15 550	16.70
	本专科	211 959	218 825	3.24	144 901	160 425	10.71	356 860	379 250	6.27
地级	研究生	3886	5082	30.78	—	—	—	3886	5082	30.78
	本专科	60 425	55 155	－8.72	82 127	92 569	12.71	142 552	147 724	3.63
全省	研究生	30 074	35 904	19.39	—	—	—	30 074	35 904	19.39
	本专科	290 911	293 107	0.75	231 183	256 983	11.16	522 094	550 090	5.36

2020 年，全省公办本专科毕业生规模与上年相比增加了 4.45%，民办本专科毕业生规模较上年增加了 7.20%。公办一般本科院校本专科毕业生规模与上年相比减少 1.10%，但民办一般本科院校有所增加，增长率为 3.77%。全省公办、民办高职（专科院校）本专科毕业生规模与上年相比呈上升趋势，公办高职（专科院校）较上年增加了 10.38%，民办高职（专科）院校增加了 13.23%。2020 年全省研究生毕业生规模相比上年增幅显著，增长率为 19.39%。如表 5－7 所示。

表 5－7 2019 年、2020 年广东省普通高校分办学性质研究生和普通本专科毕业生规模及变化情况

单位：人

院校性质	学生类型	一般本科院校			高职（专科）院校			全省		
		2019 年	2020 年	增长（%）	2019 年	2020 年	增长（%）	2019 年	2020 年	增长（%）
公办	研究生	30 074	35 904	19.39	—	—	—	30 074	35 904	19.39
	本专科	179 981	177 996	－1.10	168 193	185 658	10.38	348 174	363 654	4.45
民办	研究生	—	—	—	—	—	—	—	—	—
	本专科	110 930	115 111	3.77	62 990	71 325	13.23	173 920	186 436	7.20

4. 高职（专科）大类专业招生结构变动幅度较大，与经济社会发展需求相适应

2020 年，广东省高等教育继续调整专业结构并优化学科布局。在普通高校本科分学科招生人数方面，一些学科的招生人数较上年增长明显，科类构成结构变动较小。而高职（专科）大类专业招生结构变动幅度较大，一些大类招生人数增幅显著。

2020 年，全省普通本科（分学科）共计招生 345 191 人，较上年相比增长显著，增幅为 12.85%。招生人数变动幅度较大的学科有历史学、哲学、艺术学、教育学等，尤其是历史学的招生人数比上年增长了 41.06%，哲学、艺术学、教育学的招生人数较上年增加了 29.65%、28.93%、21.95%。科类构成结构较上年变化不大，如表 5－8 所示。

表 5－8 2020 年广东省普通高校本科分学科招生人数及科类构成结构

科类	人数（人）			构成（%）		
	2019 年	2020 年	比上年增长（%）	2019 年	2020 年	比上年增长（%）
哲学	226	293	29.65	0.07	0.08	0.01
经济学	22 413	24 330	8.55	7.41	7.05	－0.36
法学	11 108	12 571	13.17	3.67	3.64	－0.03
教育学	8996	10 971	21.95	2.98	3.18	0.20

续上表

科类	人数（人）			构成（%）		
	2019年	2020年	比上年增长（%）	2019年	2020年	比上年增长（%）
文学	38 749	41 545	7.22	12.82	12.04	-0.78
历史学	1359	1917	41.06	0.45	0.56	0.11
理学	22 768	24 317	6.80	7.53	7.04	-0.49
工学	90 868	99 936	9.98	30.06	28.95	-1.11
农学	4097	4793	16.99	1.36	1.39	0.03
医学	17 460	19 907	14.01	5.78	5.77	-0.01
管理学	59 815	68 485	14.49	19.79	19.84	0.05
艺术学	28 020	36 126	28.93	8.08	10.47	2.39
全省	302 289	345 191	12.85	100	100	0.00

2020年，高职（专科）院校共招生572 005人，较上年相比增幅显著，增加了71.29%。从全省来看，与上年相比，公共管理与服务大类在各专业大类中招生人数增长最快，增长率高达260.93%。此外，财经商贸大类、医药卫生大类招生人数也呈增长显著趋势，增幅分别为141.17%、91.65%。从科类构成结构来看，除医药卫生大类、财经商贸大类、教育与体育大类、公共管理与服务大类四个大类以外，其余大类专业招生人数均有所下降，如表5-9所示。

表5-9　2020年广东省高职（专科）19大类专业招生人数及科类构成结构

科　类	人数（人）			构成（%）		
	2019年	2020年	比上年增长（%）	2019年	2020年	比上年增长（%）
农林牧渔	3956	6323	59.83	1.18	1.11	-0.08
资源环境与安全	4646	5816	25.18	1.39	1.02	-0.37
能源动力与材料	2213	2417	9.22	0.66	0.42	-0.24
土木建筑	22 706	35 371	55.78	6.79	6.18	-0.61

续上表

科　类	人数（人）			构成（%）		
	2019 年	2020 年	比上年增长（%）	2019 年	2020 年	比上年增长（%）
水利	569	679	19.33	0.17	0.12	-0.05
装备制造	34 707	49 808	43.51	10.39	8.71	-1.68
生物与化工	2321	3163	36.28	0.69	0.55	-0.14
轻工纺织	4167	5119	22.85	1.25	0.89	-0.35
食品药品与粮食	6425	8255	28.48	1.92	1.44	-0.48
交通运输	11 537	13 419	16.31	3.45	2.35	-1.11
电子信息	60 505	87 627	44.83	18.11	15.32	-2.79
医药卫生	26 876	51 507	91.65	8.04	9.00	0.96
财经商贸	66 339	159 990	141.17	19.85	27.97	8.12
旅游	11 188	12 440	11.19	3.35	2.17	-1.17
文化艺术	20 724	25 167	21.44	6.20	4.40	-1.80
新闻传播	3254	3704	13.83	0.97	0.65	-0.33
教育与体育	42 915	74 512	73.63	12.84	13.03	0.18
公安与司法	2743	3639	32.66	0.82	0.64	-0.18
公共管理与服务	6386	23 049	260.93	1.91	4.03	2.12
全省	334 177	572 005	71.17	100.00	100.00	0.00

二、高等教育教师队伍发展情况

1. 高等教育专任教师总体规模稳步增长，民办高校增幅显著

2020 年，全省普通高校共有专任教师 122 350 人，较上年增长了 6.67%。其中一般本科院校专任教师合计 80 378 人，高职（专科）院校专任教师合计

41 972 人。如表 5 – 10 所示，从办学性质来看，民办一般本科院校增幅比较明显，其专任教师总规模较上年增加 12. 12%。公办一般本科院校与高职（专科）院校专任教师总规模也有所增长，分别为 3. 83%、9. 14%。其中，广东科技学院、广州华商学院专任教师人数较上年增长较多，分别增加了 406 人、306 人，但广东医科大学、北京师范大学 – 香港浸会大学联合国际学院的专任教师人数较上年下降较多，分别减少了 180 人和 123 人。公办高职（专科）院校中，广东科贸职业学院的增幅明显，专任教师人数较上年增加了 354 人；同时，深圳职业技术学院、广东江门中医药职业学院、广东职业技术学院 3 所院校专任教师人数增长超过 150 人。民办高职（专科）院校中，广东文理职业学院增幅显著，其专任教师人数较上年相比增加了 143 人，增幅为 26. 98%。而广东酒店管理职业技术学院专任教师人数较上年减少了 105 人，降幅为 37. 37%。（广东省普通高校专任教师情况详见附表 4 – 4）

表 5 – 10　2019 年、2020 年广东省普通高校分办学性质专任教师总体规模情况

单位：人

院校性质	一般本科院校				高职（专科）院校			
	2019 年	2020 年	比上年增长	增长率（%）	2019 年	2020 年	比上年增长	增长率（%）
公办	54 222	56 298	2076	3. 83	28 508	31 114	2606	9. 14
民办	21 477	24 080	2603	12. 12	10 493	10 858	365	3. 48
全省	75 699	80 378	4679	6. 18	39 001	41 972	2971	7. 62

分层次看，部级一般本科院校专任教师人数较上年增长了 4. 09%，高职（专科）院校专任教师人数较上年相比增加了 3. 80%。省级一般本科院校的专任教师人数增幅显著，增长率为 8. 62%。其中广东科技学院、广州华商学院较上年增长较多，分别增加了 406 人、306 人。地级一般本科院校专任教师人数较上年相比下降 1. 26%，而高职（专科）院校的专任教师人数有所增加，增长率为 6. 18%。其中，广东科贸职业学院、深圳职业技术学院较上年增长较多，分别增加 3354 人、186 人。如表 5 – 11 所示。

表 5－11　2019 年、2020 年广东省普通高校分层次专任教师总规模情况

单位：人

院校层次	一般本科院校				高职（专科）院校			
	2019 年	2020 年	比上年增长	增长率（%）	2019 年	2020 年	比上年增长	增长率（%）
部级	9210	9587	377	4.09	553	574	21	3.80
省级	50 697	55 198	4501	8.88	23 531	25 559	2028	8.62
地级	15 792	15 593	－199	－1.26	14 917	15 839	922	6.18
全省	75 699	80 378	4679	6.18	39 001	41 972	2971	7.62

2. 高职（专科）院校高校生师比增幅显著，专任教师数量配置呈紧张趋势

总体来看，全省普通高校生师比上升显著。2020 年，全省普通高校生师比为 18.78∶1，较上年相比增加了 2.10%。由于高职扩招政策影响，全省高职（专科）院校生师比较上年大幅上升，增长率达 26.20%；部级一般本科与高职（专科）院校生师比下降，降幅分别为 2.78%、3.33%。省级一般本科与高职（专科）院校生师比有所增长，增幅分别为 6.20%、24.60%。地级一般本科与高职（专科）院校生师比增长，增幅分别为 7.40%、24.80%。如表 5－12 所示。（广东省普通高校生师比详见附表 4－5）

表 5－12　2019 年、2020 年广东省普通高校各层次院校生师比

院校层次	一般本科院校			高职（专科）院校			全省普通高校		
	2019 年	2020 年	增长率（%）	2019 年	2020 年	增长率（%）	2019 年	2020 年	增长率（%）
部级	13.25∶1	12.88∶1	－2.78	17.16∶1	16.59∶1	－3.32	13.43∶1	13.06∶1	－2.76
省级	17.10∶1	18.16∶1	6.20	17.97∶1	22.39∶1	24.60	17.38∶1	19.53∶1	12.37
地级	15.28∶1	16.41∶1	7.40	17.64∶1	22.01∶1	24.80	16.45∶1	19.27∶1	17.14
全省	17.75∶1	16.46∶1	－7.27	17.56∶1	22.16∶1	26.20	16.68∶1	18.78∶1	12.59

分办学性质看，一般本科院校中，公办、民办院校都有所增长，增幅分别为 4.40%、1.48%。高职（专科）院校中，公办、民办院校增幅显著，增长率分别为 21.22%、29.90%。其中，公办本科院校广东技术师范学院下降幅度最明显，为 2.97%。

表5－13　2019年、2020年广东省普通高校分办学性质生师比

院校性质	一般本科院校			高职（专科）院校		
	2019年	2020年	增长率（%）	2019年	2020年	增长率（%）
公办	15.24:1	15.91:1	4.40	17.86:1	21.65:1	21.22
民办	19.62:1	19.91:1	1.48	17.73:1	23.03:1	29.90
全省	16.51:1	17.01:1	3.03	17.90:1	21.99:1	22.85

3. 中高级专业技术职务教师占比略有上升，高职（专科）院校增幅较高

2020年，全省普通高校专任教师中高级专业技术职称教师比例为41.06%，比上年增加了0.91%。如表5－14所示，一般本科院校专任教师中高级专业技术职称教师占比为46.84%，比上年减少了0.06%；高职（专科）院校中高级专业技术职称教师比例为28.86%，较上年增加了17.84%。

分层次看，一般本科院校中，地级院校专任教师中高级专业技术职称教师比例增幅最大，为5.49%，省级院校下降最大，为1.85%；高职（专科）院校中，地级院校增幅最大，为0.61%，部级、省级院校分别下降1.55%、2.58%。（广东省普通高校中高级职称教师比例详见附表4－6）

表5－14　2019年、2020年广东省普通高校分层次专任教师中高级专业技术职务教师比例（%）

院校层次	一般本科院校			高职（专科）院校			普通高校		
	2019年	2020年	比上年增长	2019年	2020年	比上年增长	2019年	2020年	比上年增长
部级	76.24	77.93	2.22	33.45	32.93	－1.55	72.57	75.39	3.89
省级	41.10	40.34	－1.85	28.01	27.29	－2.58	37.12	37.99	2.34
地级	48.09	50.73	5.49	29.75	29.93	0.61	39.26	40.16	2.29
全省	46.87	46.84	－0.06	24.49	28.86	17.84	40.69	41.06	0.91

分办学性质看，2020年，全省普通高校专任教师中高级专业技术职称教师比例下降了0.06%。一般本科院校中，公办院校专任教师中高级专业技术职称教师比例呈上升趋势，较上年增长了1.76%，而民办院校下降了3.56%。在高职院校中，公办、民办高职（专科）院校专任教师中高级专业技术职称教师比例较上年都有所上升，增幅分别为0.23%、0.20%，如表5－15所示。从具

体院校情况来看，一般本科院校中，广东医科大学的中高级专业技术职称教师比例下降了 15.65%。公办高职（专科）院校中，广东江门中医药职业学院下降了 12.42%。

表 5－15 2019 年、2020 年广东省普通高校分办学性质专任教师中高级专业技术职务教师比例（%）

院校性质	一般本科院校			高职（专科）院校		
	2019 年	2020 年	比上年增长	2019 年	2020 年	比上年增长
公办	52.98	53.91	1.76	30.37	30.44	0.23
民办	31.45	30.33	－3.56	24.81	24.86	0.20
全省	46.87	46.84	－0.06	28.87	29.05	0.62

4. 研究生学历层次教师所占比例继续提高，本科院校增幅大于高职（专科）院校

全省普通高校专任教师学历层次继续提高，2020 年，全省普通高校专任教师中研究生学历教师比例为 77.05%，比上年增加 0.65%。其中一般本科院校研究生学历层次教师所占比例为 86.30%，比上年增加 1.36%；高职（专科）院校研究生学历层次教师所占比例为 59.84%，比上年增加 0.03%，如图 5－2 所示。

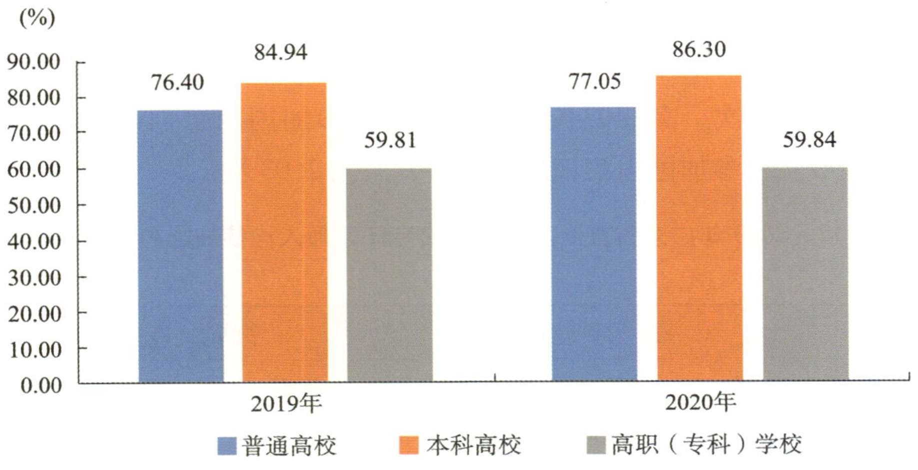

图 5－2 2019 年、2020 年广东省普通高校专任教师中教师研究生学历比例

分办学性质看，2020 年，全省普通高校专任教师中教师研究生学历比例呈上升趋势，一般本科院校增长率为 1.28%，高职（专科）院校增长率为 0.05%。一般本科院校中，公办、民办院校较上年皆有所增长，增幅分别为 1.55%、1.60%。高职院校中，民办院校比例较上年下降，降幅为 8.83%，整体来看，一般本科院校增幅大于高职（专科）院校，如表 5－16 所示。

表 5－16　2019 年、2020 年广东省普通高校分办学性质专任教师中教师研究生学历比例（%）

院校性质	一般本科院校			高职（专科）院校		
	2019 年	2020 年	比上年增长	2019 年	2020 年	比上年增长
公办	89.18	90.56	1.55	65.76	66.84	1.64
民办	74.26	75.45	1.60	43.62	39.77	－8.83
全省	84.94	86.03	1.28	59.81	59.84	0.05

5. 各类高等学校专任教师参加国外培训机会较少，远程培训成为主要培训形式

2020 年，全省高校专任教师共参加国内外培训 229 936 人次。参加国外培训 1568 人次，较 2019 年的 4227 人次相比，减少了 2659 人次，降幅为 62.91%。参加国内培训 228 368 人次，较上年增加了 19 033 人次。其中，参加国外培训的专任教师数量大幅降低，很大程度上是受到新冠肺炎疫情影响。

如表 5－17 所示，分层次来看，一般本科院校中，地级院校参加国内培训次数最多，人均 2.23 次；其次是省级院校，人均参与培训 1.30 次；部级人均次数最少，未达 1 次。高职院校中，省级院校参加国内培训次数较多，人均 3.41 次，地级院校参加国内培训次数较多，人均 2.03 次。

表 5－17　2020 年广东省普通高校分层次专任教师人均参加国内外培训情况

单位：次

培训类型	一般本科院校			高职（专科）院校		
	部级	省级	地级	部级	省级	地级
国内培训	0.22	1.30	2.23	0.93	3.41	2.03
国外培训	0.01	0.01	0.02	0.01	0.01	0.02
全省	0.23	1.31	2.25	0.94	3.42	2.04

总体而言，广东省高校专任教师主要参与国内培训，国外培训机会较少。分办学性质来看，如表5－18所示，一般本科院校中，民办院校参加国内培训次数最高，人均1.83次。高职（专科）院校中，民办院校参加国内培训次数增幅显著，人均达到4.03次。公办院校参加国内培训次数较上年相比人均减少了1.24次。

表5－18　2020年广东省普通高校分办学性质专任教师人均参加国内外培训情况

单位：次

培训类型	一般本科院校		高职（专科）院校	
	公办	民办	公办	民办
国内培训	1.10	1.83	2.45	4.03
国外培训	0.02	0.06	0.01	0.01
全省	1.12	1.89	2.46	4.03

高校专任教师培训形式包括集中培训、远程培训、跟岗实践3种。集中培训一直作为重要培训形式而存在，但受到新冠肺炎疫情影响，安全性强、跨时空便利的远程培训一跃成为2020年主要的培训形式。2020年，全省专任教师远程培训比例高达46.76%，集中培训比例占45.63%，跟岗实践占7.61%。

表5－19　2020年广东省普通高校专任教师培训形式构成情况（%）

	国内培训	国外培训	全省合计
集中培训	45.49	66.26	45.63
远程培训	20.24	10.78	46.76
跟岗实践	7.51	22.96	7.61
全省	100.00	100.00	100.00

6. 各层次高职（专科）院校“双师型”教师比例显著提高，省级占比最大

2020年，高职（专科）院校的“双师型”教师比例增幅显著，由上年的59.92%上升至70.25%，增加了10.33%。分办学层次看，省级高职（专科）

院校所占比例最大，为 61. 42%，比上年增加 0. 05%，如图 5 –3 所示。

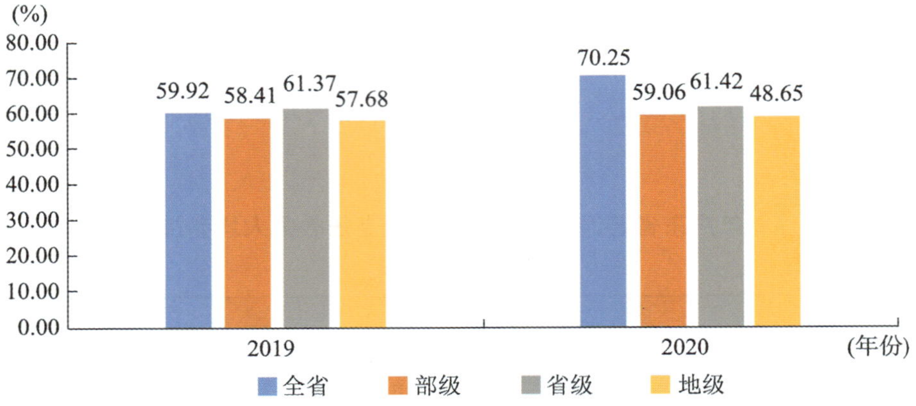

图 5 –3　2019 年、2020 年高职（专科）院校分层次双师型教师比

7. 高校专职辅导员队伍年龄结构较均衡，研究生学历占比呈上升趋势

2020 年广东省普通高校共有专职辅导员 10 215 人，比上年增加 1758 人。高校专职辅导员年龄在 29 岁以下的有 3927 人，占专职辅导员总数的 38. 45%；年龄在 30 ～39 岁的有 4976 人，占专职辅导员总数的 48. 81%；年龄在 40 岁及以上的有 1298 人，占专职辅导员总数的 12. 71%，如图 5 –4 所示。

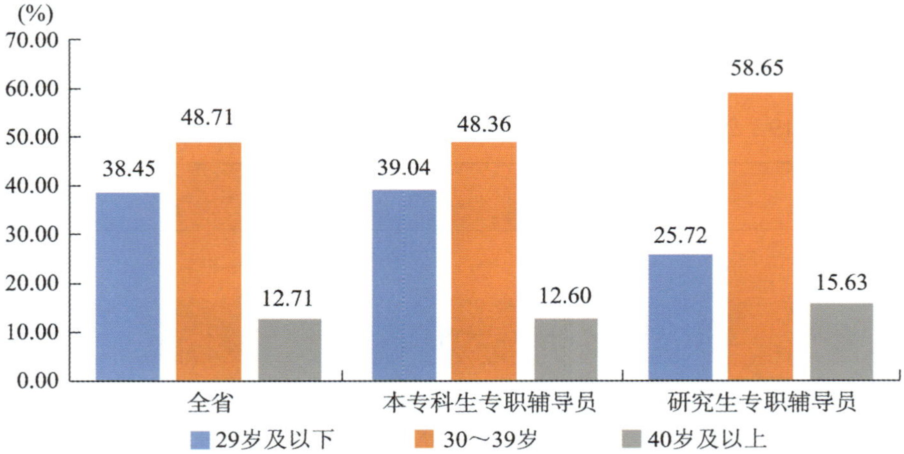

图 5 –4　2020 年广东省普通高校专职辅导员年龄分布情况

从高校专职辅导员的行政职务构成看，副科级及以下职务的专职辅导员所占比例最大。2020 年全省高校专职辅导员中，副科级及以下的比例为 81. 75%，比上年下降了 1. 23%。一般本科院校中，副科级及以下占 75. 84%，

高职（专科）院校中，副科级及以下占 90.27%，同比上年分别下降了 0.25%、3.13%，如表 5－20 所示。

表 5－20 2020 年广东省普通高校分院校类别专职辅导员职务分布（%）

职务	一般本科院校			高职（专科）院校			全省		
	2019 年	2020 年	比上年增长	2019 年	2020 年	比上年增长	2019 年	2020 年	比上年增长
副处级及以上	10.34	10.47	1.26	2.69	3.69	37.17	7.34	7.22	－1.63
正科级	13.63	12.75	－6.46	4.11	6.04	49.96	9.89	10.20	3.12
副科级及以下	76.03	75.84	－0.25	93.19	90.27	－3.13	82.77	81.75	－1.23

从高校专职辅导员的专业技术职称分布看，初级及以下职称所占比例最高。2020 年，全省副高及以上职称的高校专职辅导员所占比例有所增长，较上年相比增长了 1.75%；初级及以下职称的高校专职辅导员所占比例高达 62.29%。其中，一般本科院校的中级职称较高职（专科）院校有所增加，较上年相比增长了 2.94%，而高职（专科）院校的初级及以下职称的辅导员占比高于一般本科院校 6.4%，如图 5－5 所示。

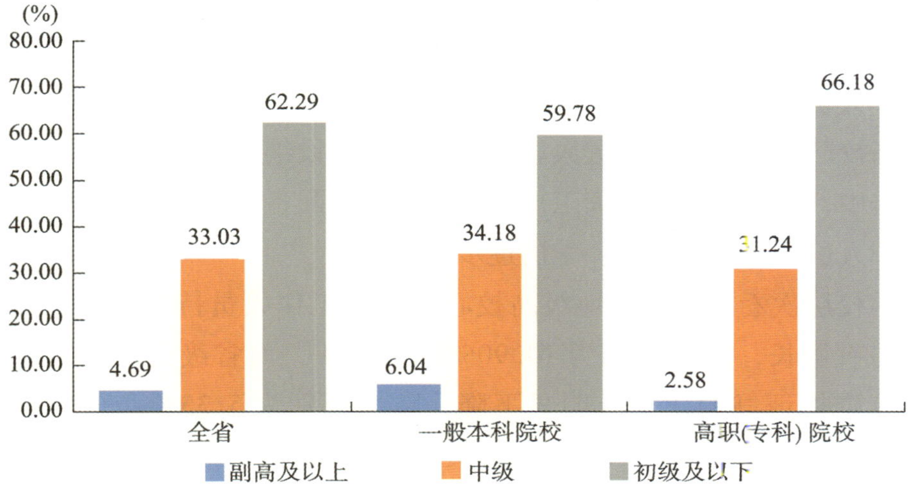

图 5－5 2020 年广东省分院校类别普通高校专职辅导员职称分布

高校专职辅导员的学历构成以硕士研究生为主，较上年而言，2020年全省博士研究生学历的专职辅导员比例显著增加，增幅为14.19%，硕士研究生、本科学历专职辅导员比例减少，降幅分别为0.21%、0.33%。一般本科院校硕士研究生学历占比最高，所占比例为67.21%。高职（专科）院校以本科学历专职辅导员为主，占比为53.84%，但较上年下降了0.44%。高职（专科）院校硕士研究生学历专职辅导员较上年有所增加，增幅为0.64%，如表5－21所示。

表5－21　2020年广东省普通高校分院校类别专职辅导员学历构成比例情况（%）

学历	一般本科院校			高职（专科）院校			全省普通高校		
	2019年	2020年	比上年增长	2019年	2020年	比上年增长	2019年	2020年	比上年增长
博士研究生	1.16	5.48	4.32	0.54	0.33	－0.21	1.43	3.46	2.03
硕士研究生	71.05	67.21	－3.84	38.50	42.25	3.75	58.64	57.44	－1.20
本科	27.24	26.96	－0.28	58.67	53.84	－4.83	38.77	37.49	－1.28
专科及以下	0.55	0.35	－0.20	2.29	3.58	1.29	1.16	1.62	0.46

8. 省级院校心理咨询工作人员资格证书持有率下降，硕士研究生学历心理咨询工作人员占比较高

各高校已将大学生心理健康教育师资队伍建设纳入学校整体师资教师队伍建设工作中，加强对心理咨询工作人员的选拔、配备、培养和管理，高校心理咨询工作人员的资质、职务和学历逐步提高。

分学校层次看，部级与地级高校心理咨询工作人员持有资格证书的比例较上年略有增长，增幅分别为10.90%、8.70%，而省级院校心理咨询工作人员持有资格证书的比例有明显下降，降幅分别为5.35%。分学校类型来看，一般本科院校心理咨询工作人员持有资格证书的比例上升，增幅为6.43%，而高职（专科）院校心理咨询工作人员持证率降幅明显，达到7.50%，如表5－22所示。

表 5－22　2020 年广东省普通高校心理咨询工作人员持有资格证书情况

院校层次		规模合计（人）	其中：持有资格证书					
			规模（人）			所占比例（%）		
			2019 年	2020 年	比上年增长	2019 年	2020 年	比上年增长
分层级	部级	31	27	29	2	87.10	96.67	10.98
	省级	492	432	425	－7	87.53	82.85	－5.35
	地级	306	246	241	－5	80.33	87.32	8.70
分类型	一般本科院校	444	379	387	8	85.36	90.85	6.43
	高职（专科）院校	385	326	308	－18	84.68	78.37	－7.50

2020 年，广东省高校心理咨询工作人员中副高及以上职务、中级职务占比显著下降，降幅分别为 21.12%、19.68%，初级以下专业技术职务增长显著，增幅为 84.58%，如表 5－23 所示。

表 5－23　2020 年广东省普通高校心理咨询工作人员专业技术职务分布（%）

职务	一般本科院校			高职（专科）院校			全省普通高校		
	2019 年	2020 年	比上年增长	2019 年	2020 年	比上年增长	2019 年	2020 年	比上年增长
副高及以上	18.65	14.79	－20.70	16.45	12.98	－21.12	17.65	13.92	－21.12
中级	61.62	49.77	－19.24	65.16	51.91	－20.34	63.24	50.79	－19.68
初级及以下	19.73	35.45	79.68	18.39	35.11	90.97	19.12	35.29	84.58

2020 年，广东省普通高校心理咨询工作人员学历以硕士研究生为主，占比为 61.90%，但比例较上年有所下降，降幅为 3.54%。博士研究生及本科学历占比均下降，分别减少了 0.98% 和 0.06%。一般本科院校中，硕士研究生学

历占比上升，增幅为3.03%。高职（专科）院校中，本科学历占比上升，增幅为1.24%，硕士研究生学历占比较上年下降了7.49%。如表5－24所示。从各高校具体情况来看，一般本科院校中，硕士研究生学历下降较多的院校为电子科技大学中山学院、肇庆学院，分别减少了9人、8人。高职（专科）院校中，硕士研究生学历下降较多的院校为佛山职业技术学院、广东茂名幼儿师范专科学校，分别减少了9人、8人。

表5－24　2020年广东省普通高校心理咨询工作人员学历构成比例情况（%）

学历	一般本科院校			高职（专科）院校			广东省		
	2019年	2020年	比上年增长	2019年	2020年	比上年增长	2019年	2020年	比上年增长
博士研究生	15.32	14.32	－6.50	2.86	2.29	－19.93	9.53	8.55	－10.31
硕士研究生	71.62	74.65	4.23	55.58	48.09	－13.48	64.17	61.90	－3.54
本科	13.06	11.03	－15.54	39.22	40.46	3.15	25.21	25.15	－0.24
专科及以下	0.00	0.00	0.00	2.34	3.31	41.50	1.09	1.59	45.87

三、普通高校办学条件变化情况

1. 校园面积总量较上一年略有增加，高校生均校园面积有不同程度的减少

2020年广东省公办高校校园面积为9768.67万m^2，同上年相比有所增加，增幅为4.82%；民办高校校园面积为3798.96万m^2，较上年增长了1.87%。从生均维度来看，全省公办院校的生均校园面积有所减少，与上年相比，下降了9.24%。民办院校生均校园面积也有所减少，同上年相比，减少了11.83%。其中公办高职（专科）院校生均校园面积下降了22.02%，民办高职（专科）院校生均校园面积下降了17.88%，主要是受2020年高职扩招专项工作的影响，高职院校全日制在校人数激增的影响。如表5－25所示。（广东省各普通高校校园占地面积详见附表4－7）

表 5－25 2019 年、2020 年广东省普通高校分办学性质校园面积

院校类别	院校性质	2019 年（万 m^2）	2020 年（万 m^2）	比上年增长（%）	2020 年生均（m^2）	比上年增长（%）
一般本科院校	公办	5952. 60	6296. 72	5. 78	66. 50	1. 73
	民办	2676. 52	2692. 93	0. 61	51. 35	－8. 57
高职（专科）院校	公办	3366. 60	3471. 95	3. 13	41. 95	－22. 02
	民办	1052. 73	1106. 03	5. 06	41. 00	－17. 88
全省	公办	9319. 20	9768. 67	4. 82	55. 05	－9. 24
	民办	3729. 25	3798. 96	1. 87	47. 83	－11. 83

注：普通高校“校园面积”中含非产权独立使用部分，指学校租借用一年以上的校园面积，不含学校与其他单位共享的校园面积。

2020 年全省普通高校校园面积为 13 567. 64 万 m^2，较上年增加 3. 98%。其中，部级高校校园面积较上年涨幅明显，上涨了 18. 70%，省级高校校园面积则较上年增加了 3. 68%，地级院校校园面积较上年略微下降，下降了 0. 79%。其中，部级高校校园面积涨幅明显的主要原因是中山大学深圳校区于 2020 年投入使用，校园面积增长幅度较大。从生均值来看，除部级生均校园面积增加了 23. 14%之外，部级、地级较上年分别下降 11. 73%和 14. 63%，这也与 2020 年高职扩招专项工作相关。如表 5－26 所示。

表 5－26 2019 年、2020 年广东省普通高校分层次校园面积

院校层次	2019 年总面积（万 m^2）	2020 年总面积（万 m^2）	比上年增长（%）	2020 年生均（m^2）	比上年增长（%）
部级	1278. 39	1517. 41	18. 70	91. 82	23. 14
省级	8355. 97	8663. 23	3. 68	49. 99	－11. 73
地级	3414. 09	3387. 00	－0. 79	50. 51	－14. 63
广东省总计	13 048. 44	13 567. 64	3. 98	52. 82	－9. 98

注：普通高校“校园面积”中含非产权独立使用部分，指学校租借用一年以上的校园面积，不含学校与其他单位共享的校园面积。

2. 不同类型高校校舍建筑面积呈不同程度的变化

2020 年全省公办普通高校与民办普通高校校舍建筑面积分别为 4682.00 万平方米和 1829.40 万平方米，与上年相比分别增加了 5.26% 和 5.40%。从生均维度来看，除公办本科院校的生均校舍建筑面积略有增加外，民办本科院校、公办高职（专科）院校及民办高职（专科）院校均有不同程度的下降。其中公办与民办高职（专科）院校生均校舍建筑面积降幅较大，分别为 19.50% 和 17.19%，这主要是受 2020 年高职扩招专项工作的影响，高职（专科）院校全日制在校生人数激增的影响。如表 5－27 所示。（广东省各普通高校校舍建筑面积详见附表 4－8）

表 5－27　2019 年、2020 年广东省普通高校分办学性质校舍建筑面积

院校类别	院校性质	2019 年（万 m^2）	2020 年（万 m^2）	比上年增长（%）	2020 年生均（m^2）	比上年增长（%）
一般本科院校	公办	2994.40	3134.24	4.67	33.16	0.85
	民办	1164.13	1223.88	5.13	23.34	－4.46
高职（专科）院校	公办	1453.54	1547.75	6.48	18.70	－19.50
	民办	571.50	605.52	5.95	22.45	－17.19
全省	公办	4447.94	4682.00	5.26	26.41	－8.78
	民办	1735.64	1829.40	5.40	23.04	－8.75

注：普通高校“校舍面积”中含非产权独立使用部分，指学校租借用一年以上的校舍面积，不含学校与其他单位共享的校舍面积。

2020 年全省普通高校校舍建筑面积为 6511.40 万平方米，比上年增加了 5.30%，而生均校舍建筑面积则下降了 8.85%。其中，部级、省级、地级高校校舍建筑面积变化情况并不相同，部级院校与省级院校分别增长 5.76% 和 7.63%。如表 5－28 所示。省级院校中，广州航海学院、深圳技术大学、广州松田职业学院等部分院校增幅明显；而地级院校则减少了 0.49%。从生均角度来看，部级院校生均校舍面积增加了 9.73%，其中部分院校如暨南大学增幅明显；省级院校及地级院校生均校舍面积分别下降了 8.36% 和 14.38%。

表 5－28　2019 年、2020 年广东省普通高校分层次校舍建筑面积

院校层次	2019 年（万 m^2）	2020 年（万 m^2）	比上年增长（%）	2020 年生均（m^2）	比上年增长（%）
部级	606.49	641.43	5.76	38.81	9.73
省级	3942.76	4243.60	7.63	24.49	－8.36
地级	1634.32	1626.37	－0.49	24.26	－14.38
全省	6183.57	6511.40	5.30	25.35	－8.85

注：普通高校“校舍面积”中含非产权独立使用部分，指学校租借用一年以上的校舍面积，不含学校与其他单位共享的校舍面积。

3. 全省普通高校教学与行政用房总面积普遍增加

2020 年，全省普通高校教学与行政用房总面积为 3971.97 万平方米，比上年增加了 19.15%；生均教学与行政用房面积为 15.46 平方米，较上年增加了 3.14%。其中部级院校增幅较大，各部级院校如中山大学、广州民航职业技术学院等均有不同程度的增长。如表 5－29 所示。（广东省各普通高校教学与行政用房面积详见附表 4－9）

表 5－29　2019 年、2020 年广东省普通高校各层次院校生均教学与行政用房面积

院校层次	2019 年（万 m^2）	2020 年（万 m^2）	比上年增长（%）	2020 年生均（m^2）	比上年增长（%）
部级	299.01	419.16	40.18	25.36	45.41
省级	2047.43	2444.54	19.40	14.11	1.66
地级	987.18	1108.27	12.27	16.53	－3.39
全省	3333.61	3971.97	19.15	15.46	3.14

注：普通高校“教学与行政用房”中含非产权独立使用部分，指学校租借用一年以上的教学与行政用房，不含学校与其他单位共享的教学与行政用房。

从办学性质来看，在 2020 年全省普通高校中，公办院校的教学与行政用房总面积增加了 21%，民办院校的教学与行政用房面积增加了 14.51%。其中，公办高职（专科）院校的教学与行政用房面积增加最为显著，增加了 24.76%，部分院校如广东建设职业技术学院因新校区的投入导致增长幅度较大。从生均维度来看，公办、民办本科院校的生均教学与行政用房面积均有不同程度的增长，分别为 14.42% 和 6.09%；而公办、民办高职（专科）院校的生

均教学与行政用房面积均有不同程度的下降，降幅分别为5.65%和13.52%。这也是因为受到了2020年高职扩招专项工作的影响。如表5-30所示。

表5-30 2019年、2020年广东省普通高校分办学性质生均教学与行政用房面积

院校类别	院校性质	2019年总面积（万m^2）	2020年总面积（万m^2）	比上年增长（%）	2020年生均（m^2）	比上年增长（%）
一般本科院校	公办	1541.27	1833.38	18.95	19.36	14.42
	民办	602.15	703.04	16.75	13.41	6.09
高职（专科）院校	公办	840.91	1049.14	24.76	12.68	-5.65
	民办	349.28	386.40	10.63	14.33	-13.52
全省	公办	2382.18	2882.52	21.00	16.24	4.77
	民办	951.43	1089.45	14.51	13.72	-8.07

注：普通高校“教学与行政用房”中含非产权独立使用部分，指学校租借用一年以上的教学与行政用房，不含学校与其他单位共享的教学与行政用房。

4. 全省院校图书总量均呈不同程度的增长，生均图书数量较上年增幅明显

2020年，全省普通高校图书总数为19 374.04万册，较上年增长了5.05%；生均图书数为68.59册，比上年减少了12.36%。其中，除地级院校图书总量下降了0.92%外，部级、省级院校图书总量均有所增长。从生均维度来看，除部级院校生均图书量增加了4.52%外，省级、地级院校生均图书量均有所下降，分别减少了12.14%和17.71%。如表5-31所示。

表5-31 2019年、2020年广东省普通高校分层次图书数

院校层次	2019年总值（万册）	2020年总值（万册）	比上年增长（%）	2020年生均（册）	比上年增长（%）
部级	1546.43	1666.55	7.77	78.11	4.52
省级	12 048.01	12 903.59	7.10	68.56	-12.14
地级	4848.66	4803.90	-0.92	65.88	-17.71
全省	18 443.10	19 374.04	5.05	68.59	-12.36

从办学性质看，2020年全省普通高校中，公办学校图书总数为13 240.45万册，比上年增长了3.14%；生均图书数为66.50册，比上年减少了14.15%。民办院校图书总数为6133.59万册，比上年增长了9.41%；生均图书数为73.59册，比上年减少了8.20%。各性质各类型学校均有不同层次的降幅，其

中公办高职（专科）院校及民办高职（专科）院校降幅较大，分别为20.09%和22.88%。如表5－32所示。（广东省各普通高校图书数详见附表4－10）

表5－32 2019年、2020年广东省普通高校分办学性质图书数

院校类别	院校性质	2019年总值（万册）	2020年总值（万册）	比上年增长（%）	2020年生均（册/生）	比上年增长（%）
一般本科院校	公办	8643.83	8752.16	1.25	76.59	－9.28
	民办	3804.06	4262.66	12.06	78.50	－0.20
高职（专科）院校	公办	4193.25	4488.29	7.04	52.91	－20.09
	民办	1801.96	1870.93	3.83	64.41	－22.88
全省	公办	12 837.08	13 240.45	3.14	66.50	－14.15
	民办	5606.02	6133.59	9.41	73.59	－8.20

5. 仪器设备配置水平整体提高明显，不同办学性质高校的生均仪器设备值差别较大

2020年，全省普通高校仪器设备总值为4 704 855.01万元，比上年增长了12.77%；生均仪器设备值为16 657.15元，比上年下降了5.91%。分层次来看，部级、省级、地级高校仪器设备值均有增长，增长率分别为12.77%、13.02%和12.47%。从生均维度看，除部级院校生均仪器设备值增长了9.37%以外，省级、地级院校生均仪器设备值均有所下降，降幅分别为7.27%和6.58%。如表5－33所示。（广东省各普通高校教学仪器设备值详见附表4－11）

表5－33 2019年、2020年广东省普通高校分层次仪器设备值

院校层次	2019年总值（万元）	2020年总值（万元）	比上年增长（%）	2020年生均（元）	比上年增长（%）
部级	1 038 713.47	1 171 312.42	12.77	54 898.05	9.37
省级	1 694 417.09	1 915 051.64	13.02	10 175.50	－7.27
地级	1 439 006.69	1 618 490.95	12.47	22 197.16	－6.58
全省	4 172 137.25	4 704 855.01	12.77	16 657.15	－5.91

注：普通高校“教学仪器设备值”中含非产权独立使用部分，指学校租借用一年以上的教学仪器设备，不含学校与其他单位共享的教学仪器设备。

从办学性质看，2020年全省普通高校中，公办学校仪器设备总值为

4 254 321. 57 万元，比上年增长了 13. 12%，生均仪器设备值为 21 367. 65 元，比上年下降了 5. 84%。民办学校仪器设备总值为 450 533. 44 万元，比上年增长了 9. 52%，生均仪器设备为 5405. 22 元，比上年下降了 8. 10%，如表 5－34 所示。

表 5－34　2019 年、2020 年广东省普通高校分办学性质生均教学仪器设备值

院校类别	院校性质	2019 年总值（万元）	2020 年总值（万元）	比上年增长（%）	2020 年生均（元）	比上年增长（%）
一般本科院校	公办	2 987 167. 81	3 399 111. 03	13. 79	29 744. 51	1. 96
	民办	281 130. 07	309 783. 73	10. 19	5704. 56	－1. 87
高职（专科）院校	公办	773 615. 84	855 210. 54	10. 55	10 082. 16	－17. 46
	民办	130 223. 53	140 749. 71	8. 08	4845. 59	－19. 72
全省	公办	3 760 783. 65	4 254 321. 57	13. 12	21 367. 65	－5. 84
	民办	411 353. 60	450 533. 44	9. 52	5405. 22	－8. 10

注：普通高校“教学仪器设备值”中含非产权独立使用部分，指学校租借用一年以上的教学仪器设备，不含学校与其他单位共享的教学仪器设备。

6. 生均信息化设备资产值较上年增幅明显，不同办学层次、不同办学类型院校增幅存在差距

2020 年，受新冠肺炎疫情影响，各校在信息化设备上的投入较往年有所增加，全省普通高校信息化设备资产总值达到 1 366 912. 46 万元，比上年增长了 13. 16%。从生均值来看，全省普通高校生均信息化设备资产值达到 4923. 28 元，较上年下降了 3. 94%。部级高校生均信息化设备资产增加了 14 987. 68 元，比上年增长了 41. 83%；省属高校为 3630. 19 元，比上年下降了 7. 20%；地级高校为 5979. 75 元，比上年减少了 5. 99%，如表 5－35 所示。（广东省各普通高校生均信息化设备资产值详见附表 4－12）

表 5－35　2019 年、2020 年广东省普通高校分层次生均信息化设备资产值

院校层次	2019 年总值（万元）	2020 年总值（万元）	比上年增长（%）	2020 年生均（元）	比上年增长（%）
部级	218 674. 77	247 692. 40	13. 27	14 987. 68	41. 83
省级	604 013. 44	683 210. 44	13. 11	3630. 19	－7. 20
地级	385 206. 86	436 009. 62	13. 19	5979. 75	－5. 99
全省	1 207 895. 08	1 366 912. 46	13. 16	4923. 28	－3. 94

从办学性质来看，广东省公办院校与民办院校之间生均信息化设备资产值差距依然明显。全省公办院校生均信息化设备资产值比上年下降了6.12%，民办院校生均信息化设备资产值比上年下降了3.11%。其中，民办高职（专科）院校生均信息化设备资产值变化较为显著，下降了17.62%，如表5－36所示。

表5－36　2019年、2020年广东省普通高校分类别生均信息化设备资产值

院校类别	院校性质	2019年总值（万元）	2020年总值（万元）	比上年增长（%）	2020年生均（元）	比上年增长（%）
一般本科院校	公办	736 231.54	829 147.74	12.62	7255.60	0.91
	民办	130 416.47	152 473.27	16.91	2807.74	4.11
高职（专科）院校	公办	300 369.82	339 956.74	13.18	4007.78	－15.49
	民办	40 877.24	45 334.72	10.90	1560.74	－17.62
全省	公办	1 036 601.37	1 169 104.48	12.78	5871.92	－6.12
	民办	171 293.71	197 807.99	15.48	2373.18	－3.11

7．各层次普通高校每百名学生拥有教学用计算机台数均略微减少，不同类别高校呈不同程度变化

2020年，广东省普通高校每百名学生拥有教学用计算机28.33台，较上年减少了9.49%。全省范围内，除部级院校每百名学生拥有教学用计算机台数有所增加外，省级、地级院校均有不同程度的下降，分别为7.66%和16.41%。如表5－37所示。（广东省各普通高校每百名学生拥有教学用计算机台数详见附表4－13）

表5－37　2019年、2020年广东省普通高校分层次每百名学生拥有教学用计算机台数

单位：台

院校层次	普通高校			一般本科院校			高职（专科）院校		
	2019年	2020年	比上年增长（%）	2019年	2020年	比上年增长（%）	2019年	2020年	比上年增长（%）
部级	39.44	42.73	8.34	40.79	44.42	8.90	22.06	22.50	1.99
省级	27.92	25.78	－7.66	25.85	25.76	－0.35	31.85	25.80	－19.00
地级	37.53	31.37	－16.41	33.46	29.43	－12.04	40.85	32.60	－20.20
全省	31.30	28.33	－9.49	28.99	28.34	－2.24	35.12	28.31	－19.39

从办学性质来看，2020年，全省公办及民办院校每百名学生拥有教学用计算机台数总体均呈现下降的状态。公办院校每百名学生拥有教学用计算机台数为59.98台，相比上年减少12.46%。民办院校每百名学生拥有教学用计算机台数为48.95台，相比上一年下降了8.98%，如表5－38所示。

表5－38　2019年、2020年广东省普通高校分办学性质每百名学生拥有教学用计算机台数

单位：台

院校类别	公办			民办		
	2019年	2020年	比上年增长（%）	2019年	2020年	比上年增长（%）
一般本科院校	31.60	30.33	－4.02	24.01	24.76	3.12
高职（专科）院校	36.92	29.65	－19.69	29.77	24.19	－18.74
全省	68.52	59.98	－12.46	53.78	48.95	－8.98

8. 全省校均上网课程数量均呈不同幅度的增长，一般本科院校和高职（专科）院校的校均上网课程数量差距依旧较大

2020年，全省普通高校校均上网课程为82 471门，相比上年增幅较大，增长了109.99%。其中，地级院校校均上网课程数量增幅最大，较上年增长了234.20%；此外，部级、省级院校校均上网课程数量也呈现出较大程度的增长，增长率分别是111.52%和62.74%。如表5－39所示。（广东省各普通高校上网课程数量详见附表4－14）

表5－39　2019年、2020年广东省普通高校校均上网课程数量

单位：门

院校层次	2019年	2020年	比上年增长（%）
部级	2282	4827	111.52
省级	26 818	43 643	62.74
地级	10 174	34 001	234.20
全省	39 274	82 471	109.99

从办学性质来看，2020 年全省公办院校校均上网课程数量为 671.09 门，呈较大的增长趋势，增长率为 101.16%。其中，公办高职（专科）院校增长最为明显，增幅为 166.28%；民办院校校均上网课程数量为 269.62 门，相比上年呈现大幅增长，增长率为 156.15%。其中，民办高职（专科）院校校均上网课程数量增长趋势较为明显，较上年增长了 183.83%，如表 5－40 所示。

表 5－40 2019 年、2020 年广东省普通高校分办学性质校均上网课程数量

单位：门

院校类别	公办			民办		
	2019 年	2020 年	比上年增长（%）	2019 年	2020 年	比上年增长（%）
一般本科院校	546.49	887.00	62.31	165.68	420.44	153.77
高职（专科）院校	199.71	531.79	166.28	37.60	106.72	183.83
全省	333.61	671.09	101.16	105.26	269.62	156.15

四、民办高等教育事业发展的基本状况

2020 年，我省高等教育毛入学率 55.00%，较去年增长了 6.2%，已经达到毛入学率指标 50% 以上的普及化目标。

高等教育普及化时代的到来，为我国民办高等教育的发展提供了新的契机。民办教育作为“教育事业发展的重要增长点和促进教育改革的重要力量”，要努力探索内涵式发展，提高办学质量，打造特色发展之路，在高等教育普及化阶段满足社会多样性的人才需求。

1. 民办高校稳定发展，分类更明确

全省民办高校数从 2010 年的 47 所，发展到 2020 年的 50 所。从图 5－6 中可看出近十年民办高校的办学数量变化，民办高校自 2010 年至 2017 年呈现持续上升的趋势，自 2018 年开始增幅趋于平稳发展。

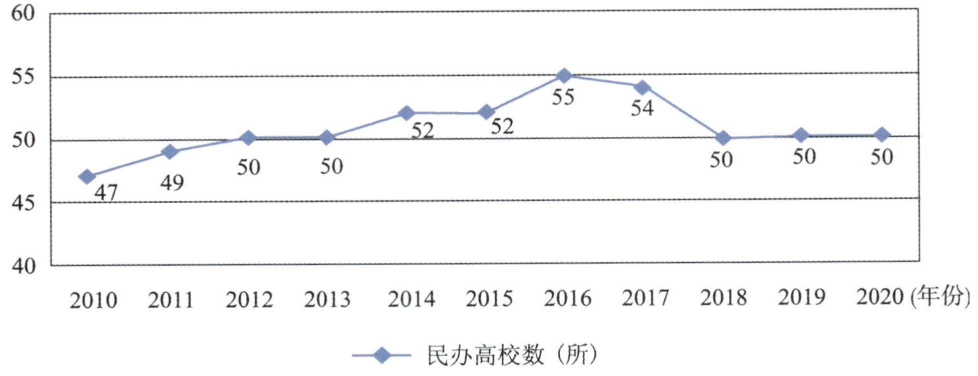

图 5－6　2010—2020 年广东民办高校学校数变化情况

2. 学生数量稳步增长，所占在校生总数比例上升

全省民办高校在校生人数从 2010 年的 40.46 万人，发展到 2020 年的 78.04 万人，增加了 37.58 万人。2020 年，民办高校在校生人数占广东高等教育在校生总数的比例为 32.50%，较上年增长了 14.40%。

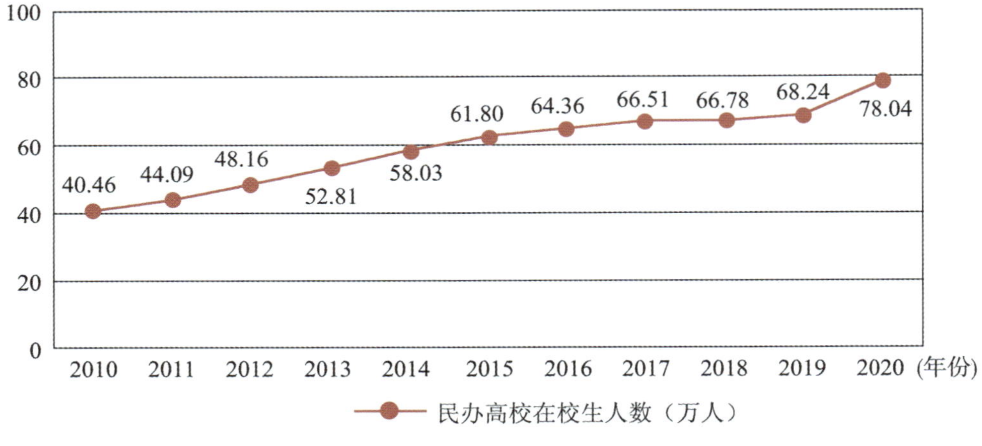

图 5－7　2010—2020 年广东民办高校在校生数变化情况

3. 民办高校专任教师数量稳步提升

全省民办高校的专任教师数从 2010 年的 1.98 万人，发展到 2020 年的 3.41 万人。总共增加了 1.43 万人，呈逐年增长的态势，年均增长 5.57%。2020 年的专任教师数量较上年增加了 0.24 万人，增幅为 7.6%。这说明民办高校的师资力量正在稳步提升。

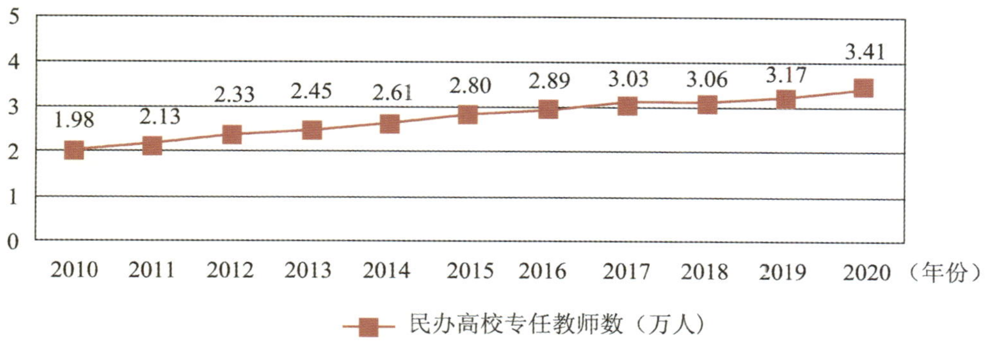

图 5－8 2010—2020 年广东民办高校教师数变化情况

4. 教学与行政用房面积逐年扩大

全省民办高校教学与行政用房面积从 2011 年的 623.85 万平方米扩大至 2020 年的 1054.50 万平方米，扩大了 69.03%，从图 5－9 可看出，民办高校的教学与行政用房面积基本上呈逐年稳步增加的态势。

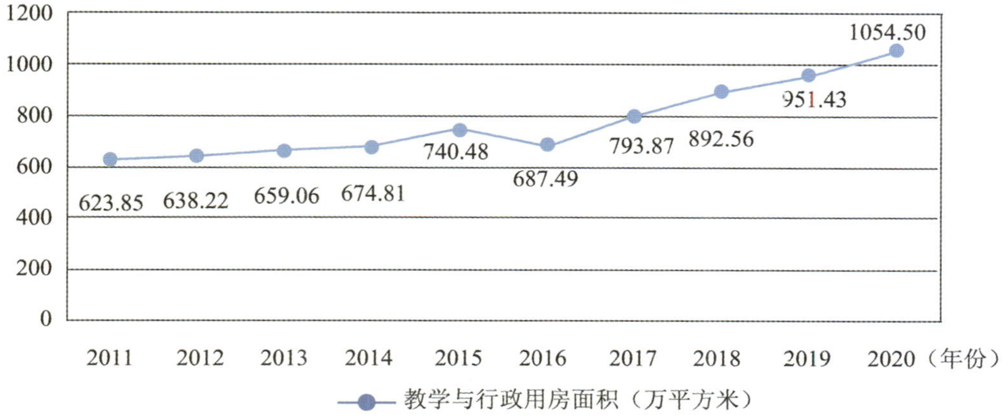

图 5－9 2011—2020 年广东民办高校校舍面积变化情况

5. 图书数量呈逐年递增的趋势

全省民办高校的图书数量增长较快，从 2011 年的 3114.2 万册增长到 2020 年的 6078.77 万册，增长了 95.20%。

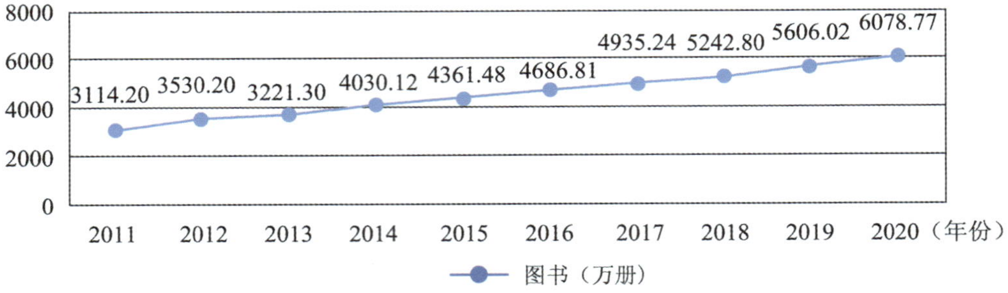

图 5-10　2011—2020 年广东省民办高校图书数变化情况

6. **教学仪器设备资产值极大增加**

全省民办高校教学仪器设备资产值极大增加，民办高校的教学仪器设备资产值从2011 年的19. 94 亿元增长至2020 年的42. 24 亿元，增长率为111. 84%，如图5-11 所示，民办高校教学仪器设备资产值呈逐年稳步增长的趋势。

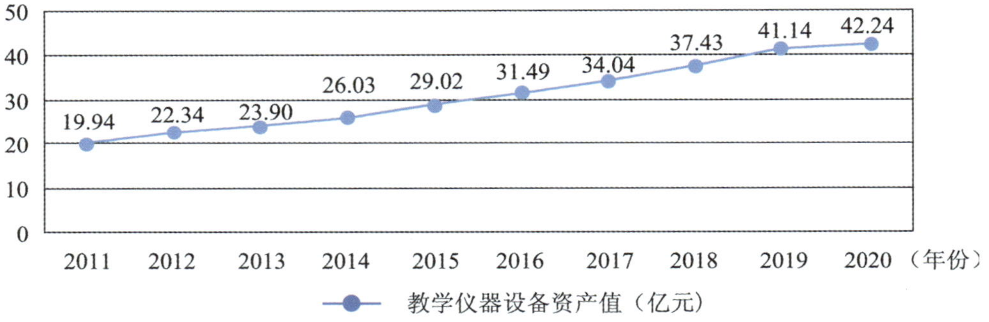

图 5-11　2011—2020 年广东民办高校教学仪器设备资产值变化情况

五、小结

2020 年，广东省高等教育事业进一步夯实教育发展“十三五”规划的相关任务，基本完成了高等教育阶段性目标，并为在“十四五”规划期间优化高等教育结构布局，推动高水平大学建设，促进高等教育高质量发展，提升高层次人才培养水平和科技创新能力等方面做前瞻性尝试。

广东省高等教育在学总规模（不包括成人教育和网络教育）达到255. 16 万人，离阶段性目标264. 38 万人还有9. 22 万人的差距。高等教育毛入学率达到55. 00%，已进入高等教育普及化阶段，并达成了“十三五”规划2020 年

50%的目标。研究生在校生规模达到15.13万人，已达成2020年10.70万人的目标；普通本专科生在校生人数合计240.03万人，较2019年增加34.63万人，并达成2020年190万人的目标；成人本专科在校生人数合计110.31万人，已达成2020年61万人的目标。2020年，高等教育各项指标均已达到“十三五规划”的发展目标，高等教育事业稳步发展。

院校建设方面，全省共有普通高等学校154所，从办学类型上看，2020年，全省共有公办本科院校40所，民办本科院校27所，公办高等职业技术学校62所，民办高等职业技术学校25所。高校的分类更加科学化、合理化。从办学层次来看，全省共有部级院校4所，省级院校107所，地级院校43所。其中，广东技术师范学院天河学院更名为广州理工学院，办学性质从公办转为民办。

广东省高校的办学条件也在稳步前进，2020年，高校校舍建筑面积、教学与行政用房面积不断扩大。但基于高校规模扩招等原因，生均图书数量、生均仪器设备值、生均信息化设备资产等较上年降幅较大。

师资方面，高校专任教师数量稳步增长，专任教师中专业技术职务比重也相对稳定，但生师比有所上升。2020年，全省高校专任教师共参加国内外培训229 936人次，较上年增长了16 374人次；高职院校的专任教师参加国内外培训的人均次数也有较大的提升。专任教师参加培训较多集中于国内培训，2020年受新冠肺炎疫情影响，参与国内远程培训的人次有了显著的提升。随着职业教育的快速发展，加强高职院校教师的综合素质，才能推动职业教育的进一步改革。

受高职院校扩招等因素的影响，2020年广东省普通高校在校生人数激增，致使各项生均、生师比等数据出现较大的波动。

2020年，广东省高等教育继续稳步前进，并完成了《广东省教育发展“十三五”规划》中的各项发展目标。广东省高等教育也会在《广东省教育发展“十四五“规划》的纲领性文件的指导下，继续向前迈进，深入实施“冲一流、补短板、强特色”提升计划，在提高研究生培养质量和提升高校科研创新等方面做更多努力。

附　录[①]

一、学前教育有关表格

附表 1－1　广东省各地市学前教育招生情况

单位：人

地区	2019 年			2020 年			增长情况	
	城市	农村	合计	城市	农村	合计	增减	增长率（%）
全省	681 707	1 126 485	1 808 192	724 212	1 101 673	1 825 885	17 693	0.98
珠江三角洲	490 860	414 423	905 283	533 221	432 270	965 491	60 208	6.65
东翼	41 351	223 502	264 853	45 782	216 026	261 808	－3045	－1.15
西翼	82 201	271 579	353 780	76 746	247 906	324 652	－29 128	－8.23
山区	67 295	216 981	284 276	68 463	205 471	273 934	－10 342	－3.64
广州市	123 137	69 993	193 130	140 470	81 457	221 927	28 797	14.91
深圳市	154 042	25 802	179 844	158 112	29 023	187 135	7291	4.05
珠海市	19 791	8810	28 601	22 321	9370	31 691	3090	10.80
汕头市	17 386	50 409	67 795	20 544	68 672	89 216	21 421	31.60
佛山市	53 730	59 548	113 278	58 823	66 849	125 672	12 394	10.94
韶关市	12 095	29 161	41 256	13 161	31 053	44 214	2958	7.17
河源市	11 550	37 944	49 494	10 878	39 151	50 029	535	1.08
梅州市	14 024	56 723	70 747	14 460	46 544	61 004	－9743	－13.77
惠州市	31 773	62 871	94 644	33 678	59 108	92 786	－1858	－1.96
汕尾市	5575	44 588	50 163	4664	33 846	38 510	－11 653	－23.23
东莞市	48 189	73 139	121 328	52 045	73 947	125 992	4664	3.84
中山市	14 967	38 402	53 369	15 828	40 166	55 994	2625	4.92
江门市	24 717	27 355	52 072	29 446	25 546	54 992	2920	5.61
阳江市	13 498	27 584	41 082	14 046	26 098	40 144	－938	－2.28
湛江市	33 707	106 262	139 969	30 782	101 842	132 624	－7345	－5.25
茂名市	34 996	137 733	172 729	31 918	119 966	151 884	－20 845	－12.07
肇庆市	20 514	48 503	69 017	22 498	46 804	69 302	285	0.41
清远市	19 999	50 308	70 307	19 725	46 917	66 642	－3665	－5.21
潮州市	5591	26 729	32 320	8201	34 070	42 271	9951	30.79
揭阳市	12 799	101 776	114 575	12 373	79 438	91 811	－22 764	－19.87
云浮市	9627	42 845	52 472	10 239	41 806	52 045	－427	－0.81

① 本附录表格皆用原始数据计算，可能与正文中相关数字稍微有出入。

附表 1－2　广东省各地市学前教育在园（班）情况

单位：人

地区	2019 年			2020 年			增长情况	
	城市	农村	合计	城市	农村	合计	增减	增长率（%）
全省	1 971 101	2 673 940	4 645 041	2 048 352	2 753 414	4 801 766	156 725	3.37
珠江三角洲	1 420 671	1 094 623	2 515 294	1 497 720	1 121 852	2 619 572	104 278	4.15
东翼	141 736	512 087	653 823	146 488	546 377	692 865	39 042	5.97
西翼	230 531	563 960	794 491	224 941	576 671	801 612	7121	0.90
山区	178 163	503 270	681 433	179 203	508 514	687 717	6284	0.92
广州市	338 463	189 185	527 648	372 271	202 270	574 541	46 893	8.89
深圳市	475 091	69 941	545 032	477 408	82 266	559 674	14 642	2.69
珠海市	57 366	24 093	81 459	62 847	25 112	87 959	6500	7.98
汕头市	64 331	127 071	191 402	63 669	148 654	212 323	20 921	10.93
佛山市	152 096	166 384	318 480	159 874	178 186	338 060	19 580	6.15
韶关市	36 267	82 082	118 349	37 000	82 464	119 464	1115	0.94
河源市	30 767	88 635	119 402	27 741	90 362	118 103	－1299	－1.09
梅州市	35 581	121 408	156 989	36 466	127 816	164 282	7293	4.65
惠州市	85 744	144 099	229 843	86 852	139 422	226 274	－3569	－1.55
汕尾市	13 376	85 054	98 430	15 005	84 285	99 290	860	0.87
东莞市	147 944	216 872	364 816	155 800	214 998	370 798	5982	1.64
中山市	40 650	107 296	147 946	43 727	111 172	154 899	6953	4.70
江门市	69 291	74 371	143 662	82 061	67 358	149 419	5757	4.01
阳江市	39 213	65 054	104 267	39 780	64 846	104 626	359	0.34
湛江市	106 725	248 738	355 463	97 109	251 716	348 825	－6638	－1.87
茂名市	84 593	250 168	334 761	88 052	260 109	348 161	13 400	4.00
肇庆市	54 026	102 382	156 408	56 880	101 068	157 948	1540	0.98
清远市	52 056	120 539	172 595	53 102	118 056	171 158	－1437	－0.83
潮州市	20 718	79 719	100 437	22 232	83 031	105 263	4826	4.81
揭阳市	43 311	220 243	263 554	45 582	230 407	275 989	12 435	4.72
云浮市	23 492	90 606	114 098	24 894	89 816	114 710	612	0.54

附表 1－3　广东省各地市学前教育小学附设班幼儿园在园（班）幼儿数情况

单位：人

地区	2019 年	2020 年	增减数	增长比例（%）
全省	238 444	234 265	－4179	－1.75
珠江三角洲	28 411	23 432	－4979	－17.52
东翼	71 954	74 842	2888	4.01
西翼	90 995	92 033	1038	1.14
山区	47 084	43 958	－3126	－6.64
广州市	27	45	18	66.67
深圳市	—	—	—	—
珠海市	—	—	—	—
汕头市	6360	9190	2830	44.50
佛山市	728	1351	623	85.58
韶关市	1933	1616	－317	－16.40
河源市	7347	5936	－1411	－19.21
梅州市	17 694	19 570	1876	10.60
惠州市	10 264	7312	－2952	－28.76
汕尾市	4962	4672	－290	－5.84
东莞市	668	685	17	2.54
中山市	—	—	0	—
江门市	1308	587	－721	－55.12
阳江市	7327	4595	－2732	－37.29
湛江市	27 845	30 501	2656	9.54
茂名市	55 823	56 937	1114	2.00
肇庆市	15 416	13 452	－1964	－12.74
清远市	7107	4177	－2930	－41.23
潮州市	6232	6311	79	1.27
揭阳市	54 400	54 669	269	0.49
云浮市	13 003	12 659	－344	－2.65

附表 1－4　广东省各地市小学招生中接受过学前教育的人数情况

单位：人

地区	2019 年			2020 年			增长情况	
	城市	农村	合计	城市	农村	合计	增减	增长率（%）
全省	757 153	1 165 008	1 922 161	703 127	1 055 003	1 758 130	－164 031	－8.53
珠江三角洲	534 921	487 202	1 022 123	503 970	440 127	944 097	－78 026	－7.63
东翼	59 845	231 961	291 806	54 829	217 291	272 120	－19 686	－6.75
西翼	91 024	221 932	312 956	81 023	202 881	283 904	－29 052	－9.28
山区	71 363	223 913	295 276	63 305	194 704	258 009	－37 267	－12.62
广州市	118 725	86 660	205 385	115 509	79 549	195 058	－10 327	－5.03
深圳市	174 022	21 772	195 794	161 814	25 181	186 995	－8799	－4.49
珠海市	24 219	9240	33 459	22 945	8756	31 701	－1758	－5.25
汕头市	29 734	73 251	102 985	26 377	71 986	98 363	－4622	－4.49
佛山市	57 665	59 199	116 864	51 544	56 783	108 327	－8537	－7.31
韶关市	13 781	34 426	48 207	13 171	29 821	42 992	－5215	－10.82
河源市	14 010	39 323	53 333	11 510	35 448	46 958	－6375	－11.95
梅州市	15 918	52 340	68 258	12 671	44 886	57 557	－10 701	－15.68
惠州市	36 995	76 190	113 185	33 847	68 184	102 031	－11 154	－9.85
汕尾市	7519	45 020	52 539	5880	39 530	45 410	－7129	－13.57
东莞市	59 104	100 605	159 709	55 444	84 725	140 169	－19 540	－12.23
中山市	12 977	48 825	61 802	13 168	44 407	57 575	－4227	－6.84
江门市	30 875	32 586	63 461	31 286	26 343	57 629	－5832	－9.19
阳江市	14 342	31 636	45 978	12 709	27 456	40 165	－5813	－12.64
湛江市	44 524	94 310	138 834	40 286	88 091	128 377	－10 457	－7.53
茂名市	32 158	95 986	128 144	28 028	87 334	115 362	－12 782	－9.97
肇庆市	20 339	52 125	72 464	18 413	46 199	64 612	－7852	－10.84
清远市	21 387	55 692	77 079	19 911	48 402	68 313	－8766	－11.37
潮州市	7467	27 679	35 146	8212	29 482	37 694	2548	7.25
揭阳市	15 125	86 011	101 136	14 360	76 293	90 653	－10 483	－10.37
云浮市	6267	42 132	48 399	6042	36 147	42 139	－6210	－12.83

附表 1－5　广东省各地市学前教育专任教师数情况

单位：人

地区	2019 年			2020 年			增长情况	
	城市	农村	合计	城市	农村	合计	增减	增长率（%）
全省	144 031	163 921	307 952	148 860	172 617	321 477	13 525	4. 39
珠江三角洲	104 305	72 193	176 498	108 134	73 753	181 887	5389	3. 05
东翼	11 328	32 643	43 971	11 438	15 769	46 533	2562	5. 83
西翼	16 216	30 978	47 194	16 834	34 371	51 205	4011	8. 50
山区	12 182	28 107	40 289	12 454	29 398	41 852	1563	3. 88
广州市	25 033	12 879	37 912	27 201	13 818	41 019	3107	8. 20
深圳市	34 801	5111	39 912	34 509	5839	40 348	436	1. 09
珠海市	4680	1735	6415	4998	1782	6780	365	5. 69
汕头市	5515	10 149	15 664	5364	11 707	17 071	1407	8. 98
佛山市	11 446	11 962	23 408	11 820	12 438	24 258	850	3. 63
韶关市	2378	4810	7188	2534	4918	7452	264	3. 67
河源市	2086	4700	6786	1898	4949	6847	61	0. 90
梅州市	2500	6585	9085	2583	7313	9896	811	8. 93
惠州市	5955	8677	14 632	6012	8539	14 551	－81	－0. 55
汕尾市	971	5414	6385	995	5500	6495	110	1. 72
东莞市	10 727	14 716	25 443	11 028	14 550	25 578	135	0. 53
中山市	2763	6866	9629	2918	7048	9966	337	3. 50
江门市	4882	4875	9757	5544	4300	9844	87	0. 89
阳江市	3035	4042	7077	3007	4241	7248	171	2. 42
湛江市	7297	13 632	20 929	7448	14 583	22 031	1102	5. 27
茂名市	5884	13 304	19 188	6379	15 547	21 926	2738	14. 27
肇庆市	4018	5372	9390	4104	5439	9543	153	1. 63
清远市	3426	7139	10 565	3587	7247	10 834	269	2. 55
潮州市	1660	5672	7332	1746	5973	7719	387	5. 28
揭阳市	3182	11 408	14 590	3333	11 915	15 248	658	4. 51
云浮市	1792	4873	6665	1852	4971	6823	158	2. 37

附表1－6　广东省各地市学前教育专任教师中幼儿教育专业毕业数情况（%）

地区	2019年		2020年		增长情况	
	幼儿专业毕业（人）	占专任教师数比例	幼儿专业毕业（人）	占专任教师数比例	增长率	比例增幅
全省	284 281	92.31	297 843	92.65	4.77	0.33
珠江三角洲	182 015	103.13	185 924	102.22	2.15	－0.91
东翼	33 218	75.55	36 781	79.04	10.73	3.50
西翼	35 573	75.38	38 997	76.16	9.63	0.78
山区	33 475	83.09	36 141	86.35	7.96	3.27
广州市	41 428	109.27	44 298	107.99	6.93	－1.28
深圳市	43 126	108.05	41 563	103.01	－3.62	－5.04
珠海市	6465	100.78	6771	99.87	4.73	－0.91
汕头市	14 376	91.78	17 100	100.17	18.95	8.39
佛山市	23 616	100.89	24 768	102.10	4.88	1.21
韶关市	6834	95.08	6957	93.36	1.80	－1.72
河源市	6028	88.83	6172	90.14	2.39	1.31
梅州市	7544	83.04	8720	88.12	15.59	5.08
惠州市	14 730	100.67	14 748	101.35	0.12	0.68
汕尾市	4375	68.52	4687	72.16	7.13	3.64
东莞市	25 636	100.76	25 811	100.91	0.68	0.15
中山市	9699	100.73	10 235	102.70	5.53	1.97
江门市	8224	84.29	8643	87.80	5.09	3.51
阳江市	5286	74.69	5823	80.34	10.16	5.65
湛江市	17 387	83.08	18 501	83.98	6.41	0.90
茂名市	12 900	67.23	14 673	66.92	13.74	－0.31
肇庆市	9091	96.82	9087	95.22	－0.04	－1.59
清远市	8184	77.46	8996	83.03	9.92	5.57
潮州市	4683	63.87	4961	64.27	5.94	0.40
揭阳市	9784	67.06	10 033	65.80	2.54	－1.26
云浮市	4885	73.29	5296	77.62	8.41	4.33

附表 1 –7　广东省各地市幼儿园生均校舍占地面积情况

单位：平方米

地区	2019 年			2020 年			生均增减面积
	校舍面积	在园数（人）	生均面积	校舍面积	在园数（人）	生均面积	
全省	41 564 343. 61	4 645 041	8. 95	44 817 814. 85	4 801 766	9. 33	0. 39
城市	18 896 856. 05	1 971 101	9. 59	20 025 869. 07	2 048 352	9. 78	0. 19
农村	22 667 487. 56	2 673 940	8. 48	24 791 945. 78	2 753 414	9. 00	0. 53
珠江三角洲	25 148 641. 81	2 515 294	10. 00	26 426 369. 72	2 619 572	10. 09	0. 09
东翼	4 728 026. 92	653 823	7. 23	5 418 017. 61	692 865	7. 82	0. 59
西翼	5 676 398. 57	794 491	7. 14	6 487 873. 65	801 612	8. 09	0. 95
山区	6 011 276. 31	681 433	8. 82	6 485 553. 87	687 717	9. 43	0. 61
广州市	5 179 106. 01	527 648	9. 82	5 580 765. 32	574 541	9. 71	–0. 10
深圳市	4 707 196. 9	545 032	8. 64	4 851 791. 46	559 674	8. 67	0. 03
珠海市	772 623. 7	81 459	9. 48	833 342. 36	87 959	9. 47	–0. 01
汕头市	1 520 883. 45	191 402	7. 95	1 864 405. 39	212 323	8. 78	0. 83
佛山市	3 479 021. 13	318 480	10. 92	3 688 398. 57	338 060	10. 91	–0. 01
韶关市	1 144 304. 48	118 349	9. 67	1 253 108. 35	119 464	10. 49	0. 82
河源市	1 157 854. 25	119 402	9. 70	1 218 859. 69	118 103	10. 32	0. 62
梅州市	1 332 616. 95	156 989	8. 49	1 458 951. 73	164 282	8. 88	0. 39
惠州市	2 300 373. 27	229 843	10. 01	2 352 428. 44	226 274	10. 40	0. 39
汕尾市	745 670. 14	98 430	7. 58	833 151. 66	99 290	8. 39	0. 82
东莞市	4 669 946. 36	364 816	12. 80	4 902 622. 37	370 798	13. 22	0. 42
中山市	1 359 893. 39	147 946	9. 19	1 427 744. 01	154 899	9. 22	0. 03
江门市	1 388 801. 53	143 662	9. 67	1 402 806. 14	149 419	9. 39	–0. 28
阳江市	1 003 398. 44	104 267	9. 62	1 056 298. 96	104 626	10. 10	0. 47
湛江市	2 329 218. 55	355 463	6. 55	2 626 332. 82	348 825	7. 53	0. 98
茂名市	2 343 781. 58	334 761	7. 00	2 805 241. 87	348 161	8. 06	1. 06
肇庆市	1 291 679. 52	156 408	8. 26	1 386 471. 05	157 948	8. 78	0. 52
清远市	1 504 728. 56	172 595	8. 72	1 613 284. 65	171 158	9. 43	0. 71
潮州市	862 935. 2	100 437	8. 59	985 617. 33	105 263	9. 36	0. 77
揭阳市	1 598 538. 13	263 554	6. 07	1 734 843. 23	275 989	6. 29	0. 22
云浮市	871 772. 07	114 098	7. 64	941 349. 45	114 710	8. 21	0. 57

附表 1－8　广东省各地市幼儿园生均活动室面积情况

单位：平方米

地区	2019 年			2020 年			生均增减面积
	活动室面积	在园数（人）	生均面积	活动室面积	在园数（人）	生均面积	
全省	17 138 490. 69	4 645 041	3. 69	18 773 324. 23	4 801 766	3. 91	0. 22
城市	8 098 138. 98	1 971 101	4. 11	8 741 471. 58	2 043 352	4. 27	0. 16
农村	9 040 351. 71	2 673 940	3. 38	10 031 852. 65	2 753 414	3. 64	0. 26
珠江三角洲	10 403 453. 14	2 515 294	4. 14	11 127 298. 22	2 619 572	4. 25	0. 11
东翼	2 002 467. 83	653 823	3. 06	2 297 453. 73	692 865	3. 32	0. 25
西翼	2 292 341. 05	794 491	2. 89	2 692 278. 9	801 612	3. 36	0. 47
山区	2 440 228. 67	681 433	3. 58	2 656 293. 38	687 717	3. 86	0. 28
广州市	2 235 098. 58	527 648	4. 24	2 429 292. 66	574 541	4. 23	－0. 01
深圳市	2 131 840. 61	545 032	3. 91	2 291 097. 09	559 674	4. 09	0. 18
珠海市	352 381. 71	81 459	4. 33	369 900. 41	87 959	4. 21	－0. 12
汕头市	655 474. 83	191 402	3. 42	795 482. 32	212 323	3. 75	0. 32
佛山市	1 304 211. 39	318 480	4. 10	1 413 900. 86	338 050	4. 18	0. 09
韶关市	455 640. 99	118 349	3. 85	515 925. 93	119 454	4. 32	0. 47
河源市	472 744. 71	119 402	3. 96	504 054. 57	118 103	4. 27	0. 31
梅州市	526 365. 09	156 989	3. 35	581 810. 6	164 232	3. 54	0. 19
惠州市	941 431. 65	229 843	4. 10	967 677. 43	226 274	4. 28	0. 18
汕尾市	302 988. 79	98 430	3. 08	334 333. 22	99 290	3. 37	0. 29
东莞市	1 777 467. 16	364 816	4. 87	1 911 807. 26	370 738	5. 16	0. 28
中山市	513 500. 91	147 946	3. 47	548 074. 61	154 839	3. 54	0. 07
江门市	579 213. 59	143 662	4. 03	589 922. 05	149 419	3. 95	－0. 08
阳江市	425 683. 04	104 267	4. 08	450 887. 92	104 626	4. 31	0. 23
湛江市	922 056. 43	355 463	2. 59	1 058 894. 11	348 825	3. 04	0. 44
茂名市	944 601. 58	334 761	2. 82	1 182 496. 87	348 161	3. 40	0. 57
肇庆市	568 307. 54	156 408	3. 63	605 625. 85	157 948	3. 83	0. 20
清远市	616 891. 23	172 595	3. 57	655 468. 19	171 158	3. 83	0. 26
潮州市	381 461. 71	100 437	3. 80	439 904. 57	105 263	4. 18	0. 38
揭阳市	662 542. 5	263 554	2. 51	727 733. 62	275 989	2. 64	0. 12
云浮市	368 586. 65	114 098	3. 23	399 034. 09	114 710	3. 48	0. 25

附表 1－9　广东省各地市幼儿园生均户外场地占地面积情况

单位：平方米

地区	2019 年			2020 年			生均增减面积
	户外场地	在园数（人）	生均面积	户外场地	在园数（人）	生均面积	
全省	30 582 419. 43	4 645 041	6. 58	32 924 838. 22	4 801 766	6. 86	0. 28
城市	12 628 891. 75	1 971 101	6. 41	13 198 996. 54	2 048 352	6. 44	0. 04
农村	17 953 527. 68	2 673 940	6. 71	19 725 841. 68	2 753 414	7. 16	0. 45
珠江三角洲	18 970 915. 38	2 515 294	7. 54	19 836 542. 56	2 619 572	7. 57	0. 03
东翼	2 774 594. 84	653 823	4. 24	3 125 956. 09	692 865	4. 51	0. 27
西翼	4 469 885. 95	794 491	5. 63	5 253 343. 89	801 612	6. 55	0. 92
山区	4 367 023. 26	681 433	6. 41	4 708 995. 68	687 717	6. 85	0. 44
广州市	4 015 023. 59	527 648	7. 61	4 371 427. 80	574 541	7. 61	0. 00
深圳市	3 419 423. 76	545 032	6. 27	3 486 309. 72	559 674	6. 23	－0. 04
珠海市	709 474. 69	81 459	8. 71	738 235. 58	87 959	8. 39	－0. 32
汕头市	915 943. 96	191 402	4. 79	1 079 271. 73	212 323	5. 08	0. 30
佛山市	2 895 339. 67	318 480	9. 09	2 980 742. 79	338 060	8. 82	－0. 27
韶关市	847 323. 65	118 349	7. 16	952 868. 03	119 464	7. 98	0. 82
河源市	747 144. 57	119 402	6. 26	773 064. 66	118 103	6. 55	0. 29
梅州市	1 081 648. 56	156 989	6. 89	1 175 911. 22	164 282	7. 16	0. 27
惠州市	1 646 523. 59	229 843	7. 16	1 697 461. 20	226 274	7. 50	0. 34
汕尾市	425 501. 45	98 430	4. 32	460 412. 69	99 290	4. 64	0. 31
东莞市	2 825 418. 38	364 816	7. 74	2 992 326. 22	370 798	8. 07	0. 33
中山市	1 354 769. 00	147 946	9. 16	1 360 519. 15	154 899	8. 78	－0. 37
江门市	1 179 254. 19	143 662	8. 21	1 199 082. 52	149 419	8. 02	－0. 18
阳江市	750 427. 14	104 267	7. 20	818 047. 00	104 626	7. 82	0. 62
湛江市	1 755 417. 02	355 463	4. 94	2 002 821. 96	348 825	5. 74	0. 80
茂名市	1 964 041. 79	334 761	5. 87	2 432 474. 93	348 161	6. 99	1. 12
肇庆市	925 688. 51	156 408	5. 92	1 010 437. 58	157 948	6. 40	0. 48
清远市	1 139 655. 69	172 595	6. 60	1 207 792. 84	171 158	7. 06	0. 45
潮州市	513 141. 77	100 437	5. 11	570 414. 07	105 263	5. 42	0. 31
揭阳市	920 007. 66	263 554	3. 49	1 015 857. 60	275 989	3. 68	0. 19
云浮市	551 250. 79	114 098	4. 83	599 358. 93	114 710	5. 22	0. 39

附表 1－10 广东省各地市幼儿园生均图书数情况

单位：册

地区	2019 年			2020 年			生均增减
	图书数	在园数（人）	生均图书	图书数	在园数（人）	生均图书	
全省	51 037 473	4 645 041	10. 99	55 650 832	4 801 766	11. 59	0. 60
城市	23 264 072	1 971 101	11. 80	24 555 627	2 048 352	11. 99	0. 19
农村	27 773 401	2 673 940	10. 39	31 095 205	2 753 414	11. 29	0. 91
珠江三角洲	28 704 191	2 515 294	11. 41	30 194 359	2 619 572	11. 53	0. 11
东翼	6 722 228	653 823	10. 28	7 341 518	692 865	10. 60	0. 31
西翼	7 742 137	794 491	9. 74	9 452 513	801 612	11. 79	2. 05
山区	7 868 917	681 433	11. 55	8 662 442	687 717	12. 60	1. 05
广州市	6 268 197	527 648	11. 88	6 902 592	574 541	12. 01	0. 13
深圳市	7 347 205	545 032	13. 48	7 414 960	559 674	13. 25	－0. 23
珠海市	891 708	81 459	10. 95	925 390	87 959	10. 52	－0. 43
汕头市	2 216 138	191 402	11. 58	2 169 442	212 323	10. 22	－1. 36
佛山市	3 430 010	318 480	10. 77	3 621 062	338 050	10. 71	－0. 06
韶关市	1 726 974	118 349	14. 59	1 836 068	119 464	15. 37	0. 78
河源市	1 390 796	119 402	11. 65	1 507 968	118 103	12. 77	1. 12
梅州市	1 757 598	156 989	11. 20	2 024 971	164 282	12. 33	1. 13
惠州市	2 274 036	229 843	9. 89	2 441 572	226 274	10. 79	0. 90
汕尾市	981 717	98 430	9. 97	1 333 463	99 290	13. 43	3. 46
东莞市	3 930 149	364 816	10. 77	4 049 069	370 798	10. 92	0. 15
中山市	1 417 461	147 946	9. 58	1 475 075	154 899	9. 52	－0. 06
江门市	1 504 568	143 662	10. 47	1 568 799	149 419	10. 50	0. 03
阳江市	1 142 094	104 267	10. 95	1 331 577	104 626	12. 73	1. 77
湛江市	3 405 305	355 463	9. 58	3 932 097	348 825	11. 27	1. 69
茂名市	3 194 738	334 761	9. 54	4 188 839	348 161	12. 03	2. 49
肇庆市	1 640 857	156 408	10. 49	1 795 840	157 948	11. 37	0. 88
清远市	2 129 734	172 595	12. 34	2 291 785	171 158	13. 39	1. 05
潮州市	1 018 584	100 437	10. 14	1 114 000	105 263	10. 58	0. 44
揭阳市	2 505 789	263 554	9. 51	2 724 613	275 989	9. 87	0. 36
云浮市	863 815	114 098	7. 57	1 001 650	114 710	8. 73	1. 16

二、义务教育有关表格

附表 2－1　广东省各地市小学招生情况

单位：人

地区	2019 年			2020 年			变化情况	
	城市	农村	合计	城市	农村	合计	增减	增长率（%）
全省	1 147 665	796 548	1 944 213	1 055 419	715 243	1 770 662	－173 551	－8.93
珠江三角洲	813 724	225 030	1 038 754	750 677	201 455	952 132	－86 622	－8.34
东翼	112 402	183 978	296 380	104 636	170 495	275 131	－21 249	－7.17
西翼	124 633	188 817	313 450	112 746	172 096	284 842	－28 608	－9.13
山区	96 906	198 723	295 629	87 360	171 197	258 557	－37 072	－12.54
广州市	161 334	49 561	210 895	152 326	46 067	198 393	－12 502	－5.93
深圳市	203 957	—	203 957	190 386	356	190 742	－13 215	－6.48
珠海市	28 595	6214	34 809	25 870	6079	31 949	－2860	－8.22
汕头市	49 030	54 040	103 070	45 486	52 912	98 398	－4672	－4.53
佛山市	107 419	10 049	117 468	99 061	9585	108 646	－8822	－7.51
韶关市	15 737	32 496	48 233	14 786	28 288	43 074	－5159	－10.70
河源市	14 517	38 967	53 484	13 367	33 646	47 013	－6471	－12.10
梅州市	20 625	47 787	68 412	17 095	40 544	57 639	－10 773	－15.75
惠州市	50 895	62 906	113 801	46 351	55 980	102 331	－11 470	－10.08
汕尾市	12 956	40 894	53 850	11 000	35 046	46 046	－7804	－14.49
东莞市	152 906	7158	160 064	135 771	4460	140 231	－19 833	－12.39
中山市	42 208	19 594	61 802	39 832	17 743	57 575	－4227	－6.84
江门市	42 048	21 426	63 474	38 952	18 694	57 646	－5828	－9.18
阳江市	23 233	22 786	46 019	20 846	19701	40 547	－5472	－11.89
湛江市	55 978	82 924	138 902	51 465	77 405	128 870	－10 032	－7.22
茂名市	45 422	83 107	128 529	40 435	74 990	115 425	－13 104	－10.20
肇庆市	24 362	48 122	72 484	22 128	42 491	64 619	－7865	－10.85
清远市	29 454	47 646	77 100	27 050	41 592	68 642	－8458	－10.97
潮州市	14 987	22 002	36 989	16 238	22 913	39 151	2162	5.84
揭阳市	35 429	67 042	102 471	31 912	59 624	91 536	－10 935	－10.67
云浮市	16 573	31 827	48 400	15 062	27 127	42 189	－6211	－12.83

附表 2－2　广东省各地市初中阶段招生情况

单位：人

地区	2019 年			2020 年			变化情况	
	城市	农村	合计	城市	农村	合计	增减	增长率（%）
全省	810 127	570 174	1 380 301	837 069	582 556	1 419 625	39 324	2. 85
珠江三角洲	537 831	156 190	694 021	558 215	159 198	717 413	23 392	3. 37
东翼	95 449	136 750	232 199	95 323	137 482	232 805	606	0. 26
西翼	102 205	126 222	228 427	105 621	127 031	232 652	4225	1. 85
山区	74 642	151 012	225 654	77 910	158 845	236 755	11 101	4. 92
广州市	102 450	29 128	131 578	108 632	30 285	138 917	7339	5. 58
深圳市	124 848	—	124 848	137 214	—	137 214	12 366	9. 90
珠海市	21 115	3658	24 773	22 563	4083	26 645	1873	7. 56
汕头市	44 940	35113	80 053	45 346	36 531	81 877	1824	2. 28
佛山市	76 087	7479	83 566	79 048	7310	86 358	2792	3. 34
韶关市	12 334	23 511	35 845	12 159	22 814	34 973	－872	－2. 43
河源市	13 297	36 487	49 784	13 474	37 928	51 402	1618	3. 25
梅州市	16 781	36 650	53 431	17 561	40 278	57 839	4408	8. 25
惠州市	37 646	46 671	84 317	36 918	46 049	82 967	－1350	－1. 60
汕尾市	9274	31 261	40 535	8883	29 981	38 864	－1671	－4. 12
东莞市	96 046	1775	97 821	90 520	1898	92 418	－5403	－5. 52
中山市	27 913	12 970	40 883	29 489	14 409	43 898	3015	7. 37
江门市	33 995	15 565	49 560	35 029	15 589	50 618	1058	2. 13
阳江市	18 994	15 941	34 935	19 977	16 307	36 284	1349	3. 86
湛江市	43 150	52 750	95 900	44 624	53 908	98 532	2632	2. 74
茂名市	40 061	57 531	97 592	41 020	56 816	97 836	244	0. 25
肇庆市	17 731	38 944	56 675	18 802	39575	58 377	1702	3. 00
清远市	19 395	32 806	52 201	20 663	34 426	55 089	2888	5. 53
潮州市	12 341	17 628	29 969	12 727	18 243	30 970	1001	3. 34
揭阳市	28 894	52 748	81 642	28 367	52 727	81 094	－548	－0. 67
云浮市	12 835	21 558	34 393	14 053	23 399	37 452	3059	8. 89

附表 2 – 3　广东省各地市小学在校生情况

单位：人

地区	2019 年			2020 年			变化情况	
	城市	农村	合计	城市	农村	合计	增减	增长率（%）
全省	6 060 194	4 274 109	10 334 303	6 220 187	4 350 931	10 571 118	236 815	2. 29
珠江三角洲	4 275 395	1 219 250	5 494 645	4 374 517	1 228 248	5 602 765	108 120	1. 97
东翼	612 401	977 923	1 590 324	625 890	1 003 895	1 629 785	39 461	2. 48
西翼	662 870	988 542	1 651 412	687 060	1 023 768	1 710 828	59 416	3. 60
山区	509 528	1 088 394	1 597 922	532 720	1 095 020	1 627 740	29 818	1. 87
广州市	851 847	252 867	1 104 714	866 447	258 656	1 125 103	20 389	1. 85
深圳市	1 068 992	—	1 068 992	1 089 673	1506	1 091 179	22 187	2. 08
珠海市	148 520	33 469	181 989	150 963	35 006	185 969	3980	2. 19
汕头市	271 928	292 373	564 301	275 811	300 404	576 215	11 914	2. 11
佛山市	561 365	55 205	616 570	581 608	57 134	638 742	22 172	3. 60
韶关市	87 470	173 343	260 813	91 644	176 818	268 462	7649	2. 93
河源市	81 254	231 465	312 719	84 279	226 757	311 036	– 1683	– 0. 54
梅州市	108 208	262 743	370 951	110 147	263 519	373 666	2715	0. 73
惠州市	266 794	342 599	609 393	273 147	348 644	621 791	12 398	2. 03
汕尾市	65 194	211 256	276 450	67 864	217 692	285 556	9106	3. 29
东莞市	800 804	36 595	837 399	817 026	25 214	842 240	4841	0. 58
中山市	221 783	104 639	326 422	229 226	106 402	335 628	9206	2. 82
江门市	229 960	118 740	348 700	235 652	118 976	354 628	5928	1. 70
阳江市	129 715	126 950	256 665	133 524	127 755	261 279	4614	1. 80
湛江市	286 451	428 848	715 299	300 810	447 256	748 066	32 767	4. 58
茂名市	246 704	432 744	679 448	252 726	448 757	701 483	22 035	3. 24
肇庆市	125 330	275 136	400 466	130 775	276 710	407 485	7019	1. 75
清远市	145 237	249 588	394 825	154 751	256 218	410 969	16 144	4. 09
潮州市	86 858	120 260	207 118	88 640	124 519	213 159	6041	2. 92
揭阳市	188 421	354 034	542 455	193 575	361 280	554 855	12 400	2. 29
云浮市	87 359	171 255	258 614	91 899	171 708	263 607	4993	1. 93

附表 2－4　广东省各地市初中在校生情况

单位：人

地区	2019 年			2020 年			变化情况	
	城市	农村	合计	城市	农村	合计	增减	增长率（%）
全省	2 247 831	1 642 452	3 890 283	2 356 562	1 698 108	4 054 670	164 387	4. 23
珠江三角洲	1 487 376	440 655	1 928 031	1 558 728	456 620	2 015 348	87 317	4. 53
东翼	268 649	401 119	669 768	277 500	408 490	685 990	16 222	2. 42
西翼	284 152	367 392	651 544	299 672	375 040	674 712	23 168	3. 56
山区	207 654	433 286	640 940	220 662	457 958	678 620	37 680	5. 88
广州市	285 981	80 886	366 867	299 760	83 993	383 753	16 886	4. 60
深圳市	339 851	—	339 851	367 341	—	367 341	27 490	8. 09
珠海市	58 178	10 527	68 705	62 157	11 184	73 341	4636	6. 75
汕头市	126 030	103 923	229 953	130 798	105 700	236 498	6545	2. 85
佛山市	214 436	21 139	235 575	225 628	19 745	245 373	9798	4. 16
韶关市	36 322	71 181	107 503	36 285	71 797	108 082	579	0. 54
河源市	34 349	103 393	137 742	37 978	110 153	148 131	10 389	7. 54
梅州市	47 242	108 111	155 353	49 609	114 572	164 181	8828	5. 68
惠州市	103 437	129 137	232 574	107 043	136 042	243 085	10 511	4. 52
汕尾市	26 618	92 131	118 749	27 524	92 934	120 458	1709	1. 44
东莞市	259 657	3825	263 482	260 311	5416	265 727	2245	0. 85
中山市	79 829	37 441	117 270	83 326	39 226	122 552	5282	4. 50
江门市	97 266	44 522	141 788	100 639	45 274	145 913	4125	2. 91
阳江市	51 789	46 609	98 398	55 659	48 373	104 032	5634	5. 73
湛江市	120 519	151 223	271 742	126 725	155 881	282 605	10 864	4. 00
茂名市	111 844	169 560	281 404	117 288	170 786	288 074	6670	2. 37
肇庆市	48 741	113 178	161 919	52 523	115 740	168 263	6344	3. 92
清远市	53 396	90 108	143 504	57 660	96 386	154 046	10 542	7. 35
潮州市	34 376	49 681	84 057	35 519	52 091	87 610	3553	4. 23
揭阳市	81 625	155 384	237 009	83 659	157 765	241 424	4415	1. 86
云浮市	36 345	60 493	96 838	39 130	65 050	104 180	7342	7. 58

附表 2－5　广东省各地市小学阶段进城务工人员随迁子女来源情况（%）

地区	2019 年			2020 年		
	外省迁入	省内其他县迁入	合计	外省迁入	省内其他县迁入	合计
全省	54.80	45.20	100	54.46	45.54	100
珠江三角洲	59.77	40.23	100	59.80	40.20	100
东翼	47.80	52.20	100	47.86	52.14	100
西翼	17.87	82.13	100	17.92	82.08	100
山区	28.18	71.82	100	27.71	72.29	100
广州市	53.48	46.52	100	52.20	47.80	100
深圳市	54.00	46.00	100	54.52	45.48	100
珠海市	53.79	46.21	100	55.22	44.78	100
汕头市	48.68	51.32	100	47.86	52.14	100
佛山市	54.93	45.07	100	54.71	45.29	100
韶关市	38.41	61.59	100	40.09	59.91	100
河源市	22.93	77.07	100	22.26	77.74	100
梅州市	21.37	78.63	100	22.55	77.45	100
惠州市	51.94	48.06	100	51.94	48.06	100
汕尾市	35.45	64.55	100	35.35	64.65	100
东莞市	71.93	28.07	100	71.80	28.20	100
中山市	67.50	32.50	100	67.22	32.78	100
江门市	68.18	31.82	100	66.49	33.51	100
阳江市	38.11	61.89	100	40.20	59.80	100
湛江市	9.84	90.16	100	8.77	91.23	100
茂名市	22.55	77.45	100	30.40	69.60	100
肇庆市	47.49	52.51	100	48.10	51.90	100
清远市	31.37	68.63	100	30.11	69.89	100
潮州市	56.99	43.01	100	57.32	42.68	100
揭阳市	45.47	54.53	100	47.00	53.00	100
云浮市	28.00	72.00	100	25.92	74.08	100

附表 2－6　广东省各地市初中阶段进城务工人员随迁子女来源情况（%）

地区	2019 年			2020 年		
	外省迁入	省内其他县迁入	合计	外省迁入	省内其他县迁入	合计
全省	52.15	47.85	100	51.58	48.42	100
珠江三角洲	56.92	43.08	100	56.48	43.52	100
东翼	43.58	56.42	100	43.82	56.18	100
西翼	18.20	81.80	100	18.25	81.75	100
山区	30.17	69.83	100	30.70	69.30	100
广州市	50.17	49.83	100	48.05	51.95	100
深圳市	49.05	50.95	100	48.90	51.10	100
珠海市	48.33	51.67	100	55.21	44.79	100
汕头市	44.39	55.61	100	44.53	55.47	100
佛山市	56.35	43.65	100	56.93	43.07	100
韶关市	46.96	53.04	100	47.19	52.81	100
河源市	25.75	74.25	100	23.83	75.17	100
梅州市	18.32	81.68	100	24.17	75.83	100
惠州市	47.92	52.08	100	44.85	55.15	100
汕尾市	33.12	66.88	100	32.26	67.74	100
东莞市	69.49	30.51	100	70.10	29.90	100
中山市	66.15	33.85	100	66.37	33.63	100
江门市	69.53	30.47	100	67.18	32.82	100
阳江市	39.12	60.88	100	41.63	58.37	100
湛江市	8.48	91.52	100	9.01	90.99	100
茂名市	23.90	76.04	100	24.71	75.29	100
肇庆市	45.35	54.65	100	44.95	55.05	100
清远市	34.82	65.18	100	34.52	65.48	100
潮州市	42.21	57.79	100	41.29	58.71	100
揭阳市	48.44	51.56	100	50.80	49.20	100
云浮市	24.20	75.80	100	24.54	75.46	100

附表 2－7　广东省各地市小学生师比

地区	2019 年			2020 年		
	城市	农村	合计	城市	农村	合计
全省	19.51:1	17.62:1	18.68:1	19.08:1	17.58:1	18.43:1
珠江三角洲	19.28:1	19.02:1	19.22:1	18.84:1	18.80:1	18.83:1
东翼	20.34:1	17.61:1	18.57:1	20.14:1	17.86:1	18.67:1
西翼	20.18:1	17.30:1	18.35:1	19.50:1	17.27:1	18.10:1
山区	19.63:1	16.53:1	17.41:1	19.38:1	16.44:1	17.30:1
广州市	18.52:1	18.00:1	18.40:1	18.07:1	17.62:1	17.97:1
深圳市	18.27:1	—	18.27:1	17.93:1	—	17.92:1
珠海市	19.62:1	18.31:1	19.36:1	19.14:1	18.04:1	18.93:1
汕头市	20.57:1	19.53:1	20.02:1	20.14:1	19.81:1	19.97:1
佛山市	18.91:1	18.03:1	18.82:1	18.55:1	17.45:1	18.45:1
韶关市	19.92:1	17.28:1	18.09:1	19.57:1	17.33:1	18.03:1
河源市	17.57:1	14.87:1	15.49:1	17.41:1	14.42:1	15.12:1
梅州市	20.35:1	16.42:1	17.40:1	19.62:1	16.47:1	17.29:1
惠州市	20.47:1	19.52:1	19.92:1	19.84:1	19.11:1	19.43:1
汕尾市	18.00:1	16.70:1	16.99:1	18.39:1	16.87:1	17.21:1
东莞市	20.94:1	19.13:1	20.85:1	20.09:1	19.25:1	20.07:1
中山市	19.45:1	19.86:1	19.58:1	19.53:1	19.44:1	19.51:1
江门市	20.52:1	19.63:1	20.20:1	20.30:1	19.52:1	20.03:1
阳江市	18.65:1	16.27:1	17.40:1	18.82:1	15.69:1	17.14:1
湛江市	20.99:1	17.59:1	18.81:1	20.53:1	18.20:1	19.07:1
茂名市	20.14:1	17.34:1	18.26:1	18.74:1	16.90:1	17.52:1
肇庆市	20.57:1	19.15:1	19.57:1	20.22:1	19.47:1	19.71:1
清远市	20.18:1	17.77:1	18.59:1	20.25:1	17.85:1	18.69:1
潮州市	20.94:1	19.18:1	19.88:1	20.49:1	18.90:1	19.53:1
揭阳市	20.67:1	16.35:1	17.63:1	20.67:1	16.76:1	17.95:1
云浮市	19.75:1	16.80:1	17.70:1	19.51:1	16.61:1	17.52:1

附表 2－8 广东省各地市初中阶段生师比

地区	2019 年			2020 年		
	城市	农村	合计	城市	农村	合计
全省	13. 84∶1	12. 71∶1	13. 34∶1	13. 80∶1	13. 05∶1	13. 47∶1
珠江三角洲	13. 81∶1	13. 73∶1	13. 79∶1	13. 66∶1	13. 91∶1	13. 71∶1
东翼	13. 12∶1	12. 22∶1	12. 57∶1	13. 41∶1	12. 46∶1	12. 83∶1
西翼	14. 42∶1	12. 79∶1	13. 46∶1	14. 44∶1	13. 19∶1	13. 72∶1
山区	14. 30∶1	12. 17∶1	12. 79∶1	14. 54∶1	12. 68∶1	13. 23∶1
广州市	12. 51∶1	11. 81∶1	12. 35∶1	12. 66∶1	12. 07∶1	12. 53∶1
深圳市	12. 86∶1	—	12. 86∶1	12. 77∶1	—	12. 77∶1
珠海市	14. 28∶1	12. 81∶1	14. 03∶1	14. 35∶1	12. 37∶1	14. 01∶1
汕头市	13. 15∶1	12. 28∶1	12. 74∶1	13. 43∶1	12. 68∶1	13. 08∶1
佛山市	13. 85∶1	13. 59∶1	13. 83∶1	13. 63∶1	13. 69∶1	13. 63∶1
韶关市	14. 78∶1	12. 42∶1	13. 13∶1	14. 73∶1	12. 39∶1	13. 08∶1
河源市	14. 30∶1	11. 87∶1	12. 40∶1	14. 60∶1	12. 51∶1	12. 99∶1
梅州市	13. 05∶1	11. 81∶1	12. 16∶1	13. 28∶1	12. 35∶1	12. 62∶1
惠州市	15. 15∶1	14. 41∶1	14. 73∶1	14. 78∶1	14. 55∶1	14. 65∶1
汕尾市	12. 60∶1	13. 39∶1	13. 20∶1	13. 13∶1	13. 51∶1	13. 42∶1
东莞市	15. 65∶1	14. 43∶1	15. 63∶1	14. 99∶1	13. 99∶1	14. 97∶1
中山市	14. 63∶1	14. 35∶1	14. 54∶1	14. 63∶1	14. 35∶1	14. 54∶1
江门市	14. 43∶1	12. 62∶1	13. 81∶1	14. 13∶1	12. 97∶1	13. 75∶1
阳江市	14. 23∶1	12. 88∶1	13. 56∶1	14. 79∶1	13. 53∶1	14. 17∶1
湛江市	14. 35∶1	12. 10∶1	13. 00∶1	14. 34∶1	12. 81∶1	13. 45∶1
茂名市	14. 59∶1	13. 46∶1	13. 89∶1	14. 40∶1	13. 45∶1	13. 82∶1
肇庆市	15. 11∶1	15. 09∶1	15. 09∶1	15. 54∶1	15. 28∶1	15. 36∶1
清远市	15. 10∶1	12. 96∶1	13. 68∶1	15. 03∶1	13. 46∶1	14. 00∶1
潮州市	13. 20∶1	11. 25∶1	11. 97∶1	13. 80∶1	11. 54∶1	12. 36∶1
揭阳市	13. 24∶1	11. 90∶1	12. 33∶1	13. 30∶1	12. 09∶1	12. 49∶1
云浮市	14. 54∶1	11. 94∶1	12. 80∶1	15. 38∶1	12. 83∶1	13. 68∶1

附表 2－9　广东省各地区小学阶段大专及以上学历教师比例（%）

地区	2019 年			2020 年			变化情况	
	城市	农村	合计	城市	农村	合计	增减	增长率（%）
全省	99.49	97.35	98.55	99.61	97.96	98.90	0.35	0.36
珠江三角洲	99.73	97.87	99.32	99.80	98.26	99.46	0.14	0.14
东翼	98.52	97.57	97.90	98.70	98.12	98.32	0.42	0.43
西翼	99.00	97.99	98.36	99.47	98.50	98.86	0.50	0.51
山区	99.12	96.12	96.96	99.24	97.04	97.68	0.72	0.74
广州市	99.72	98.63	99.47	99.80	99.01	99.61	0.14	0.14
深圳市	99.88	—	99.88	99.93	—	99.93	0.05	0.05
珠海市	99.47	99.34	99.45	99.57	99.54	99.56	0.11	0.11
汕头市	98.90	99.63	99.29	99.04	99.62	99.35	0.06	0.06
佛山市	99.80	99.12	99.73	99.83	98.44	99.70	－0.03	－0.03
韶关市	98.54	95.73	96.59	99.04	96.80	97.50	0.91	0.94
河源市	99.33	97.35	97.80	99.26	97.72	98.08	0.28	0.29
梅州市	99.23	96.20	96.96	98.91	96.96	97.47	0.51	0.53
惠州市	99.34	96.74	97.85	99.42	97.45	98.30	0.45	0.46
汕尾市	94.53	95.67	95.41	94.72	97.57	96.93	1.52	1.59
东莞市	99.79	99.79	99.79	99.86	99.92	99.86	0.07	0.07
中山市	99.67	99.41	99.59	99.80	99.54	99.72	0.13	0.13
江门市	99.59	98.08	99.06	99.63	98.44	99.22	0.16	0.16
阳江市	99.30	98.63	98.94	99.80	99.04	99.40	0.46	0.46
湛江市	98.80	96.57	97.37	99.15	97.22	97.94	0.57	0.59
茂名市	99.07	99.17	99.14	99.65	99.51	99.56	0.42	0.42
肇庆市	99.28	97.14	97.78	99.40	97.58	98.15	0.37	0.38
清远市	99.33	95.51	96.80	99.40	96.63	97.59	0.79	0.82
潮州市	98.84	94.54	96.26	99.01	95.87	97.11	0.85	0.88
揭阳市	99.40	98.12	98.50	99.62	98.07	98.54	0.04	0.04
云浮市	98.98	95.32	96.43	99.58	96.92	97.75	1.32	1.37

附表 2 – 10　广东省各地区初中阶段本科及以上学历老师比例（%）

地区	2019 年			2020 年			变化情况	
	城市	农村	合计	城市	农村	合计	增减	增长率（%）
全省	92.99	87.50	90.56	94.13	88.95	91.89	1.33	1.47
珠江三角洲	95.17	93.16	94.71	96.22	93.23	95.55	0.84	0.89
东翼	87.46	83.40	84.96	88.67	86.36	87.25	2.29	2.70
西翼	89.06	87.37	88.06	90.46	88.72	89.46	1.40	1.59
山区	89.94	86.28	87.34	90.94	87.58	88.57	1.23	1.41
广州市	94.04	92.29	93.63	95.24	92.83	94.69	1.06	1.13
深圳市	95.91	—	95.91	97.42	—	97.42	1.51	1.57
珠海市	94.90	93.67	94.69	94.41	93.47	94.25	–0.44	–0.46
汕头市	91.11	91.35	91.22	91.35	91.86	91.58	0.36	0.39
佛山市	97.45	95.44	97.27	97.98	95.77	97.80	0.53	0.54
韶关市	88.00	84.03	85.22	90.99	87.27	88.38	3.16	3.71
河源市	87.22	86.07	86.32	88.93	85.31	86.14	–0.18	–0.21
梅州市	91.55	87.25	88.47	91.43	89.29	89.90	1.43	1.62
惠州市	90.17	91.97	91.19	91.20	91.26	91.24	0.05	0.05
汕尾市	82.30	81.77	81.90	83.36	87.41	86.47	4.57	5.58
东莞市	95.30	97.74	95.34	96.32	94.83	96.29	0.95	1.00
中山市	95.31	91.18	93.97	96.54	93.89	95.68	1.71	1.82
江门市	96.07	92.89	94.98	96.90	93.12	95.66	0.68	0.72
阳江市	90.88	86.60	88.74	89.64	87.19	88.45	–0.29	–0.33
湛江市	90.21	86.02	87.71	91.32	86.46	88.50	0.79	0.90
茂名市	86.94	88.92	88.17	89.91	91.32	90.77	2.60	2.95
肇庆市	94.39	95.49	95.16	94.73	95.26	95.10	–0.06	–0.06
清远市	92.06	88.36	89.61	93.43	89.61	90.95	1.34	1.50
潮州市	86.41	73.79	78.48	88.34	75.56	80.20	1.72	2.19
揭阳市	83.98	82.35	82.87	86.42	86.03	86.16	3.29	3.97
云浮市	89.16	84.57	86.08	88.45	85.86	86.72	0.64	0.74

附表 2-11　广东省各地区小学中级及以上职称教师比例（%）

地区	2019 年			2020 年			变化情况	
	城市	农村	合计	城市	农村	合计	增减	增长率（%）
全省	45.98	65.69	54.62	44.66	63.72	52.89	-1.73	-3.17
珠江三角洲	40.11	59.61	44.48	39.32	57.98	43.42	-1.06	-2.38
东翼	60.63	61.32	61.07	58.04	59.74	59.13	-1.94	-3.18
西翼	62.11	70.12	67.19	59.02	67.66	64.44	-2.75	-4.09
山区	58.77	71.46	67.87	56.27	69.20	65.42	-2.45	-3.61
广州市	44.74	50.08	45.99	43.85	47.08	44.61	-1.38	-3.00
深圳市	34.33	—	34.33	35.62	—	35.62	1.29	3.76
珠海市	49.47	57.55	51.04	46.65	54.59	48.22	-2.82	-5.53
汕头市	59.02	56.13	57.49	57.62	55.33	56.41	-1.08	-1.88
佛山市	49.23	41.95	48.55	47.00	39.89	46.33	-2.22	-4.57
韶关市	64.97	73.63	70.99	61.75	70.95	68.05	-2.94	-4.14
河源市	36.95	70.65	62.93	38.43	67.96	61.01	-1.92	-3.05
梅州市	80.84	74.50	76.08	77.67	73.76	74.77	-1.31	-1.72
惠州市	36.19	55.68	47.37	34.86	54.21	45.88	-1.49	-3.15
汕尾市	62.86	53.97	55.95	60.31	52.84	54.50	-1.45	-2.59
东莞市	24.92	28.54	25.10	23.63	29.85	23.82	-1.28	-5.10
中山市	40.17	44.89	41.66	39.90	43.09	40.91	-0.75	-1.80
江门市	67.98	79.14	71.89	65.39	78.67	69.96	-1.93	-2.68
阳江市	58.77	80.72	70.38	54.31	77.93	66.94	-3.44	-4.89
湛江市	58.97	71.26	66.85	56.80	69.41	64.70	-2.15	-3.22
茂名市	67.51	65.69	66.29	63.92	62.89	63.23	-3.06	-4.62
肇庆市	56.81	79.08	72.45	54.73	78.33	70.95	-1.50	-2.07
清远市	52.76	72.50	65.81	49.50	69.03	62.24	-3.57	-5.42
潮州市	62.37	69.79	66.83	60.03	67.42	64.49	-2.34	-3.50
揭阳市	61.28	66.73	65.12	56.84	64.63	62.27	-2.85	-4.38
云浮市	58.69	64.32	62.62	54.64	62.52	60.05	-2.57	-4.10

附表 2－12　广东省各地区初中中级及以上职称教师比例（%）

地区	2019 年			2020 年			变化情况	
	城市	农村	合计	城市	农村	合计	增减	增长率（%）
全省	56.17	66.03	60.54	54.37	65.47	59.17	－1.37	－2.26
珠江三角洲	53.83	66.12	56.65	51.87	64.55	54.70	－1.95	－3.44
东翼	57.97	55.13	56.22	56.90	55.94	56.31	0.09	0.16
西翼	57.66	65.30	62.19	56.09	65.31	61.42	－0.77	－1.24
山区	68.97	76.57	74.37	67.41	75.09	72.32	－1.55	－2.08
广州市	58.19	65.41	59.85	57.78	64.45	59.29	－0.56	－0.94
深圳市	46.48	—	46.48	44.56	—	44.56	－1.92	－4.13
珠海市	70.65	81.87	72.53	65.64	70.80	66.53	－6.00	－8.27
汕头市	55.67	52.98	54.41	55.61	56.01	55.79	1.38	2.54
佛山市	61.84	65.75	62.20	59.85	59.02	59.78	－2.42	－3.89
韶关市	84.21	79.68	81.04	81.36	76.73	78.11	－2.93	－3.62
河源市	49.00	74.39	68.90	48.25	73.00	67.36	－1.54	－2.24
梅州市	75.09	80.07	78.66	76.52	80.45	79.32	0.66	0.84
惠州市	53.49	57.88	55.98	50.07	56.22	53.54	－2.44	－4.36
汕尾市	69.95	53.42	57.30	66.33	53.00	56.11	－1.19	－2.08
东莞市	37.74	10.19	37.31	35.38	27.65	35.21	－2.10	－5.63
中山市	54.90	61.44	57.02	55.04	57.86	55.95	－1.07	－1.88
江门市	71.62	75.23	72.86	67.10	74.47	69.52	－3.34	－4.58
阳江市	53.28	77.73	65.47	50.64	74.33	62.18	－3.29	－5.03
湛江市	53.39	61.37	58.16	51.34	60.83	56.84	－1.32	－2.27
茂名市	64.42	65.64	65.18	63.75	67.08	65.78	0.60	0.92
肇庆市	68.07	74.27	72.41	67.09	74.95	72.53	0.12	0.17
清远市	67.43	75.62	72.86	64.37	72.86	69.90	－2.96	－4.06
潮州市	64.22	55.04	58.45	66.03	56.00	59.64	1.19	2.04
揭阳市	54.81	57.45	56.61	52.00	57.42	55.66	－0.95	－1.68
云浮市	66.48	71.74	70.00	64.72	70.18	68.35	－1.65	－2.36

附表 2 – 13　广东省各地市义务教育小学生均占地面积

单位：平方米

地区	2019 年			2020 年			变化情况	
	城市	农村	合计	城市	农村	合计	增减	增长率（%）
全省	16.97	34.27	24.12	17.55	34.39	24.48	0.36	1.48
珠江三角洲	2.52	79.72	19.65	17.67	29.51	20.27	0.62	3.14
东翼	17.68	27.21	23.54	16.19	27.58	23.21	–0.34	–1.43
西翼	28.92	36.60	33.52	19.45	43.30	33.72	0.20	0.61
山区	15.02	37.57	30.38	15.69	37.77	30.55	0.17	0.55
广州市	16.72	26.32	18.91	17.28	28.23	19.79	0.88	4.65
深圳市	15.00	—	15.00	15.66	28.04	15.68	0.68	4.53
珠海市	18.79	37.44	22.22	20.09	37.26	23.32	1.10	4.94
汕头市	15.81	25.23	20.69	15.84	24.53	20.37	–0.31	–1.52
佛山市	19.87	36.88	21.39	20.90	38.11	22.44	1.04	4.87
韶关市	13.86	43.04	33.26	13.84	43.20	33.18	–0.07	–0.23
河源市	16.76	37.84	32.36	18.97	39.04	33.60	1.24	3.83
梅州市	15.57	37.64	31.20	15.76	37.84	31.33	0.13	0.40
惠州市	17.26	28.99	23.85	18.04	28.93	24.15	0.29	1.23
汕尾市	14.33	28.40	25.08	14.43	28.32	25.02	–0.06	–0.22
东莞市	17.49	23.41	17.74	17.89	24.85	18.10	0.35	1.98
中山市	19.58	22.43	20.49	20.09	25.25	21.72	1.23	6.01
江门市	16.45	35.57	22.96	16.08	35.30	22.53	–0.43	–1.88
阳江市	18.43	44.53	31.34	18.33	46.29	32.00	0.66	2.11
湛江市	16.25	52.23	37.82	16.68	51.00	37.20	–0.62	–1.64
茂名市	21.15	34.74	29.80	23.34	34.76	30.65	0.84	2.83
肇庆市	15.72	28.18	24.28	16.47	28.28	24.49	0.21	0.86
清远市	14.29	38.74	29.75	14.61	37.40	28.82	–0.93	–3.11
潮州市	15.06	31.34	24.51	14.98	30.86	24.26	–0.25	–1.02
揭阳市	18.42	29.06	25.36	17.86	28.54	24.81	–0.55	–2.19
云浮市	15.07	29.88	24.88	16.29	30.97	25.85	0.97	3.92

附表 2－14　广东省各地市义务教育初中生均占地面积

单位：平方米

地区	2019 年			2020 年			变化情况	
	城市	农村	合计	城市	农村	合计	增减	增长率（%）
全省	42. 19	57. 73	48. 76	41. 99	57. 05	48. 30	－0. 46	－0. 94
珠江三角洲	6. 32	183. 47	46. 80	43. 33	59. 55	47. 01	0. 20	0. 43
东翼	40. 22	43. 90	42. 43	34. 12	46. 09	41. 25	－1. 18	－2. 78
西翼	59. 10	44. 79	51. 03	42. 12	57. 30	50. 56	－0. 47	－0. 92
山区	43. 17	66. 48	58. 93	42. 24	64. 13	57. 01	－1. 92	－3. 25
广州市	46. 17	64. 87	50. 29	46. 32	69. 03	51. 29	1. 00	1. 99
深圳市	42. 33	—	42. 33	41. 59	—	41. 59	－0. 74	－1. 75
珠海市	43. 04	75. 38	48. 00	40. 69	77. 51	46. 31	－1. 69	－3. 53
汕头市	32. 89	43. 86	37. 85	32. 69	43. 07	37. 32	－0. 52	－1. 39
佛山市	40. 56	70. 30	43. 23	40. 62	75. 99	43. 46	0. 23	0. 54
韶关市	40. 50	69. 64	59. 80	39. 58	70. 09	59. 85	0. 05	0. 09
河源市	36. 27	55. 92	51. 02	38. 07	53. 23	49. 34	－1. 68	－3. 29
梅州市	51. 48	73. 98	67. 14	49. 77	73. 41	66. 27	－0. 87	－1. 30
惠州市	38. 41	50. 84	45. 31	40. 00	50. 89	46. 10	0. 79	1. 74
汕尾市	56. 76	55. 59	55. 85	52. 13	53. 60	53. 27	－2. 58	－4. 62
东莞市	42. 02	65. 23	42. 35	43. 00	52. 87	43. 20	0. 85	2. 00
中山市	49. 32	55. 58	51. 32	47. 97	60. 86	52. 09	0. 78	1. 51
江门市	44. 39	79. 83	55. 52	43. 66	78. 72	54. 54	－0. 98	－1. 76
阳江市	36. 71	66. 66	50. 90	34. 73	64. 78	48. 71	－2. 19	－4. 30
湛江市	38. 06	69. 70	55. 67	36. 27	65. 49	52. 39	－3. 28	－5. 89
茂名市	47. 47	46. 02	46. 60	51. 95	47. 71	49. 44	2. 84	6. 10
肇庆市	54. 31	50. 26	51. 48	53. 69	50. 68	51. 62	0. 14	0. 27
清远市	33. 57	71. 22	57. 21	34. 42	66. 51	54. 50	－2. 71	－4. 74
潮州市	32. 70	49. 96	42. 90	27. 55	48. 86	40. 22	－2. 68	－6. 25
揭阳市	33. 46	43. 40	39. 98	33. 24	42. 77	39. 47	－0. 51	－1. 27
云浮市	55. 64	60. 36	58. 59	50. 74	56. 14	54. 11	－4. 48	－7. 64

附表 2－15　广东省各地区小学寄宿生生均宿舍面积

单位：平方米

地区	2019 年			2020 年			变化情况	
	城市	农村	合计	城市	农村	合计	增减	增长率（%）
全省	18. 76	11. 89	15. 38	19. 63	11. 65	15. 67	0. 29	1. 89
珠江三角洲	19. 93	18. 67	19. 65	20. 82	20. 29	20. 70	1. 05	5. 36
东翼	26. 03	26. 28	26. 16	24. 92	23. 37	24. 11	－2. 05	－7. 85
西翼	13. 14	7. 52	9. 27	13. 77	6. 68	8. 71	－0. 56	－6. 02
山区	18. 15	11. 17	12. 70	19. 88	11. 58	13. 47	0. 77	6. 04
广州市	23. 42	21. 15	22. 69	23. 79	22. 61	23. 33	0. 65	2. 84
深圳市	47. 86	—	47. 86	50. 16	—	50. 16	2. 29	4. 79
珠海市	29. 28	17. 86	27. 68	31. 58	7. 65	28. 47	0. 79	2. 84
汕头市	28. 59	31. 03	29. 73	25. 68	22. 94	24. 41	－5. 32	－17. 89
佛山市	15. 97	21. 11	16. 61	18. 59	23. 10	19. 16	2. 55	15. 34
韶关市	24. 55	18. 48	18. 85	33. 00	17. 55	18. 54	－0. 31	－1. 66
河源市	27. 64	9. 65	13. 27	29. 61	9. 08	13. 21	－0. 06	－0. 48
梅州市	100. 48	63. 62	72. 04	57. 42	68. 28	66. 26	－5. 78	－8. 02
惠州市	24. 90	18. 38	20. 65	18. 23	23. 49	21. 08	0. 42	2. 05
汕尾市	30. 59	32. 74	32. 49	21. 85	35. 65	33. 75	1. 26	3. 88
东莞市	14. 42	15. 67	14. 48	15. 41	11. 86	15. 30	0. 82	5. 66
中山市	13. 45	17. 71	13. 99	14. 49	20. 36	15. 64	1. 65	11. 82
江门市	44. 77	20. 70	35. 85	32. 45	18. 90	28. 22	－7. 63	－21. 29
阳江市	24. 44	8. 25	12. 60	24. 08	7. 75	12. 12	－0. 48	－3. 81
湛江市	30. 95	15. 77	21. 74	31. 88	12. 87	20. 26	－1. 48	－6. 80
茂名市	7. 69	6. 19	6. 64	7. 72	5. 63	6. 20	－0. 45	－6. 76
肇庆市	27. 98	16. 57	20. 28	37. 06	15. 50	22. 10	1. 81	8. 94
清远市	26. 39	15. 19	18. 59	34. 03	19. 82	24. 42	5. 82	31. 33
潮州市	53. 93	18. 68	23. 81	80. 12	19. 34	24. 77	0. 96	4. 05
揭阳市	21. 13	13. 92	18. 50	22. 45	12. 68	18. 79	0. 30	1. 60
云浮市	6. 50	5. 09	5. 45	7. 08	5. 14	5. 65	0. 20	3. 73

附表 2－16　广东省各地市初中寄宿生生均宿舍面积

单位：平方米

地区	2019 年			2020 年			变化情况	
	城市	农村	合计	城市	农村	合计	增减	增长率（%）
全省	13.47	9.27	11.34	13.14	9.13	11.15	－0.19	－1.65
珠江三角洲	13.79	10.91	12.94	13.56	11.19	12.88	－0.07	－0.52
东翼	13.55	16.11	14.82	13.23	13.49	13.36	－1.46	－9.82
西翼	12.51	7.29	8.91	11.81	7.04	8.58	－0.32	－3.63
山区	12.86	8.65	9.66	12.55	8.54	9.53	－0.13	－1.30
广州市	20.64	16.18	19.11	18.73	16.74	18.04	－1.07	－5.59
深圳市	46.42	—	46.42	44.26	—	44.26	－2.16	－4.66
珠海市	22.33	7.79	17.90	25.78	7.29	20.44	2.54	14.21
汕头市	14.07	18.61	15.76	13.11	13.42	13.23	－2.53	－16.05
佛山市	8.93	13.09	9.37	9.25	15.18	9.78	0.42	4.43
韶关市	17.64	10.07	11.23	20.54	9.85	11.40	0.17	1.49
河源市	9.45	6.40	7.01	9.10	6.30	6.88	－0.13	－1.92
梅州市	29.23	14.31	17.19	28.17	14.96	17.33	0.13	0.78
惠州市	15.34	9.22	11.01	13.33	9.68	10.81	－0.20	－1.77
汕尾市	24.99	25.52	25.39	24.45	22.80	23.19	－2.20	－8.67
东莞市	10.31	26.72	10.49	10.26	11.43	10.29	－0.21	－1.96
中山市	12.45	9.99	11.71	11.58	11.70	11.62	－0.09	－0.78
江门市	10.31	6.85	8.82	10.46	6.79	8.90	0.08	0.91
阳江市	9.07	7.16	7.97	8.65	6.60	7.49	－0.48	－6.06
湛江市	17.32	7.59	10.26	16.76	7.05	9.77	－0.50	－4.84
茂名市	10.98	7.13	8.29	10.27	7.13	8.14	－0.15	－1.85
肇庆市	37.25	11.65	16.47	37.27	10.96	16.25	－0.22	－1.33
清远市	10.47	8.61	9.15	10.86	8.41	9.18	0.03	0.36
潮州市	9.28	15.10	13.19	8.51	11.66	10.78	－2.41	－18.26
揭阳市	11.96	10.61	11.27	12.63	10.00	11.25	－0.02	－0.18
云浮市	11.54	7.55	8.79	10.95	7.37	8.51	－0.28	－3.23

附表 2－17　广东省各地市义务教育小学生均运动场地面积

单位：平方米

地区	2019 年			2020 年			变化情况	
	城市	农村	合计	城市	农村	合计	增减	增长率（%）
全省	6. 18	11. 23	8. 27	6. 58	11. 38	8. 56	0. 29	3. 49
珠江三角洲	6. 21	9. 34	6. 90	6. 69	9. 63	7. 33	0. 43	6. 22
东翼	6. 07	9. 74	8. 33	5. 97	9. 88	8. 38	0. 05	0. 56
西翼	6. 56	13. 84	10. 92	7. 11	13. 86	11. 15	0. 23	2. 14
山区	5. 50	12. 33	10. 15	5. 74	12. 39	10. 21	0. 06	0. 60
广州市	6. 26	8. 97	6. 88	6. 35	9. 39	7. 05	0. 17	2. 42
深圳市	6. 28	—	6. 28	7. 75	12. 85	7. 75	1. 47	23. 45
珠海市	5. 27	11. 37	6. 39	5. 36	11. 04	6. 43	0. 03	0. 48
汕头市	7. 27	8. 47	7. 89	7. 27	9. 15	8. 25	0. 36	4. 52
佛山市	8. 49	10. 43	8. 66	8. 78	10. 82	8. 96	0. 30	3. 46
韶关市	5. 82	11. 88	9. 85	5. 59	12. 04	9. 84	0. 00	－0. 04
河源市	4. 83	11. 60	9. 84	5. 14	11. 58	9. 83	－0. 01	－0. 12
梅州市	6. 89	13. 62	11. 65	7. 23	14. 20	12. 15	0. 49	4. 23
惠州市	6. 17	9. 45	8. 01	6. 19	9. 58	8. 09	0. 08	0. 99
汕尾市	4. 34	7. 95	7. 10	4. 18	8. 06	7. 13	0. 04	0. 51
东莞市	4. 84	5. 22	4. 86	5. 08	6. 11	5. 11	0. 25	5. 16
中山市	6. 18	8. 20	6. 83	6. 00	8. 54	6. 80	－0. 02	－0. 36
江门市	6. 37	10. 00	7. 61	6. 55	10. 55	7. 89	0. 29	3. 76
阳江市	5. 91	12. 44	9. 14	5. 87	13. 04	9. 37	0. 24	2. 61
湛江市	5. 32	14. 92	11. 07	5. 66	14. 76	11. 10	0. 03	0. 28
茂名市	8. 35	13. 18	11. 43	9. 49	13. 20	11. 86	0. 44	3. 81
肇庆市	4. 77	9. 78	8. 21	4. 97	9. 82	8. 27	0. 06	0. 67
清远市	5. 04	13. 53	10. 41	5. 43	12. 94	10. 12	－0. 29	－2. 78
潮州市	5. 64	12. 22	9. 46	5. 98	12. 04	9. 52	0. 06	0. 64
揭阳市	5. 15	11. 02	8. 98	4. 74	10. 83	8. 71	－0. 27	－3. 03
云浮市	4. 84	10. 06	8. 30	5. 14	10. 23	8. 46	0. 16	1. 93

附表 2－18　广东省各地市义务教育初中生均运动场地面积

单位：平方米

地区	2019 年			2020 年			变化情况	
	城市	农村	合计	城市	农村	合计	增减	增长率（%）
全省	13. 40	16. 10	14. 54	14. 02	16. 03	14. 86	0. 32	2. 21
珠江三角洲	14. 17	16. 16	14. 63	14. 86	16. 23	15. 17	0. 54	3. 69
东翼	11. 09	12. 90	12. 17	10. 99	12. 97	12. 17	－0. 01	－0. 07
西翼	12. 24	16. 47	14. 63	13. 80	16. 71	15. 42	0. 79	5. 42
山区	12. 46	18. 70	16. 68	12. 27	18. 01	16. 14	－0. 54	－3. 21
广州市	15. 38	18. 88	16. 15	14. 77	19. 79	15. 87	－0. 28	－1. 74
深圳市	16. 64	—	16. 64	19. 20	—	19. 20	2. 56	15. 40
珠海市	9. 91	20. 30	11. 50	9. 42	19. 13	10. 90	－0. 60	－5. 20
汕头市	12. 75	13. 05	12. 88	12. 95	13. 15	13. 04	0. 16	1. 18
佛山市	14. 85	20. 06	15. 32	15. 32	21. 35	15. 80	0. 48	3. 15
韶关市	12. 00	17. 95	15. 94	11. 33	17. 99	15. 75	－0. 19	－1. 18
河源市	9. 41	14. 94	13. 56	9. 58	13. 82	12. 74	－0. 82	－6. 06
梅州市	16. 31	20. 42	19. 17	16. 21	20. 91	19. 49	0. 32	1. 65
惠州市	11. 39	13. 89	12. 78	11. 78	13. 72	12. 87	0. 09	0. 70
汕尾市	12. 56	10. 60	11. 04	11. 33	10. 66	10. 81	－0. 23	－2. 08
东莞市	11. 02	14. 25	11. 06	11. 57	11. 48	11. 57	0. 51	4. 55
中山市	13. 97	16. 26	14. 70	13. 72	16. 52	14. 62	－0. 08	－0. 59
江门市	14. 84	19. 15	16. 19	14. 86	19. 49	16. 29	0. 10	0. 62
阳江市	10. 74	12. 92	11. 77	10. 38	13. 13	11. 66	－0. 11	－0. 96
湛江市	11. 21	19. 09	15. 60	10. 60	17. 87	14. 61	－0. 99	－6. 33
茂名市	14. 05	15. 11	14. 69	18. 89	16. 67	17. 57	2. 88	19. 63
肇庆市	13. 72	14. 54	14. 30	13. 76	14. 28	14. 12	－0. 18	－1. 25
清远市	10. 07	23. 61	18. 57	10. 91	21. 72	17. 67	－0. 90	－4. 81
潮州市	9. 65	15. 39	13. 04	9. 60	15. 20	12. 93	－0. 11	－0. 86
揭阳市	8. 64	13. 37	11. 74	8. 40	13. 46	11. 71	－0. 03	－0. 28
云浮市	14. 28	15. 63	15. 12	12. 74	14. 51	13. 85	－1. 27	－8. 45

附表 2－19　广东省各地市义务教育小学生均图书情况

单位：册

地区	2019 年			2020 年			变化情况	
	城市	农村	合计	城市	农村	合计	增减	增长率（%）
全省	29.43	29.60	29.50	30.57	30.68	30.61	1.11	3.77
珠江三角洲	3.78	121.73	29.95	31.22	30.19	31.00	1.05	3.49
东翼	27.78	30.55	29.48	29.73	30.14	29.98	0.50	1.69
西翼	44.01	16.86	27.76	29.20	29.25	29.23	1.47	5.31
山区	26.14	31.46	29.77	27.93	33.04	31.37	1.60	5.38
广州市	31.91	31.21	31.75	32.01	32.26	32.07	0.32	1.01
深圳市	36.70	—	36.70	38.19	83.18	38.25	1.55	4.21
珠海市	21.70	24.82	22.27	23.13	25.79	23.63	1.36	6.10
汕头市	33.08	30.16	31.57	33.73	30.02	31.79	0.23	0.72
佛山市	28.80	27.76	28.70	30.58	28.19	30.37	1.66	5.79
韶关市	26.75	33.01	30.91	26.95	35.06	32.29	1.38	4.46
河源市	28.31	—	32.22	28.59	34.90	33.19	0.97	3.01
梅州市	26.86	32.62	30.94	26.99	34.27	32.13	1.19	3.83
惠州市	25.52	27.82	26.81	26.95	28.68	27.92	1.11	4.13
汕尾市	25.45	28.61	27.87	27.14	30.18	29.46	1.59	5.71
东莞市	26.15	28.47	26.25	26.25	30.47	26.38	0.13	0.49
中山市	28.99	29.65	29.20	28.83	30.17	29.25	0.06	0.19
江门市	25.80	28.45	26.70	28.96	29.21	29.04	2.34	8.77
阳江市	28.35	32.22	30.26	29.78	36.29	32.96	2.70	8.91
湛江市	25.84	26.83	26.44	28.71	27.11	27.75	1.32	4.97
茂名市	27.06	28.85	28.20	29.48	29.39	29.42	1.22	4.33
肇庆市	27.17	28.86	28.33	28.42	31.25	30.34	2.01	7.08
清远市	26.17	30.66	29.01	29.98	32.00	31.24	2.23	7.69
潮州市	26.70	31.90	29.72	26.99	32.63	30.28	0.56	1.89
揭阳市	26.35	28.96	28.05	26.20	29.36	28.26	0.20	0.72
云浮市	22.55	26.43	25.12	25.99	28.17	27.41	2.29	9.13

附表 2 - 20　广东省各地市义务教育初中生均图书情况

单位：册

地区	2019 年			2020 年			变化情况	
	城市	农村	合计	城市	农村	合计	增减	增长率（%）
全省	62.50	53.14	58.55	62.68	53.42	58.80	0.25	0.43
珠江三角洲	7.69	245.28	61.99	64.15	54.94	62.06	0.07	0.11
东翼	59.28	57.12	57.99	60.97	57.10	58.67	0.68	1.17
西翼	73.13	38.75	53.74	62.61	47.45	54.18	0.44	0.81
山区	54.75	53.15	53.67	54.57	53.51	53.85	0.19	0.35
广州市	77.67	72.48	76.53	74.66	72.78	74.25	-2.28	-2.98
深圳市	85.03	—	85.03	85.05	—	85.05	0.01	0.01
珠海市	36.66	40.91	37.31	35.72	41.04	36.53	-0.79	-2.11
汕头市	70.15	69.19	69.72	69.11	67.21	68.26	-1.46	-2.09
佛山市	47.07	49.41	47.28	48.01	51.69	48.31	1.02	2.16
韶关市	50.73	56.69	54.68	52.22	59.41	57.00	2.32	4.24
河源市	41.51	42.45	42.22	37.66	42.16	41.01	-1.21	-2.87
梅州市	70.67	63.40	65.61	63.15	63.89	63.66	-1.94	-2.96
惠州市	51.88	48.79	50.17	53.93	45.95	49.46	-0.70	-1.40
汕尾市	65.72	47.39	51.50	70.79	51.57	55.96	4.47	8.67
东莞市	51.66	84.40	52.13	52.58	64.80	52.83	0.70	1.33
中山市	55.84	57.71	56.44	53.08	55.95	54.00	-2.44	-4.32
江门市	52.76	53.59	53.02	57.47	53.79	56.33	3.30	6.23
阳江市	52.16	42.54	47.60	56.06	47.25	51.97	4.36	9.16
湛江市	67.15	48.26	56.64	63.97	46.03	54.08	-2.56	-4.52
茂名市	62.86	46.65	53.09	64.23	48.80	55.08	1.99	3.75
肇庆市	69.73	52.24	57.50	69.52	54.12	58.92	1.42	2.47
清远市	44.05	53.47	49.97	51.04	55.20	53.64	3.68	7.36
潮州市	46.25	60.36	54.59	50.86	59.85	56.20	1.62	2.96
揭阳市	49.24	52.02	51.06	49.30	52.68	51.51	0.45	0.88
云浮市	66.28	48.45	55.14	67.47	45.42	53.70	-1.44	-2.61

附表 2－21　广东省各地市小学生均仪器设备值

单位：元

地区	2019 年			2020 年			变化情况	
	城市	农村	合计	城市	农村	合计	增减	增长率（%）
全省	3070. 83	1923. 75	2596. 42	3396. 75	2233. 33	2917. 90	321. 48	12. 38
珠江三角洲	3584. 71	2360. 47	3313. 05	3909. 72	2649. 43	3633. 44	320. 39	9. 67
东翼	2047. 75	1861. 21	1933. 04	2181. 45	1988. 12	2062. 36	129. 32	6. 69
西翼	1639. 58	1446. 99	1524. 30	2210. 05	2072. 14	2127. 52	603. 23	39. 57
山区	1850. 62	1923. 74	1900. 42	2142. 78	2142. 11	2142. 33	241. 91	12. 73
广州市	2892. 67	2665. 18	2840. 60	2975. 10	2939. 32	2966. 87	126. 28	4. 45
深圳市	6238. 70	—	6238. 70	7028. 00	12 654. 45	7035. 76	797. 07	12. 78
珠海市	2622. 91	2936. 11	2680. 51	2854. 73	3245. 47	2928. 28	247. 77	9. 24
汕头市	2265. 69	2102. 49	2181. 13	2440. 74	2222. 50	2326. 96	145. 83	6. 69
佛山市	3140. 02	2970. 44	3124. 83	3261. 14	3613. 03	3292. 61	167. 78	5. 37
韶关市	2014. 36	2050. 29	2038. 24	2314. 55	2356. 87	2342. 42	304. 18	14. 92
河源市	2418. 86	1818. 80	1974. 71	2719. 49	2070. 33	2246. 23	271. 52	13. 75
梅州市	1462. 87	1631. 72	1582. 47	1706. 15	1739. 69	1729. 80	147. 34	9. 31
惠州市	2379. 98	2125. 65	2237. 00	2537. 60	2347. 51	2431. 02	194. 02	8. 67
汕尾市	1607. 30	1455. 30	1491. 15	1665. 11	1566. 86	1590. 21	99. 06	6. 64
东莞市	2605. 48	3766. 70	2656. 22	2906. 17	3182. 89	2914. 45	258. 23	9. 72
中山市	2245. 17	2284. 36	2257. 73	2418. 80	2726. 34	2516. 30	258. 57	11. 45
江门市	2202. 46	2219. 10	2208. 13	2410. 16	2352. 79	2390. 92	182. 79	8. 28
阳江市	1857. 21	2041. 83	1948. 52	1986. 09	2208. 12	2094. 65	146. 13	7. 50
湛江市	1517. 67	1166. 70	1307. 25	1697. 69	1410. 38	1525. 92	218. 67	16. 73
茂名市	1666. 71	1550. 25	1592. 54	2938. 21	2692. 96	2781. 32	1188. 78	74. 65
肇庆市	2510. 96	2083. 31	2217. 15	2672. 75	2479. 41	2541. 46	324. 31	14. 63
清远市	1870. 23	2211. 02	2085. 66	2204. 54	2446. 98	2355. 69	270. 02	12. 95
潮州市	2163. 38	2235. 45	2205. 22	2267. 78	2451. 94	2375. 36	170. 14	7. 72
揭阳市	1832. 32	1777. 04	1796. 24	1953. 49	1887. 20	1910. 33	114. 09	6. 35
云浮市	1605. 83	1966. 81	1844. 87	1861. 95	2178. 45	2068. 11	223. 24	12. 10

附表 2－22 广东省各地市初中生均仪器设备值

单位：元

地区	2019 年			2020 年			变化情况	
	城市	农村	合计	城市	农村	合计	增减	增长率（%）
全省	6969.54	3550.71	5526.14	7428.20	3837.54	5924.42	398.29	7.21
珠江三角洲	8445.71	4774.13	7606.57	8915.68	5006.66	8030.01	423.45	5.57
东翼	4338.16	3594.25	3892.64	4565.87	3745.72	4077.49	184.85	4.75
西翼	3729.88	2239.17	2889.30	4442.65	2893.00	3581.28	691.98	23.95
山区	4233.53	3378.28	3655.37	4574.98	3527.26	3867.94	212.58	5.82
广州市	8087.90	6544.06	7747.52	7950.89	6696.15	7676.26	－71.25	－0.92
深圳市	16 100.58	—	16 100.58	17 296.57	—	17 296.57	1195.99	7.43
珠海市	4411.25	5087.92	4514.93	4237.38	5129.21	4373.38	－141.55	－3.14
汕头市	5118.59	4488.36	4833.77	5144.14	4515.49	4863.17	29.40	0.61
佛山市	6168.67	6031.76	6156.39	6094.69	7672.40	6221.65	65.26	1.06
韶关市	4875.38	3745.53	4127.28	5343.65	4296.63	4648.13	520.86	12.62
河源市	3889.98	2424.45	2789.91	3827.88	2432.90	2790.55	0.63	0.02
梅州市	4029.85	3508.39	3666.96	4372.84	3602.64	3835.36	168.40	4.59
惠州市	4782.39	4090.19	4398.05	4882.75	4436.48	4632.99	234.95	5.34
汕尾市	4345.16	3045.11	3336.52	4514.49	3258.16	3545.22	208.70	6.26
东莞市	5798.76	18 794.88	5987.42	6574.93	5758.31	6558.29	570.87	9.53
中山市	4985.71	4540.25	4843.49	4541.81	4966.84	4677.85	－165.64	－3.42
江门市	4810.04	4515.84	4717.66	5280.19	4456.78	5024.70	307.04	6.51
阳江市	3489.61	2656.41	3094.95	3548.41	2759.31	3181.49	86.55	2.80
湛江市	4114.65	2034.61	2957.12	3651.93	2101.93	2796.98	－160.14	－5.42
茂名市	3426.52	2306.92	2751.91	5721.36	3652.90	4495.06	1743.16	63.34
肇庆市	6801.77	3730.61	4655.09	7186.94	4177.59	5116.95	461.86	9.92
清远市	3881.85	3882.84	3882.47	4458.07	3919.47	4121.07	238.60	6.15
潮州市	3847.99	4294.39	4111.83	4517.19	4425.45	4462.64	350.81	8.53
揭阳市	3337.34	3097.99	3180.42	3699.34	3292.76	3433.65	253.23	7.96
云浮市	4698.16	3592.32	4007.36	5015.84	3817.35	4267.51	260.15	6.49

附表 2－23　广东省各地市义务教育学校每百名学生拥有教学用计算机台数以及变化情况

单位：台

地区	2019 年		2020 年		增长率（%）	
	小学	初中	小学	初中	小学	初中
全省	21.86	39.67	22.76	40.74	4.10	2.70
珠江三角洲	20.48	43.28	21.59	44.81	5.43	3.53
东翼	26.68	41.09	26.70	41.32	0.04	0.57
西翼	22.79	33.01	23.52	34.15	3.22	3.46
山区	20.88	34.10	22.05	34.64	5.63	1.58
广州市	19.20	48.53	19.61	50.06	2.15	3.16
深圳市	29.29	70.16	31.05	70.70	6.01	0.78
珠海市	17.92	31.51	18.66	31.51	4.13	0.01
汕头市	27.87	47.52	27.91	47.19	0.16	－0.70
佛山市	21.17	34.36	22.91	37.38	8.21	8.80
韶关市	17.65	30.24	18.46	32.07	4.62	6.05
河源市	19.42	26.32	21.15	27.50	8.88	4.47
梅州市	19.95	36.11	21.04	36.01	5.44	－0.28
惠州市	15.59	26.67	16.71	27.99	7.17	4.97
汕尾市	24.31	32.88	24.30	33.28	－0.04	1.21
东莞市	18.71	40.18	20.17	43.41	7.80	8.03
中山市	17.21	36.09	17.61	35.67	2.33	－1.16
江门市	17.32	33.51	17.77	33.79	2.59	0.85
阳江市	26.50	39.10	28.00	39.61	5.64	1.32
湛江市	18.32	28.00	18.10	26.60	－1.19	－5.01
茂名市	26.08	35.73	27.63	39.60	5.93	10.83
肇庆市	17.10	35.62	17.94	35.64	4.96	0.05
清远市	21.43	35.94	22.29	36.75	4.01	2.26
潮州市	25.90	40.50	26.55	41.75	2.50	3.08
揭阳市	26.96	39.18	26.72	39.44	－0.90	0.68
云浮市	26.39	43.54	27.85	42.21	5.54	－3.07

附表 2 - 24　广东省各地区小学大班额比例（%）

地区	2019 年			2020 年			变化情况	
	城市	农村	合计	城市	农村	合计	增减	增长率（%）
全省	2. 85	0. 67	1. 80	0. 38	0. 12	0. 26	-1. 54	-85. 65
珠江三角洲	2. 66	1. 05	2. 26	0. 35	0. 36	0. 35	-1. 91	-84. 48
东翼	0. 21	0. 00	0. 07	0. 00	0. 00	0. 00	-0. 07	-100. 00
西翼	1. 31	0. 02	0. 44	0. 00	0. 00	0. 00	-0. 44	-100. 00
山区	10. 28	1. 55	3. 76	1. 67	0. 15	0. 55	-3. 21	-85. 39
广州市	—	—	—	—	—	—	—	—
深圳市	3. 15	—	3. 15	0. 13	0. 00	0. 13	-3. 02	-96. 00
珠海市	0. 35	0	0. 28	0. 00	0. 00	0. 00	-0. 28	-100. 00
汕头市	—	—	—	—	—	—	—	—
佛山市	—	—	—	—	—	—	—	—
韶关市	6. 32	2. 15	3. 33	0. 00	0. 00	0. 00	-3. 33	-100. 00
河源市	18. 22	3. 95	6. 67	8. 85	0. 63	2. 26	-4. 41	-66. 14
梅州市	31. 74	1. 37	7. 95	1. 41	0. 01	0. 34	-7. 61	-95. 70
惠州市	16. 12	3. 77	8. 63	2. 94	1. 26	1. 93	-6. 70	-77. 69
汕尾市	1. 22	0	0. 25	0. 00	0. 00	0. 00	-0. 25	-100. 00
东莞市	3. 86	0	3. 69	0. 00	0. 00	0. 00	-3. 69	-100. 00
中山市	0. 11	0	0. 07	0. 00	0. 00	0. 00	-0. 07	-100. 00
江门市	—	—	—	—	—	—	—	—
阳江市	0. 34	0	0. 15	0. 00	0. 00	0. 00	-0. 15	-100. 00
湛江市	1. 43	0. 04	0. 48	0. 00	0. 00	0. 00	-0. 48	-100. 00
茂名市	1. 70	0	0. 5	0. 00	0. 00	0. 00	-0. 50	-100. 00
肇庆市	8. 78	0. 04	2. 22	5. 08	0. 00	1. 31	-0. 91	-41. 18
清远市	—	—	—	—	—	—	—	—
潮州市	—	—	—	—	—	—	—	—
揭阳市	0. 26	0. 01	0. 08	0. 00	0. 00	0. 00	-0. 08	-100. 00
云浮市	—	—	—	—	—	—	—	—

附表 2-25　广东省各地区初中大班额比例（%）

地区	2019 年			2020 年			变化情况	
	城市	农村	合计	城市	农村	合计	增减	增长率（%）
全省	2.06	0.31	1.34	0.17	0.04	0.12	-1.22	-91.39
珠江三角洲	2.85	0.93	2.44	0.16	0.07	0.15	-2.29	-94.05
东翼	0.00	0.04	0.03	0.00	0.00	0.00	-0.03	-100.00
西翼	0.12	0.18	0.17	0.14	0.00	0.06	-0.11	-62.52
山区	1.70	0.08	0.59	0.46	0.07	0.20	-0.39	-66.64
广州市	0.00	0.00	0.00	0.00	0.00	0.00	0.00	—
深圳市	1.04	—	1.04	0.01	—	0.01	-1.03	-98.81
珠海市	1.31	0.00	1.11	0.00	0.00	0.00	-1.11	-100.00
汕头市	0.00	0.00	0.00	0.00	0.00	0.00	0.00	—
佛山市	0.00	0.00	0.00	0.00	0.00	0.00	0.00	—
韶关市	0.00	0.23	0.17	0.00	0.06	0.04	-0.13	-75.37
河源市	5.92	0.21	1.57	2.66	0.27	0.87	-0.70	-44.57
梅州市	3.21	0.00	0.91	0.00	0.00	0.00	-0.91	-100.00
惠州市	7.45	3.21	5.41	2.48	0.23	1.23	-4.18	-77.34
汕尾市	0.00	0.00	0.00	0.00	0.00	0.00	0.00	—
东莞市	12.66	4.44	12.52	0.00	0.00	0.00	-12.52	-100.00
中山市	0.00	0.00	0.00	0.00	0.00	0.00	0.00	—
江门市	0.00	0.00	0.00	0.00	0.00	0.00	0.00	—
阳江市	0.00	0.00	0.00	0.00	0.00	0.00	0.00	—
湛江市	0.28	0.42	0.40	0.34	0.00	0.15	-0.25	-62.41
茂名市	0.00	0.00	0.00	0.00	0.00	0.00	0.00	—
肇庆市	0.00	0.00	0.00	0.00	0.00	0.00	0.00	—
清远市	0.00	0.00	0.00	0.00	0.00	0.00	0.00	—
潮州市	0.00	0.00	0.00	0.00	0.00	0.00	0.00	—
揭阳市	0.00	0.09	0.08	0.00	0.00	0.00	-0.08	-100.00
云浮市	0.00	0.00	0.00	0.00	0.00	0.00	0.00	—

三 、高中阶段教育有关表格

附表 3－1 广东省各地市高中阶段招生规模情况

单位：人

地区	招生规模			在校生规模		
	2019 年	2020 年	增长率(%)	2019 年	2020 年	增长率(%)
全省	952 533	982 566	3. 15	2 692 591	2 764 030	2. 65
珠江三角洲	478 509	491 317	2. 68	1 346 638	1 389 204	3. 16
东翼	157 837	162 507	2. 96	445 672	455 835	2. 28
西翼	162 058	167 438	3. 32	465 672	470 922	1. 13
山区	154 129	161 304	4. 66	434 609	448 069	3. 10
广州市	116 436	114 350	－1. 79	339 604	338 247	－0. 40
深圳市	63 041	68 531	8. 71	176 981	189 423	7. 03
珠海市	17 476	18 422	5. 41	49 904	52 100	4. 40
汕头市	58 543	57 268	－2. 18	168 117	165 528	－1. 54
佛山市	69 991	66 031	－5. 66	185 708	190 191	2. 41
韶关市	29 126	30 158	3. 54	80 290	84 003	4. 62
河源市	31 311	34 179	9. 16	86 478	92 532	7. 00
梅州市	38 076	38 709	1. 66	109 512	109 594	0. 07
惠州市	50 804	56 416	11. 05	143 838	151 948	5. 64
汕尾市	23 827	24 959	4. 75	67 734	69 707	2. 91
东莞市	49 736	51 420	3. 39	142 523	145 746	2. 26
中山市	25 710	27 582	7. 28	71 637	75 681	5. 65
江门市	39 969	40 272	0. 76	112 046	113 768	1. 54
阳江市	21 372	22 899	7. 14	58 596	62 414	6. 52
湛江市	64 096	67 852	5. 86	189 015	187 876	－0. 60
茂名市	76 590	76 687	0. 13	218 061	220 632	1. 18
肇庆市	45 346	48 293	6. 50	124 397	132 100	6. 19
清远市	33 716	35 643	5. 72	95 576	98 416	2. 97
潮州市	19 849	20 932	5. 46	57 570	58 814	2. 16
揭阳市	55 618	59 348	6. 71	152 251	161 786	6. 26
云浮市	21 900	22 615	3. 26	62 753	63 524	1. 23
附设中职班	1700	3124	83. 76	4476	6318	41. 15

附表 3 - 2　广东省各地区普通高中教育在校生规模变化情况

单位：人

地区	招生规模			在校生规模		
	2019 年	2020 年	增长率(%)	2019 年	2020 年	增长率(%)
全省	639 413	671 805	5.07	1 837 399	1 903 517	3.60
珠江三角洲	289 935	313 754	8.22	826 705	873 495	5.66
东翼	128 902	133 026	3.20	366 188	376 758	2.89
西翼	112 118	113 861	1.55	332 908	333 680	0.23
山区	108 458	111 164	2.49	311 598	319 584	2.56
广州市	53 127	54 360	2.32	159 355	159 450	0.06
深圳市	49 206	56 027	13.86	137 539	150 289	9.27
珠海市	10 948	11 913	8.81	31 909	33 350	4.52
汕头市	47 522	46 934	-1.24	137 056	137 178	0.09
佛山市	42 129	44 173	4.85	120 734	127 543	5.64
韶关市	17 270	17 716	2.58	50 560	51 505	1.87
河源市	23 203	24 470	5.46	65 276	69 024	5.74
梅州市	28 794	29 364	1.98	83 306	84 441	1.36
惠州市	34 029	37 701	10.79	95 151	102 887	8.13
汕尾市	18 090	18 774	3.78	54 116	54 481	0.67
东莞市	30 221	33 822	11.92	85 561	91 548	7.00
中山市	17 175	18 739	9.11	47 790	51 077	6.88
江门市	28 250	29 331	3.83	78 321	82 032	4.74
阳江市	16 382	16 952	3.48	45 261	47 949	5.94
湛江市	42 050	43 087	2.47	130 920	127 441	-2.66
茂名市	53 686	53 822	0.25	156 727	158 290	1.00
肇庆市	24 850	27 688	11.42	70 345	75 319	7.07
清远市	23 337	23 912	2.46	66 805	68 266	2.19
潮州市	16 879	17 538	3.90	48 745	49 907	2.38
揭阳市	46 411	49 780	7.26	126 271	135 192	7.06
云浮市	15 854	15 702	-0.96	45 651	46 348	1.53

附表 3－3　广东省各地市中等职业教育学生规模变化情况

单位：人

地区	招生规模			在校生规模		
	2019 年	2020 年	增长率（%）	2019 年	2020 年	增长率（%）
全省	313 120	310 761	－0.75	855 192	860 513	0.62
珠江三角洲	188 574	177 563	－5.84	519 933	515 709	－0.81
东翼	28 935	29 481	1.89	79 484	79 077	－0.51
西翼	49 940	53 577	7.28	132 764	137 242	3.37
山区	45 671	50 140	9.79	123 011	128 485	4.45
广州市	63 309	59 990	－5.24	180 249	178 797	－0.81
深圳市	13 835	12 504	－9.62	39 442	39 134	－0.78
珠海市	6528	6509	－0.29	17 995	18 750	4.20
汕头市	11 021	10 334	－6.23	31 061	28 350	－8.73
佛山市	27 862	21 858	－21.55	64 974	62 648	－3.58
韶关市	11 856	12 442	4.94	29 730	32 498	9.31
河源市	8108	9709	19.75	21 202	23 508	10.88
梅州市	9282	9345	0.68	26 206	25 153	－4.02
惠州市	16 775	18 715	11.56	48 687	49 061	0.77
汕尾市	5737	6185	7.81	13 618	15 226	11.81
东莞市	19 515	17 598	－9.82	56 962	54 198	－4.85
中山市	8535	8843	3.61	23 847	24 604	3.17
江门市	11 719	10 941	－6.64	33 725	31 736	－5.90
阳江市	4990	5947	19.18	13 335	14 465	8.47
湛江市	22 046	24 765	12.33	58 095	60 435	4.03
茂名市	22 904	22 865	－0.17	61 334	62 342	1.64
肇庆市	20 496	20 605	0.53	54 052	56 781	5.05
清远市	10 379	11 731	13.03	28 771	30 150	4.79
潮州市	2970	3394	14.28	8825	8907	0.93
揭阳市	9207	9568	3.92	25 980	26 594	2.36
云浮市	6046	6913	14.34	17 102	17 176	0.43
附设中职班	1700	3124	83.76	4476	6318	41.15

附表 3－4　广东省各地市普通高中教育教师配备情况

地区	专任教师规模（人）			生师比		
	2019 年	2020 年	增长率(%)	2019 年	2020 年	增长率
全省	148 775	151 802	2. 03	12. 35:1	12. 54:1	0. 19
珠江三角洲	66 961	69 812	4. 26	12. 35:1	12. 51:1	0. 17
东翼	28 599	28 594	－0. 02	12. 80:1	13. 18:1	0. 37
西翼	27 219	27 262	0. 16	12. 23:1	12. 24:1	0. 01
山区	25 996	26 134	0. 53	11. 99:1	12. 23:1	0. 24
广州市	14 475	14 620	1. 00	11. 01:1	10. 91:1	－0. 10
深圳市	11 930	12 791	7. 22	11. 53:1	11. 75:1	0. 22
珠海市	2650	2754	3. 92	12. 04:1	12. 11:1	0. 07
汕头市	10 510	10 685	1. 67	13. 04:1	12. 84:1	－0. 20
佛山市	9368	9748	4. 06	12. 89:1	13. 08:1	0. 20
韶关市	4272	4308	0. 84	11. 84:1	11. 96:1	0. 12
河源市	5414	5522	1. 99	12. 06:1	12. 50:1	0. 44
梅州市	7454	7313	－1. 89	11. 18:1	11. 55:1	0. 37
惠州市	7062	7318	3. 63	13. 47:1	14. 06:1	0. 59
汕尾市	4265	4186	－1. 85	12. 69:1	13. 02:1	0. 33
东莞市	6147	6655	8. 26	13. 92:1	13. 76:1	－0. 16
中山市	3698	3841	3. 87	12. 92:1	13. 30:1	0. 37
江门市	5976	6208	3. 88	13. 11:1	13. 21:1	0. 11
阳江市	3504	3458	－1. 31	12. 92:1	13. 87:1	0. 95
湛江市	10 864	10 618	－2. 26	12. 05:1	12. 00:1	－0. 05
茂名市	12 851	13 186	2. 61	12. 20:1	12. 00:1	－0. 19
肇庆市	5655	5877	3. 93	12. 44:1	12. 82:1	0. 38
清远市	5371	5514	2. 66	12. 44:1	12. 38:1	－0. 06
潮州市	4441	4288	－3. 45	10. 98:1	11. 64:1	0. 66
揭阳市	9383	9435	0. 55	13. 46:1	14. 33:1	0. 87
云浮市	3485	3477	－0. 23	13. 10:1	13. 33:1	0. 23

附表 3-5　广东省各地市中等职业教育（机构）教师配备情况

地区	专任教师规模（人）			生师比		
	2019 年	2020 年	增长率(%)	2019 年	2020 年	增长率(%)
全省	43 728	43 532	-0. 45	19. 39∶1	19. 77∶1	1. 95
珠江三角洲	26 374	26 632	0. 98	19. 58∶1	19. 36∶1	-1. 08
东翼	4807	4613	-4. 04	15. 91∶1	17. 14∶1	7. 75
西翼	5914	5833	-1. 37	22. 67∶1	23. 53∶1	3. 78
山区	6633	6454	-2. 70	18. 38∶1	19. 91∶1	8. 32
广州市	7842	7645	-2. 51	22. 91∶1	23. 39∶1	2. 06
深圳市	2736	2879	5. 23	14. 64∶1	13. 59∶1	-7. 16
珠海市	910	942	3. 52	19. 31∶1	19. 90∶1	3. 09
汕头市	1735	1510	-12. 97	17. 93∶1	18. 77∶1	4. 69
佛山市	3777	3832	1. 46	16. 81∶1	16. 35∶1	-2. 75
韶关市	1613	1683	4. 34	19. 77∶1	19. 31∶1	-2. 32
河源市	1123	1113	-0. 89	19. 27∶1	21. 12∶1	9. 58
梅州市	1395	1167	-16. 34	17. 73∶1	21. 55∶1	21. 56
惠州市	1923	2018	4. 94	24. 47∶1	24. 31∶1	-0. 63
汕尾市	797	823	3. 26	16. 29∶1	18. 50∶1	13. 57
东莞市	3019	3065	1. 52	20. 13∶1	17. 68∶1	-12. 15
中山市	1570	1571	0. 06	15. 19∶1	15. 66∶1	3. 11
江门市	2014	1902	-5. 56	15. 68∶1	16. 69∶1	6. 42
阳江市	578	648	12. 11	23. 19∶1	22. 32∶1	-3. 75
湛江市	2263	2293	1. 33	23. 68∶1	26. 36∶1	11. 29
茂名市	3073	2892	-5. 89	21. 69∶1	21. 56∶1	-0. 61
肇庆市	2583	2778	7. 55	20. 31∶1	20. 44∶1	0. 66
清远市	1607	1643	2. 24	17. 80∶1	18. 35∶1	3. 07
潮州市	736	639	-13. 18	11. 64∶1	13. 94∶1	19. 73
揭阳市	1539	1641	6. 63	15. 56∶1	16. 21∶1	4. 17
云浮市	895	848	-5. 25	17. 19∶1	20. 25∶1	17. 84

附表 3－6 广东省各地市普通高中教育生均校舍建筑面积情况

单位：平方米

地区	生均校舍建筑面积			
	2019 年	2020 年	增加	增长率(%)
全省	29.22	30.15	0.93	3.18
珠江三角洲	34.03	35.46	1.43	4.20
东翼	23.80	23.88	0.08	0.34
西翼	26.22	26.56	0.34	1.30
山区	26.03	26.80	0.77	2.96
广州市	36.50	40.66	4.16	11.40
深圳市	41.68	40.55	－1.13	－2.72
珠海市	29.32	29.22	－0.10	－0.33
汕头市	24.85	26.27	1.42	5.69
佛山市	33.92	35.92	2.00	5.89
韶关市	27.59	28.45	0.86	3.13
河源市	22.17	22.50	0.32	1.46
梅州市	26.28	26.28	－0.01	－0.03
惠州市	27.53	28.25	0.72	2.60
汕尾市	28.76	30.72	1.97	6.84
东莞市	42.09	43.42	1.33	3.15
中山市	31.23	35.48	4.25	13.62
江门市	23.56	23.19	－0.38	－1.60
阳江市	23.04	22.97	－0.07	－0.31
湛江市	27.27	28.14	0.87	3.20
茂名市	26.26	26.37	0.11	0.43
肇庆市	28.39	29.80	1.41	4.96
清远市	27.21	30.68	3.46	12.73
潮州市	19.05	18.20	－0.85	－4.46
揭阳市	22.38	20.80	－1.58	－7.04
云浮市	27.64	26.63	－1.01	－3.66

附表 3－7　广东省各地市中等职业教育（机构）生均校舍建筑面积情况

单位：平方米

地区	生均校舍建筑面积			
	2019 年	2020 年	增加	增长率(%)
全省	19.41	19.31	-0.10	-0.54
珠江三角洲	19.38	19.47	0.09	0.47
东翼	22.16	22.55	0.39	1.76
西翼	17.83	16.91	-0.93	-5.16
山区	19.48	19.22	-0.26	-1.33
广州市	16.11	15.89	-0.22	-1.36
深圳市	28.14	28.80	0.66	2.35
珠海市	19.73	19.53	-0.20	-1.01
汕头市	24.06	24.48	0.42	1.76
佛山市	22.18	22.63	0.45	2.03
韶关市	20.24	18.15	-2.08	-10.30
河源市	20.75	19.88	-0.87	-4.20
梅州市	19.68	19.87	0.19	0.98
惠州市	19.93	20.78	0.85	4.26
汕尾市	20.18	19.72	-0.46	-2.26
东莞市	23.30	23.00	-0.30	-1.28
中山市	16.30	17.21	0.90	5.54
江门市	19.04	19.97	0.93	4.89
阳江市	9.97	9.55	-0.42	-4.25
湛江市	17.87	16.63	-1.24	-6.96
茂名市	19.50	18.88	-0.62	-3.17
肇庆市	17.32	16.99	-0.34	-1.96
清远市	18.49	19.76	1.27	6.88
潮州市	17.74	16.02	-1.71	-9.66
揭阳市	22.45	24.31	1.86	8.28
云浮市	17.92	18.42	0.49	2.75

附表3－8　广东省各地市普通高中教育生均实验室面积情况

单位：平方米

地区	生均实验室和实习场地面积			
	2019年	2020年	增加	增长率(%)
全省	1.74	1.80	0.06	3.61
珠江三角洲	1.99	1.98	－0.01	－0.33
东翼	1.42	1.51	0.10	6.87
西翼	1.48	1.70	0.21	14.39
山区	1.72	1.75	0.03	1.68
广州市	2.57	2.77	0.20	7.73
深圳市	2.22	2.17	－0.06	－2.50
珠海市	1.74	1.60	－0.15	－8.40
汕头市	1.35	1.62	0.27	20.32
佛山市	2.27	2.26	－0.01	－0.23
韶关市	1.82	1.75	－0.07	－3.93
河源市	1.27	1.26	－0.01	－0.68
梅州市	1.74	1.84	0.10	5.75
惠州市	1.42	1.45	0.03	1.97
汕尾市	1.88	2.14	0.26	13.84
东莞市	1.76	1.65	－0.10	－5.86
中山市	1.69	1.61	－0.08	－4.79
江门市	1.21	1.16	－0.05	－3.91
阳江市	1.31	1.19	－0.12	－9.11
湛江市	1.07	1.15	0.08	7.02
茂名市	1.88	2.29	0.42	22.15
肇庆市	1.98	1.93	－0.05	－2.53
清远市	1.75	1.88	0.14	7.83
潮州市	1.49	1.35	－0.15	－9.75
揭阳市	1.27	1.22	－0.05	－3.90
云浮市	2.18	2.11	－0.07	－3.00

附表 3-9　广东省各地市中等职业教育（机构）生均实验室和实习场地面积情况

单位：平方米

地区	生均实验室和实习场地面积			
	2019 年	2020 年	增加	增长率(%)
全省	4.05	4.02	-0.03	-0.69
珠江三角洲	4.00	4.00	0.00	-0.06
东翼	4.35	4.52	0.17	3.84
西翼	3.70	3.52	-0.18	-4.89
山区	4.43	4.34	-0.09	-2.10
广州市	3.23	3.10	-0.13	-3.89
深圳市	4.77	4.67	-0.09	-1.96
珠海市	3.76	2.88	-0.88	-23.42
汕头市	4.78	5.02	0.24	4.92
佛山市	6.19	6.62	0.42	6.82
韶关市	4.89	4.45	-0.44	-8.92
河源市	3.89	3.54	-0.35	-9.11
梅州市	3.97	4.22	0.25	6.32
惠州市	3.66	3.81	0.14	3.92
汕尾市	3.44	3.67	0.22	6.50
东莞市	4.46	4.52	0.06	1.25
中山市	4.06	4.50	0.43	10.66
江门市	4.45	4.84	0.40	8.94
阳江市	2.19	2.21	0.03	1.20
湛江市	2.99	2.76	-0.23	-7.80
茂名市	4.71	4.57	-0.14	-2.99
肇庆市	3.02	2.86	-0.16	-5.31
清远市	5.20	5.55	0.35	6.73
潮州市	3.78	3.56	-0.23	-5.98
揭阳市	4.51	4.80	0.29	6.46
云浮市	3.71	3.25	-0.46	-12.32

附表 3－10　广东省各地市普通高中教育生均运动场地面积情况

单位：平方米

地区	生均运动场地面积			
	2019 年	2020 年	增加	增长率(%)
全省	12.56	12.95	0.39	3.11
珠江三角洲	13.08	13.15	0.07	0.54
东翼	10.45	10.39	－0.06	－0.57
西翼	12.03	14.08	2.05	17.04
山区	14.24	14.24	0	0.00
广州市	14.86	14.85	－0.01	－0.07
深圳市	15.29	16.40	1.11	7.26
珠海市	8.58	8.30	－0.28	－3.26
汕头市	10.48	11.03	0.55	5.25
佛山市	13.44	13.05	－0.39	－2.90
韶关市	12.65	12.54	－0.11	－0.87
河源市	9.41	9.24	－0.17	－1.81
梅州市	17.55	17.74	0.19	1.08
惠州市	9.30	9.51	0.21	2.26
汕尾市	14.13	13.73	－0.4	－2.83
东莞市	12.81	13.43	0.62	4.84
中山市	13.77	12.97	－0.8	－5.81
江门市	12.88	12.31	－0.57	－4.43
阳江市	11.32	10.33	－0.99	－8.75
湛江市	11.33	11.51	0.18	1.59
茂名市	12.82	17.28	4.46	34.79
肇庆市	11.30	11.04	－0.26	－2.30
清远市	16.99	17.66	0.67	3.94
潮州市	11.50	10.88	－0.62	－5.39
揭阳市	8.45	8.22	－0.23	－2.72
云浮市	12.86	12.16	－0.70	－5.44

附表 3－11　广东省各地市中等职业教育（机构）生均运动场地面积情况

单位：平方米

地区	生均运动场地面积			
	2019 年	2020 年	增加	增长率(%)
全省	6.12	6.05	－0.07	－1.14
珠江三角洲	5.65	5.64	－0.01	－0.18
东翼	7.88	7.84	－0.04	－0.51
西翼	6.13	5.91	－0.22	－3.59
山区	6.94	6.72	－0.22	－3.17
广州市	3.89	3.87	－0.02	－0.51
深圳市	5.85	5.79	－0.06	－1.03
珠海市	8.71	8.53	－0.18	－2.07
汕头市	6.60	6.82	0.22	3.33
佛山市	8.20	8.29	0.09	1.10
韶关市	7.57	6.30	－1.27	－16.78
河源市	5.27	4.99	－0.28	－5.31
梅州市	7.59	7.24	－0.35	－4.61
惠州市	4.85	5.65	0.80	16.49
汕尾市	9.21	9.60	0.39	4.23
东莞市	6.91	6.34	－0.57	－8.25
中山市	7.89	7.97	0.08	1.01
江门市	9.33	9.33	0.00	0.00
阳江市	9.73	8.97	－0.76	－7.81
湛江市	5.64	4.97	－0.67	－11.88
茂名市	5.82	6.11	0.29	4.98
肇庆市	3.39	3.50	0.11	3.24
清远市	7.11	6.94	－0.17	－2.39
潮州市	8.51	8.38	－0.13	－1.53
揭阳市	8.48	7.76	－0.72	－8.49
云浮市	6.62	8.78	2.16	32.63

附表 3－12　广东省各地市普通高中教育生均图书量情况

单位：册

地区	生均图书量			
	2019 年	2020 年	增加	增长率(%)
全省	61.74	60.51	-1.23	-1.99
珠江三角洲	61.16	59.51	-1.65	-2.70
东翼	64.98	63.77	-1.21	-1.86
西翼	61.04	61.26	0.22	0.36
山区	60.21	58.62	-1.59	-2.63
广州市	87.91	86.56	-1.36	-1.54
深圳市	75.81	72.08	-3.73	-4.92
珠海市	32.18	33.92	1.74	5.39
汕头市	75.51	73.36	-2.14	-2.84
佛山市	52.75	51.21	-1.53	-2.91
韶关市	55.99	56.16	0.17	0.30
河源市	46.02	41.62	-4.39	-9.54
梅州市	71.92	69.89	-2.02	-2.81
惠州市	41.84	40.18	-1.66	-3.97
汕尾市	68.30	74.24	5.95	8.71
东莞市	46.84	47.59	0.74	1.58
中山市	47.88	46.18	-1.70	-3.55
江门市	56.10	56.30	0.20	0.36
阳江市	45.13	52.35	7.23	16.01
湛江市	64.45	62.74	-1.71	-2.66
茂名市	62.78	62.77	-0.01	-0.02
肇庆市	57.66	55.99	-1.67	-2.90
清远市	59.65	60.08	0.43	0.71
潮州市	59.20	57.41	-1.79	-3.02
揭阳市	54.37	52.17	-2.20	-4.05
云浮市	64.60	64.01	-0.59	-0.91

附表3－13 广东省各地市中等职业教育（机构）生均图书量情况

单位：册

地区	生均图书量			
	2019年	2020年	增加	增长率(%)
全省	28.83	29.08	0.25	0.87
珠江三角洲	28.85	29.60	0.75	2.60
东翼	31.62	31.64	0.02	0.06
西翼	24.80	23.27	－1.53	－6.17
山区	31.32	31.63	0.31	0.99
广州市	31.28	32.51	1.23	3.93
深圳市	29.09	33.40	4.31	14.82
珠海市	20.25	20.27	0.02	0.10
汕头市	33.38	35.04	1.66	4.97
佛山市	30.68	30.52	－0.16	－0.52
韶关市	30.57	33.61	3.04	9.94
河源市	24.20	21.98	－2.22	－9.17
梅州市	34.35	32.16	－2.19	－6.38
惠州市	21.15	20.62	－0.53	－2.51
汕尾市	35.43	33.36	－2.07	－5.84
东莞市	24.91	23.71	－1.2	－4.82
中山市	32.14	31.94	－0.2	－0.62
江门市	29.58	28.76	－0.82	－2.77
阳江市	16.73	16.20	－0.53	－3.17
湛江市	21.28	21.07	－0.21	－0.99
茂名市	29.88	27.04	－2.84	－9.50
肇庆市	30.41	32.69	2.28	7.50
清远市	34.10	35.07	0.97	2.84
潮州市	39.02	34.30	－4.72	－12.10
揭阳市	25.00	26.13	1.13	4.52
云浮市	32.12	34.26	2.14	6.66

附表 3－14　广东省各地市普通高中教育生均教学仪器设备资产值

单位：元

地区	生均教学仪器设备资产值			
	2019 年	2020 年	增加	增长率（%）
全省	6115.82	6487.66	371.84	6.08
珠江三角洲	8616.41	8833.04	216.63	2.51
东翼	4618.49	4771.87	153.38	3.32
西翼	3254.85	4041.38	786.53	24.16
山区	4297.75	4654.12	356.37	8.29
广州市	9732.86	10 348.41	615.55	6.32
深圳市	19 640.71	18 816.85	－823.86	－4.19
珠海市	2999.79	4400.54	1400.75	46.69
汕头市	5471.85	5476.50	4.65	0.08
佛山市	6240.93	6527.00	286.07	4.58
韶关市	5122.57	5499.04	376.47	7.35
河源市	3256.2	3522.20	266	8.17
梅州市	4538.95	4654.76	115.81	2.55
惠州市	4684.43	4691.40	6.97	0.15
汕尾市	4894.5	5732.85	838.35	17.13
东莞市	6736	7427.63	691.63	10.27
中山市	5460.56	4648.21	－812.35	－14.88
江门市	4655.63	5157.92	502.29	10.79
阳江市	3130.2	3473.09	342.89	10.95
湛江市	2994.82	3195.36	200.54	6.70
茂名市	3508.06	4894.65	1386.59	39.53
肇庆市	5316.77	5777.65	460.88	8.67
清远市	4480.41	5014.41	534	11.92
潮州市	3704.62	3956.15	251.53	6.79
揭阳市	3926.73	3970.77	44.04	1.12
云浮市	4166.08	4869.03	702.95	16.87

附表 3-15　广东省各地市中等职业教育（机构）生均教学、实习仪器设备资产值

单位：元

地区	生均教学、实习仪器设备资产值			
	2019 年	2020 年	增加	增长率(%)
全省	9871.89	10 491.73	619.84	6.28
珠江三角洲	10 942.62	11 802.50	859.88	7.86
东翼	7907.50	8697.25	789.74	9.99
西翼	6635.04	6823.27	188.23	2.84
山区	10 108.96	10 253.52	144.56	1.43
广州市	10 415.66	11 182.50	766.84	7.36
深圳市	18 652.75	24 668.74	6015.99	32.25
珠海市	10 977.82	8554.78	-2423.04	-22.07
汕头市	7910.84	8342.87	432.03	5.46
佛山市	14 580.08	15 674.83	1094.75	7.51
韶关市	10 934.32	10 910.67	-23.54	-0.22
河源市	7457.31	6937.18	-520.13	-6.97
梅州市	8034.19	8948.15	913.96	11.38
惠州市	5588.82	6021.75	432.93	7.75
汕尾市	6597.05	8168.09	1571.05	23.81
东莞市	13 622.93	13 459.24	-163.69	-1.20
中山市	7649.54	9368.33	1718.80	22.47
江门市	11 172.12	11 830.35	658.23	5.89
阳江市	12 169.21	11 004.40	-1164.81	-9.57
湛江市	6000.15	6160.52	160.37	2.67
茂名市	6033.19	6495.62	462.43	7.66
肇庆市	5997.09	6139.90	142.81	2.38
清远市	11 825.29	12 646.53	821.24	6.94
潮州市	9892.75	9702.40	-190.35	-1.92
揭阳市	7916.06	9041.33	1125.27	14.21
云浮市	12 253.35	11 260.07	-993.28	-8.11

附表 3－16　广东省各地市普通高中教育信息化水平

地区	生均电子图书（GB）			每百名学生拥有教学用计算机（台）		
	2019 年	2020 年	增加（%）	2019 年	2020 年	增长率（%）
全省	78. 62	38. 87	－50. 56	33. 30	33. 71	1. 23
珠江三角洲	137. 67	46. 61	－66. 14	36. 91	37. 03	0. 33
东翼	60. 05	55. 97	－6. 79	35. 40	35. 06	－0. 96
西翼	8. 16	8. 95	9. 68	27. 64	29. 17	5. 54
山区	19. 08	28. 78	50. 84	27. 27	27. 81	1. 98
广州市	36. 77	36. 88	0. 30	46. 50	50. 75	9. 14
深圳市	146. 13	123. 61	－15. 41	57. 67	52. 60	－8. 79
珠海市	0. 19	67. 06	35194. 74	22. 91	22. 89	－0. 09
汕头市	45. 88	40. 10	－12. 60	38. 78	39. 63	2. 19
佛山市	19. 55	22. 78	16. 52	33. 55	33. 89	1. 01
韶关市	14. 17	11. 78	－16. 87	21. 15	23. 33	10. 31
河源市	12. 67	64. 02	405. 29	21. 32	21. 04	－1. 31
梅州市	37. 32	32. 77	－12. 19	29. 90	30. 85	3. 18
惠州市	23. 01	19. 27	－16. 25	18. 78	20. 40	8. 63
汕尾市	22. 86	26. 83	17. 37	28. 43	29. 40	3. 41
东莞市	835. 65	40. 95	－95. 10	30. 33	33. 51	10. 48
中山市	149. 44	8. 91	－94. 04	33. 09	30. 90	－6. 62
江门市	30. 44	25. 45	－16. 39	29. 57	29. 06	－1. 72
阳江市	27. 83	15. 93	－42. 76	24. 06	23. 56	－2. 08
湛江市	5. 16	10. 52	103. 88	24. 75	24. 49	－1. 05
茂名市	4. 98	5. 57	11. 85	31. 09	34. 64	11. 42
肇庆市	32. 32	37. 68	16. 58	30. 05	28. 29	－5. 86
清远市	13. 64	15. 29	12. 10	26. 25	28. 43	8. 30
潮州市	83. 46	79. 60	－4. 62	35. 52	35. 15	－1. 04
揭阳市	82. 35	75. 09	－8. 82	34. 66	32. 66	－5. 77
云浮市	8. 33	7. 76	－6. 84	39. 22	36. 45	－7. 06

附表 3 - 17　广东省各地市中等职业教育（机构）信息化水平

地区	生均电子图书（GB）			每百名学生拥有教学用计算机（台）		
	2019 年	2020 年	增加（%）	2019 年	2020 年	增长率（%）
全省	50. 38	24. 37	－51. 63	34. 64	35. 52	2. 54
珠江三角洲	71. 37	27. 85	－60. 98	38. 52	40. 61	5. 43
东翼	20. 10	20. 75	3. 23	39. 19	39. 88	1. 76
西翼	15. 23	17. 82	17. 01	22. 24	21. 78	－2. 07
山区	19. 18	19. 60	2. 19	28. 70	27. 11	－5. 54
广州市	17. 60	17. 65	0. 28	36. 71	36. 68	－0. 08
深圳市	9. 40	74. 97	697. 55	52. 37	62. 57	19. 48
珠海市	14. 71	6. 84	－53. 50	38. 85	40. 31	3. 76
汕头市	24. 01	24. 85	3. 50	40. 00	39. 85	－0. 37
佛山市	24. 26	38. 34	58. 04	47. 43	49. 88	5. 17
韶关市	11. 77	11. 02	－6. 37	31. 82	22. 68	－28. 72
河源市	18. 89	17. 06	－9. 69	25. 05	26. 05	3. 99
梅州市	8. 48	8. 91	5. 07	26. 35	29. 41	11. 61
惠州市	17. 52	9. 10	－48. 06	20. 18	24. 15	19. 67
汕尾市	11. 17	13. 74	23. 01	33. 08	37. 04	11. 97
东莞市	438. 13	43. 53	－90. 06	50. 05	51. 14	2. 18
中山市	132. 70	8. 42	－93. 65	45. 31	54. 91	21. 19
江门市	31. 05	33. 57	8. 12	37. 29	38. 83	4. 13
阳江市	16. 12	14. 70	－8. 81	21. 98	20. 35	－7. 42
湛江市	26. 18	22. 88	－12. 61	25. 58	25. 27	－1. 21
茂名市	4. 66	13. 63	192. 49	19. 13	18. 74	－2. 04
肇庆市	31. 50	29. 34	－6. 86	25. 77	26. 66	3. 45
清远市	28. 65	28. 36	－1. 01	32. 42	33. 73	4. 04
潮州市	1. 32	1. 31	－0. 76	52. 79	43. 28	－18. 01
揭阳市	26. 49	26. 91	1. 59	36. 80	40. 41	9. 81
云浮市	32. 91	39. 61	20. 36	25. 11	21. 94	－12. 62

四、高等教育有关表格

附表 4－1　广东省各高等院校研究生规模发展情况

单位：人

学校	招生			在校生		
	2019 年	2020 年	增长率（%）	2019 年	2020 年	增长率（%）
中山大学	9269	10 604	14. 40	25 828	28 850	11. 70
华南理工大学	6495	7093	9. 21	19 730	21 274	7. 83
暨南大学	4148	5421	30. 69	11 920	13 813	15. 88
华南农业大学	2358	3602	52. 76	6554	8348	27. 37
南方医科大学	1833	2539	38. 52	5564	6502	16. 86
广州中医药大学	1607	1958	21. 84	4675	5212	11. 49
华南师范大学	4147	5058	21. 97	11 560	12 915	11. 72
广东工业大学	2778	3694	32. 97	7983	9335	16. 94
广东外语外贸大学	1326	1781	34. 31	3624	4033	11. 29
汕头大学	1389	1675	20. 59	3698	4400	18. 98
广东财经大学	811	1250	54. 13	1956	2425	23. 98
广东医科大学	475	905	90. 53	1299	1813	39. 57
广东海洋大学	413	655	58. 60	990	1389	40. 30
仲恺农业工程学院	367	619	68. 66	936	1377	47. 12
广东药科大学	466	730	56. 65	1458	1770	21. 40
星海音乐学院	125	143	14. 40	344	389	13. 08
广州美术学院	294	393	33. 67	814	968	18. 92
广州体育学院	316	388	22. 78	924	1048	13. 42
广东技术师范大学	312	525	68. 27	841	1097	30. 44
广东金融学院	72	128	77. 78	172	227	31. 98
广州大学	1803	2570	42. 54	4754	5836	22. 76
广州医科大学	868	1336	53. 92	2427	3015	24. 23
深圳大学	3000	4301	43. 37	8638	10 410	20. 51
南方科技大学	931	1252	34. 48	931	2174	133. 51
东莞理工学院	77	183	137. 66	77	260	237. 66
五邑大学	225	404	79. 56	582	817	40. 38
佛山科学技术学院	535	578	8. 04	925	1256	35. 78

注：除以上院校外，其他院校各项数据皆为0。

附表4－2　广东省各高等院校普通本专科生规模发展情况

单位：人

学校	招生			在校生		
	2019年	2020年	增长率（%）	2019年	2020年	增长率（%）
中山大学	7756	7685	－0.92	32 160	32 192	0.10
华南理工大学	6412	6572	2.50	25177	25 575	1.58
暨南大学	6263	6791	8.43	25 863	26 562	2.70
华南农业大学	9807	9832	0.25	37 199	37 966	2.06
南方医科大学	3152	3080	－2.28	13 851	14 258	2.94
广州中医药大学	2958	2980	0.74	12 554	12 530	－0.19
华南师范大学	6965	7369	5.80	25 643	27 018	5.36
广东工业大学	9319	9402	0.89	36 184	36 705	1.44
广东外语外贸大学	4953	5075	2.46	19 749	19 826	0.39
汕头大学	3016	3542	17.44	9161	10 894	18.92
广东财经大学	5945	8058	35.54	23 829	25501	7.02
广东医科大学	5324	5870	10.26	19 871	21 983	10.63
广东海洋大学	9107	9420	3.44	31 988	33 709	5.38
仲恺农业工程学院	5908	7044	19.23	21 097	22 905	8.57
广东药科大学	3083	4651	50.86	20 858	20 978	0.58
星海音乐学院	1276	1275	－0.08	4818	5016	4.11
广州美术学院	1461	1850	26.63	5427	5909	8.88
广州体育学院	1860	1736	－6.67	6622	6717	1.43
广东技术师范大学	7763	10 418	34.20	22 805	26 966	18.25
岭南师范学院	5905	7701	30.41	25 640	28 559	11.38
韩山师范学院	4808	6577	36.79	18 318	21 125	15.32
广东石油化工学院	5048	10 453	107.07	20 623	28 747	39.39
广东金融学院	3962	6045	52.57	20 916	21 475	2.67
广东警官学院	1683	1692	0.53	6718	6713	－0.07

续附表 4 - 2

学校	招生			在校生		
	2019 年	2020 年	增长率（%）	2019 年	2020 年	增长率（%）
广东第二师范学院	3535	3826	8. 23	13 202	14 077	6. 63
广州航海学院	2684	2942	9. 61	13 682	12 082	- 11. 69
广州大学	9667	7465	- 22. 78	36 369	37 037	1. 84
广州医科大学	2074	2129	2. 65	9004	9288	3. 15
深圳大学	6739	6733	- 0. 09	28 632	28 392	- 0. 84
南方科技大学	1060	1093	3. 11	4178	4310	3. 16
韶关学院	7263	9160	26. 12	26 567	29 733	11. 92
嘉应学院	8742	7239	- 17. 19	25 969	28 340	9. 13
惠州学院	5266	5422	2. 96	17 812	19 234	7. 98
东莞理工学院	4578	5111	11. 64	19 403	19 327	- 0. 39
五邑大学	4992	5139	2. 94	19 057	19 318	1. 37
佛山科学技术学院	4759	5296	11. 28	18 322	19 808	8. 11
肇庆学院	4843	6209	28. 21	20 202	20 465	1. 30
深圳技术大学	805	1577	95. 90	805	2380	195. 65
深圳北理莫斯科大学	178	304	70. 79	3474	716	- 79. 39
广东以色列理工学院	265	185	- 30. 19	240	909	278. 75
北京师范大学 - 香港浸会大学联合国际学院	1633	1787	9. 43	6235	6641	6. 51
香港中文大学（深圳）	1226	1351	10. 20	4114	4683	13. 83
广东培正学院	4653	4901	5. 33	16 572	17 529	5. 77
广东白云学院	6966	8133	16. 75	21 223	24 773	16. 73
广东科技学院	7767	9988	28. 60	20 760	30 178	45. 37
广州商学院	4435	4781	7. 80	16 799	16 875	0. 45

续附表 4－2

学校	招生			在校生		
	2019 年	2020 年	增长率（%）	2019 年	2020 年	增长率（%）
广东东软学院	2920	2666	－8. 70	9750	11 228	15. 16
广州工商学院	6656	6711	0. 83	24 983	25 399	1. 67
广东理工学院	8827	10 536	19. 36	30 549	39 910	30. 64
广州理工学院	854	5864	586. 65	11 097	13 056	17. 65
广州应用科技学院	3938	3500	－11. 12	10 534	11 282	7. 10
广州南方学院	5105	4838	－5. 23	19 590	19 600	0. 05
广州华商学院	7495	7032	－6. 18	24 095	25 038	3. 91
广州软件学院	3620	3447	－4. 78	14 284	14 291	0. 05
珠海科技学院	8105	8136	0. 38	31 126	30 786	－1. 09
广州新华学院	5354	5209	－2. 71	22 721	21 987	－3. 23
广州城市理工学院	5751	5132	－10. 76	22 232	21 854	－1. 70
湛江科技学院	4554	4212	－7. 51	21 004	19 940	－5. 07
广州科技职业技术大学	9823	9955	1. 34	18 611	25 495	36. 99
广东工商职业技术大学	6594	15 224	130. 88	13 080	26 725	104. 32
广东工业大学华立学院	5498	4199	－23. 63	17 858	18 359	2. 81
东莞理工学院城市学院	5926	2593	－56. 24	21 624	18 509	－14. 41
北京师范大学珠海分校	3012	2096	－30. 41	19 402	16 108	－16. 98
电子科技大学中山学院	5475	4630	－15. 43	19 503	19 535	0. 16
北京理工大学珠海学院	5067	4485	－11. 49	24 654	22 408	－9. 11
华南农业大学珠江学院	4070	3113	－23. 51	12 576	12 852	2. 19
广东外语外贸大学南国商学院	2447	2116	－13. 53	9242	9036	－2. 23
广州民航职业技术学院	4150	4592	10. 65	12 363	12 744	3. 08

续附表 4－2

学校	招生			在校生		
	2019 年	2020 年	增长率（%）	2019 年	2020 年	增长率（%）
广东轻工职业技术学院	8332	11 807	41. 71	21 495	26 747	24. 43
广东省外语艺术职业学院	4156	6971	67. 73	10 027	13 861	38. 24
广东机电职业技术学院	5614	11 663	107. 75	15 246	21 579	41. 54
广东工贸职业技术学院	6759	10 898	61. 24	16 455	22 295	35. 49
广东职业技术学院	5945	9950	67. 37	14 627	19 939	36. 32
广东建设职业技术学院	5435	8510	56. 58	11 237	17 110	52. 26
广东理工职业学院	4052	4799	18. 44	11 922	12 786	0. 65
广东科学技术职业学院	9895	13 137	32. 76	23 971	29 289	22. 19
广东交通职业技术学院	6703	11 856	76. 88	15 565	22 096	41. 96
广东松山职业技术学院	3275	8178	149. 71	9468	14 435	52. 46
广东工程职业技术学院	7180	10171	41. 66	14 038	20 428	45. 52
广东科贸职业学院	6672	13 050	95. 59	13 290	23 134	74. 07
广东食品药品职业学院	8735	8086	－7. 43	18 543	21 262	14. 66
广东水利电力职业技术学院	6338	7545	19. 04	15 509	18 241	17. 62
广东司法警官职业学院	1874	2023	7. 95	4551	5032	10. 57
广东行政职业学院	1004	1930	92. 23	3728	3746	0. 48
广东体育职业技术学院	1253	1899	51. 56	3561	4107	15. 33
广东文艺职业学院	1201	1572	30. 89	3853	4111	6. 70
广东女子职业技术学院	2878	3907	35. 75	6997	8889	27. 04
广东农工商职业技术学院	7652	10 064	31. 52	20151	23 491	16. 57
广东邮电职业技术学院	1755	3146	79. 26	4838	6323	30. 69

续附表 4－2

学校	招生			在校生		
	2019 年	2020 年	增长率（%）	2019 年	2020 年	增长率（%）
广东环境保护工程职业学院	3974	4582	15.30	10 677	11 996	12.35
广东青年职业学院	1301	2388	83.55	3961	4578	15.58
广东舞蹈戏剧职业学院	1059	1523	43.81	2667	3432	28.68
广东生态工程职业学院	2585	6899	166.89	6513	11 492	76.45
广东南华工商职业学院	4501	5857	30.13	11 337	13 587	19.85
广州番禺职业技术学院	4378	5852	33.67	12 085	13 607	12.59
广州体育职业技术学院	741	1429	92.85	2244	2915	29.90
广州工程技术职业学院	2775	6609	138.16	8051	11 679	45.06
广州铁路职业技术学院	3339	3565	6.77	8420	9155	8.73
广州城市职业学院	3910	5803	48.41	9126	12 071	32.27
广州科技贸易职业学院	3287	3233	－1.64	7481	9000	20.30
广州卫生职业技术学院	1856	2486	33.94	5079	5924	16.64
深圳职业技术学院	8868	16 111	81.68	23 417	32 450	38.57
深圳信息职业技术学院	6799	8315	22.30	17 467	20 497	17.35
珠海城市职业技术学院	2293	3798	65.63	6241	7809	25.12
汕头职业技术学院	3986	6912	73.41	10 874	14 162	30.24
佛山职业技术学院	3018	5034	66.80	8516	10 144	19.12
河源职业技术学院	5023	7494	49.19	13 352	16 486	23.47
惠州卫生职业技术学院	1757	6439	266.48	5020	9686	92.95
惠州城市职业学院	4523	7503	65.89	10 403	15 421	48.24
惠州工程职业学院	3295	5847	77.45	6349	11 372	79.11

续附表 4－2

学校	招生			在校生		
	2019 年	2020 年	增长率（%）	2019 年	2020 年	增长率（%）
汕尾职业技术学院	3149	4592	45. 82	7823	9935	27. 00
东莞职业技术学院	4766	7272	52. 58	11 567	15 117	30. 69
中山火炬职业技术学院	2400	4222	75. 92	7040	8728	23. 98
中山职业技术学院	3934	5483	39. 37	8600	11 091	28. 97
江门职业技术学院	4667	6618	41. 80	12 572	14 888	18. 42
广东江门中医药职业学院	3202	4223	31. 89	5767	9125	58. 23
阳江职业技术学院	3533	5749	62. 72	11 123	13 006	16. 93
湛江幼儿师范专科学校	1830	7863	329. 67	6271	12 330	96. 62
茂名职业技术学院	5131	6882	34. 13	15 500	17 466	12. 68
广东茂名健康职业学院	1782	4579	156. 96	4700	7630	62. 34
广东茂名幼儿师范专科学校	3558	7078	98. 93	9145	13 651	49. 27
广东茂名农林科技职业学院	3212	6932	115. 82	4099	11 024	168. 94
肇庆医学高等专科学校	3324	9844	196. 15	9345	16 030	71. 54
清远职业技术学院	3948	8593	117. 65	11 640	16 379	40. 71
揭阳职业技术学院	2498	3670	46. 92	5855	7523	28. 49
罗定职业技术学院	3181	5609	76. 33	9638	11 806	22. 49
顺德职业技术学院	6309	8693	37. 79	16 028	19 846	23. 82
广东江门幼儿师范高等专科学校	988	3062	209. 92	988	4046	309. 51
广东财贸职业学院	1368	3183	132. 68	1368	4531	231. 21
私立华联学院	3082	3460	12. 26	8800	9680	10. 00
潮汕职业技术学院	659	2228	238. 09	4938	5039	2. 05

续附表 4－2

学校	招生			在校生		
	2019 年	2020 年	增长率（%）	2019 年	2020 年	增长率（%）
广东新安职业技术学院	1514	2758	82. 17	4623	5695	23. 19
广东亚视演艺职业学院	1143	1035	－9. 45	3567	3557	－0. 28
广东岭南职业技术学院	6791	12 536	84. 60	20 451	26 416	29. 17
广州康大职业技术学院	668	1391	108. 23	1060	2443	130. 47
珠海艺术职业学院	1503	1275	－15. 17	4946	4414	－10. 76
广州涉外经济职业技术学院	3868	6569	69. 83	10 136	13 661	34. 78
广州南洋理工职业学院	4068	4929	21. 17	11 775	13 012	10. 51
惠州经济职业技术学院	2170	3318	52. 90	9576	9263	－3. 27
广州现代信息工程职业技术学院	3370	4755	41. 10	8369	10 519	25. 69
广州华南商贸职业学院	1700	3847	126. 29	6368	8455	32. 77
广州华立科技职业学院	5339	7840	46. 84	14 254	17 450	22. 42
广州珠江职业技术学院	1739	2012	15. 70	7815	6492	－16. 93
广州松田职业学院	1582	5657	257. 59	4089	8659	111. 76
广东文理职业学院	1245	7704	518. 80	8545	12 265	43. 53
广州城建职业学院	7010	9644	37. 57	19 856	22 949	15. 58
广东南方职业学院	2411	16 925	601. 99	9607	22 710	136. 39
广州华商职业学院	4455	9640	116. 39	10 682	16 998	59. 13
广州华夏职业学院	4782	11 569	141. 93	13 469	20 078	49. 07
广州东华职业学院	1193	4232	254. 74	7348	8192	11. 49
广东创新科技职业学院	1463	4795	227. 75	9084	9427	3. 78
广东信息工程职业学院	648	1553	139. 66	2203	3003	36. 31
广东碧桂园职业学院	530	822	55. 09	1400	1805	28. 93
广东酒店管理职业技术学院	1262	3216	154. 83	5592	5463	－2. 31

附表 4－3　广东省各高等院校研究生和普通本专科毕业生增长情况

单位：人

学校	研究生毕业生			普通本专科毕业生		
	2019 年	2020 年	增长率（%）	2019 年	2020 年	增长率（%）
中山大学	5612	6766	20.56	7424	7468	0.59
华南理工大学	4147	5047	21.70	5712	5962	4.38
暨南大学	3104	3459	11.44	5391	5697	5.68
华南农业大学	1428	1725	20.80	8783	8911	1.46
南方医科大学	1419	1464	3.17	2881	2793	－3.05
广州中医药大学	1259	1382	9.77	3303	2842	－13.96
华南师范大学	2939	3538	20.38	5904	5897	－0.12
广东工业大学	1609	2257	40.27	9063	8443	－6.84
广东外语外贸大学	1108	1315	18.68	4768	4852	1.76
汕头大学	913	929	1.75	1752	1768	0.91
广东财经大学	759	764	0.66	6770	6327	－6.54
广东海洋大学	384	391.00	1.82	3633	3646	0.36
广东医科大学	196	252	28.57	7731	7349	－4.94
仲恺农业工程学院	121	177	46.28	5222	5009	－4.08
广东药科大学	405	417	2.96	3083	4505	46.12
星海音乐学院	68	95	39.71	985	1054	7.01
广州美术学院	240	247	2.92	1317	1313	－0.30
广州体育学院	204	250	22.55	1749	1612	－7.83
广东技术师范学院	224	274	22.32	3946	6202	57.17
岭南师范学院	0	0	0.00	6780	6445	－4.94
韩山师范学院	0	0	0.00	5083	4573	－10.03
广东石油化工学院	—	—	—	5664	5773	1.92
广东金融学院	49	73	48.98	5542	5459	－1.50
广东警官学院	—	—	—	1504	1690	12.37

续附表4－3

学校	研究生毕业生			普通本专科毕业生		
	2019年	2020年	增长率（%）	2019年	2020年	增长率（%）
广东第二师范学院	—	—	—	2934	2918	－0.55
广州航海学院	—	—	—	2362	4333	83.45
广州大学	1222	1432	17.18	9730	8873	－8.81
广州医科大学	682	717	5.13	1808	1758	－2.77
深圳大学	1772	2548	43.79	6780	6581	－2.94
南方科技大学	—	—	—	803	911	13.45
韶关学院	—	—	—	7740	7753	0.17
嘉应学院	—	—	—	7701	6581	－14.54
惠州学院	—	—	—	4339	3984	－8.18
东莞理工学院	—	—	—	4827	4871	0.91
五邑大学	106	165	55.66	4459	4157	－6.77
佛山科学技术学院	104	220	111.54	3830	3757	－1.91
肇庆学院	—	—	—	6046	5929	－1.94
深圳技术大学	—	—	—	—	—	—
深圳北理莫斯科大学	—	—	—	—	—	—
广东以色列理工学院	—	—	—	—	—	—
北京师范大学－香港浸会大学联合国际学院	—	—	—	1310	1345	2.67
香港中文大学（深圳）	—	—	—	550	753	36.91
广东培正学院	—	—	—	3469	3956	14.04
广东白云学院	—	—	—	4417	4571	3.49

续附表 4－3

学校	研究生毕业生			普通本专科毕业生		
	2019 年	2020 年	增长率（%）	2019 年	2020 年	增长率（%）
广东外语外贸大学南国商学院	—	—	—	2256	2173	－3.68
广州民航职业技术学院	—	—	—	4155	3989	－4.00
广东轻工职业技术学院	—	—	—	6245	6182	－1.01
广东省外语艺术职业学院	—	—	—	2610	3078	17.93
广东机电职业技术学院	—	—	—	4281	5123	19.67
广东工贸职业技术学院	—	—	—	4711	4949	5.05
广东职业技术学院	—	—	—	3889	4345	11.73
广东建设职业技术学院	—	—	—	2623	2603	－0.76
广东理工职业学院	—	—	—	3734	3888	4.12
广东科学技术职业学院	—	—	—	7958	7697	－3.28
广东交通职业技术学院	—	—	—	4257	5154	21.07
广东松山职业技术学院	—	—	—	2841	3140	10.52
广东工程职业技术学院	—	—	—	3394	3726	9.78
广东科贸职业学院	—	—	—	3045	3071	0.85
广东食品药品职业学院	—	—	—	3911	5159	31.91
广东水利电力职业技术学院	—	—	—	4259	4453	4.56
广东司法警官职业学院	—	—	—	1381	1473	6.66
广东行政职业学院	—	—	—	1490	1880	26.17
广东体育职业技术学院	—	—	—	773	1209	56.40
广东文艺职业学院	—	—	—	1077	1223	13.56
广东女子职业技术学院	—	—	—	2005	1979	－1.30

续附表 4－3

学校	研究生毕业生			普通本专科毕业生		
	2019 年	2020 年	增长率（%）	2019 年	2020 年	增长率（%）
广东农工商职业技术学院	—	—	—	5577	6394	14.65
广东邮电职业技术学院	—	—	—	1228	1539	25.33
广东环境保护工程职业学院	—	—	—	3211	3115	－2.99
广东青年职业学院	—	—	—	1803	1711	－5.10
广东舞蹈戏剧职业学院	—	—	—	765	691	－9.67
广东生态工程职业学院	—	—	—	1850	1835	－0.81
广东南华工商职业学院	—	—	—	2993	3483	16.37
广州番禺职业技术学院	—	—	—	4018	4133	2.86
广州体育职业技术学院	—	—	—	712	693	－2.67
广州工程技术职业学院	—	—	—	2351	2817	19.82
广州铁路职业技术学院	—	—	—	2759	2698	－2.21
广州城市职业学院	—	—	—	2920	2708	－7.26
广州科技贸易职业学院	—	—	—	1701	1544	－9.23
广州卫生职业技术学院	—	—	—	1465	1612	10.03
深圳职业技术学院	—	—	—	6680	6887	3.10
深圳信息职业技术学院	—	—	—	4554	4736	4.00
珠海城市职业技术学院	—	—	—	2042	2023	－0.93
汕头职业技术学院	—	—	—	2968	3481	17.28
佛山职业技术学院	—	—	—	2673	3292	23.16
河源职业技术学院	—	—	—	4094	4292	4.84
惠州卫生职业技术学院	—	—	—	1517	1759	15.95
惠州城市职业学院	—	—	—	2403	2420	0.71
惠州工程职业学院	—	—	—	—	802	—

续附表 4－3

学校	研究生毕业生			普通本专科毕业生		
	2019 年	2020 年	增长率（%）	2019 年	2020 年	增长率（%）
汕尾职业技术学院	—	—	—	1835	2431	32. 48
东莞职业技术学院	—	—	—	2898	3576	23. 40
中山火炬职业技术学院	—	—	—	2174	2372	9. 11
中山职业技术学院	—	—	—	2357	2740	16. 25
江门职业技术学院	—	—	—	3790	3970	4. 75
广东江门中医药职业学院	—	—	—	—	824	—
阳江职业技术学院	—	—	—	3019	3711	22. 92
湛江幼儿师范专科学校	—	—	—	675	1770	162. 22
茂名职业技术学院	—	—	—	3726	4428	18. 84
广东茂名健康职业学院	—	—	—	1062	1642	54. 61
广东茂名幼儿师范专科学校	—	—	—	1520	2503	64. 67
广东茂名农林科技职业学院	—	—	—	—	—	—
肇庆医学高等专科学校	—	—	—	3041	3136	3. 12
清远职业技术学院	—	—	—	3609	3816	5. 74
揭阳职业技术学院	—	—	—	2167	1902	－12. 23
罗定职业技术学院	—	—	—	2963	3368	13. 67
顺德职业技术学院	—	—	—	4434	4483	1. 11
广东江门幼儿师范高等专科学校	—	—	—	—	—	—
广东财贸职业学院	—	—	—	—	—	—
私立华联学院	—	—	—	2241	2459	9. 73
潮汕职业技术学院	—	—	—	1509	2111	39. 89
广东新安职业技术学院	—	—	—	1313	1616	23. 08

续附表 4 – 3

学校	研究生毕业生			普通本专科毕业生		
	2019 年	2020 年	增长率（%）	2019 年	2020 年	增长率（%）
广东亚视演艺职业学院	—	—	—	471	976	107.22
广东岭南职业技术学院	—	—	—	5655	6117	8.17
广州康大职业技术学院	—	—	—	—	—	—
珠海艺术职业学院	—	—	—	1452	1740	19.83
广州涉外经济职业技术学院	—	—	—	2939	2826	–3.84
广州南洋理工职业学院	—	—	—	3479	3603	3.56
惠州经济职业技术学院	—	—	—	3370	3525	4.60
广州现代信息工程职业技术学院	—	—	—	2158	2256	4.54
广州华南商贸职业学院	—	—	—	1547	1655	6.98
广州华立科技职业学院	—	—	—	4138	4392	6.14
广州珠江职业技术学院	—	—	—	2429	3222	32.65
广州松田职业学院	—	—	—	961	1044	8.64
广东文理职业学院	—	—	—	3617	3895	7.69
广州城建职业学院	—	—	—	5755	6110	6.17
广东南方职业学院	—	—	—	3145	3760	19.55
广州华商职业学院	—	—	—	3243	3229	–0.58
广州华夏职业学院	—	—	—	4255	4739	11.37
广州东华职业学院	—	—	—	3214	3369	4.82
广东创新科技职业学院	—	—	—	4375	4265	–2.51
广东信息工程职业学院	—	—	—	657	737	12.18
广东碧桂园职业学院	—	—	—	365	408	11.78
广东酒店管理职业技术学院	—	—	—	697	3271	369.30

附表4－4　广东省普通高校专任教师情况

单位：人

学校	2019年	2020年	比上年增减
中山大学	4028	4255	227
华南理工大学	2683	2648	－35
暨南大学	2499	2684	185
华南农业大学	2478	2514	36
南方医科大学	2044	2078	34
广州中医药大学	1449	1530	81
华南师范大学	2386	2499	113
广东工业大学	2307	2531	224
广东外语外贸大学	1588	1587	－1
汕头大学	1004	1231	227
广东财经大学	1595	1600	5
广东海洋大学	1289	1562	273
广东医科大学	1464	1284	－180
仲恺农业工程学院	1053	1135	82
广东药科大学	1410	1448	38
星海音乐学院	378	390	12
广州美术学院	546	561	15
广州体育学院	437	463	26
广东技术师范学院	1037	1301	264
岭南师范学院	1591	1463	－128
韩山师范学院	1106	1255	149
广东石油化工学院	1234	1286	52
广东金融学院	1335	1338	3
广东警官学院	327	330	3
广东第二师范学院	651	732	81
广州航海学院	618	571	－47

续附表 4－4

学校	2019 年	2020 年	比上年增减
广州大学	2301	2257	－44
广州医科大学	1343	1456	113
深圳大学	2393	2530	137
南方科技大学	826	985	159
韶关学院	1285	1284	－1
嘉应学院	1271	1300	29
惠州学院	918	1039	121
东莞理工学院	1241	1248	7
五邑大学	1031	1106	75
佛山科学技术学院	1158	1182	24
肇庆学院	1203	1206	3
深圳技术大学	204	315	111
深圳北理莫斯科大学	51	64	13
广东以色列理工学院	28	50	22
广东白云学院	1048	1291	243
广东培正学院	726	809	83
广东科技学院	862	1268	406
广州商学院	777	803	26
广东东软学院	429	463	34
广州工商学院	1217	1170	－47
广东理工学院	1517	1783	266
北京师范大学－香港浸会大学联合国际学院	433	310	－123
香港中文大学（深圳）	236	467	231
电子科技大学中山学院	817	814	－3
北京师范大学珠海分校	960	936	－24

续附表 4－4

学校	2019 年	2020 年	比上年增减
广东工业大学华立学院	755	787	32
广州应用科技学院	432	582	150
北京理工大学珠海学院	954	1121	167
珠海科技学院	1282	1308	26
东莞理工学院城市学院	942	847	－95
广州新华学院	1040	1078	38
广州软件学院	639	685	46
广州南方学院	646	850	204
广东外语外贸大学南国商学院	437	426	－11
广州华商学院	924	1230	306
湛江科技学院	926	911	－15
华南农业大学珠江学院	509	525	16
广州城市理工学院	1014	906	－108
广州科技职业技术大学	1035	1130	95
广东工商职业技术大学	826	967	141
广州理工学院	511	613	102
广州民航职业技术学院	553	574	21
广东轻工职业技术学院	891	978	87
广东省外语艺术职业学院	362	356	－6
广东机电职业技术学院	788	819	31
广东工贸职业技术学院	730	802	72
广东职业技术学院	599	761	162
广东建设职业技术学院	379	454	75
广东理工职业学院	471	458	－13
广东科学技术职业学院	1083	1221	138
广东交通职业技术学院	667	779	112
广东松山职业技术学院	436	440	4

续附表 4－4

学校	2019 年	2020 年	比上年增减
广东工程职业技术学院	582	518	－64
广东科贸职业学院	599	953	354
广东食品药品职业学院	912	899	－13
广东水利电力职业技术学院	629	642	13
广东司法警官职业学院	199	202	3
广东行政职业学院	193	150	－43
广东体育职业技术学院	189	207	18
广东文艺职业学院	216	217	1
广东女子职业技术学院	228	249	21
广东农工商职业技术学院	1044	1128	84
广东邮电职业技术学院	174	231	57
广东环境保护工程职业学院	435	511	76
广东青年职业学院	166	110	－56
广东舞蹈戏剧职业学院	188	197	9
广东生态工程职业学院	356	416	60
广东南华工商职业学院	446	490	44
广州番禺职业技术学院	550	592	42
广州体育职业技术学院	182	182	—
广州工程技术职业学院	428	428	—
广州铁路职业技术学院	372	380	8
广州城市职业学院	422	437	15
广州科技贸易职业学院	304	334	30
广州卫生职业技术学院	203	212	9
深圳职业技术学院	1248	1434	186
深圳信息职业技术学院	686	770	84
珠海城市职业技术学院	354	356	2
汕头职业技术学院	553	508	－45

续附表 4－4

学校	2019 年	2020 年	比上年增减
佛山职业技术学院	418	422	4
河源职业技术学院	599	631	32
惠州卫生职业技术学院	195	266	71
惠州城市职业学院	492	502	10
惠州工程职业学院	300	344	44
汕尾职业技术学院	435	515	80
东莞职业技术学院	560	566	6
中山火炬职业技术学院	355	352	－3
中山职业技术学院	459	482	23
江门职业技术学院	598	626	28
广东江门中医药职业学院	295	464	169
阳江职业技术学院	486	478	－8
湛江幼儿师范专科学校	300	381	81
茂名职业技术学院	687	697	10
广东茂名健康职业学院	201	246	45
广东茂名幼儿师范专科学校	439	505	66
广东茂名农林科技职业学院	158	203	45
肇庆医学高等专科学校	552	552	—
清远职业技术学院	489	505	16
揭阳职业技术学院	333	357	24
罗定职业技术学院	445	468	23
顺德职业技术学院	731	847	116
广东江门幼儿师范高等专科学校	88	192	104
广东财贸职业学院	76	118	42
私立华联学院	362	379	17

续附表 4 -4

学校	2019 年	2020 年	比上年增减
潮汕职业技术学院	273	248	-25
广东新安职业技术学院	198	233	35
广东亚视演艺职业学院	189	195	6
广东岭南职业技术学院	1021	1043	22
广州康大职业技术学院	63	116	53
珠海艺术职业学院	242	240	-2
广州涉外经济职业技术学院	485	485	—
广州南洋理工职业学院	661	658	-3
惠州经济职业技术学院	445	389	-56
广州现代信息工程职业技术学院	470	497	27
广州华南商贸职业学院	288	367	79
广州华立科技职业学院	778	852	74
广州珠江职业技术学院	387	378	-9
广州松田职业学院	228	272	44
广东文理职业学院	530	673	143
广州城建职业学院	895	822	-73
广东南方职业学院	481	543	62
广州华商职业学院	460	591	131
广州华夏职业学院	597	601	4
广州东华职业学院	452	443	-9
广东创新科技职业学院	491	418	-73
广东信息工程职业学院	140	145	5
广东碧桂园职业学院	76	94	18
广东酒店管理职业技术学院	281	176	-105

附表 4－5　广东省普通高校生师比

学校	2019 年	2020 年	比上年增减
中山大学	11. 86:1	11. 79:1	－0. 07
华南理工大学	18. 47:1	18. 57:1	0. 09
暨南大学	11. 55:1	10. 71:1	－0. 84
华南农业大学	17. 16:1	21. 14:1	3. 98
南方医科大学	18. 98:1	10. 54:1	－8. 44
广州中医药大学	9. 22:1	13. 21:1	4. 00
华南师范大学	11. 42:1	17. 57:1	6. 14
广东工业大学	16. 62:1	19. 19:1	2. 57
广东外语外贸大学	19. 46:1	15. 76:1	－3. 70
汕头大学	15. 04:1	10. 57:1	－4. 47
广东财经大学	9. 43:1	18. 41:1	8. 98
广东海洋大学	15. 61:1	17. 58:1	1. 97
广东医科大学	20. 19:1	20. 71:1	0. 52
仲恺农业工程学院	12. 79:1	21. 26:1	8. 48
广东药科大学	20. 13:1	14. 60:1	－5. 53
星海音乐学院	13. 43:1	11. 46:1	－1. 97
广州美术学院	11. 31:1	12. 48:1	1. 17
广州体育学院	11. 12:1	16. 03:1	4. 91
广东技术师范学院	20. 49:1	17. 53:1	－2. 96
岭南师范学院	20. 49:1	20. 09:1	－0. 40
韩山师范学院	15. 51:1	16. 05:1	0. 54
广东石油化工学院	15. 16:1	20. 8:1	5. 64
广东金融学院	15. 56:1	18. 64:1	3. 08
广东警官学院	14. 99:1	18. 50:1	3. 52
广东第二师范学院	18. 66:1	21. 95:1	3. 29
广州航海学院	20. 23:1	20. 30:1	0. 07
深圳技术大学	18. 89:1	7. 19:1	－11. 70

续附表 4 – 5

学校	2019 年	2020 年	比上年增减
广州大学	19. 70∶1	19. 27∶1	–0. 42
广州医科大学	20. 44∶1	10. 99∶1	–9. 45
深圳大学	19. 22∶1	15. 94∶1	–3. 28
南方科技大学	19. 41∶1	7. 63∶1	–11. 78
韶关学院	17. 53∶1	21. 68∶1	4. 15
嘉应学院	20. 07∶1	19. 83∶1	–0. 24
惠州学院	13. 70∶1	17. 53∶1	3. 83
东莞理工学院	17. 68∶1	16. 57∶1	–1. 11
五邑大学	10. 07∶1	16. 79∶1	6. 72
佛山科学技术学院	17. 66∶1	17. 05∶1	–0. 61
肇庆学院	21. 57∶1	15. 40∶1	–6. 18
深圳北理莫斯科大学	18. 02∶1	11. 81∶1	–6. 21
广东以色列理工学院	21. 02∶1	18. 22∶1	–2. 80
广东培正学院	21. 67∶1	18. 58∶1	–3. 09
广东白云学院	21. 91∶1	18. 43∶1	–3. 48
广东科技学院	21. 74∶1	21. 9[illegible]∶1	0. 17
广州商学院	20. 67∶1	18. 6[illegible]∶1	–2. 01
广东东软学院	20. 47∶1	20. 5[illegible]∶1	0. 06
广州工商学院	19. 34∶1	19. 25∶1	–0. 09
广东理工学院	21. 53∶1	22. 97∶1	1. 45
广州理工学院	18. 94∶1	19. 75∶1	0. 81
广州应用科技学院	22. 73∶1	17. 24∶1	–5. 49
广州南方学院	20. 68∶1	19. 46∶1	–1. 22
广州华商学院	19. 27∶1	18. 93∶1	–0. 34

续附表 4－5

学校	2019 年	2020 年	比上年增减
广州软件学院	18. 89:1	18. 45:1	－0. 44
珠海科技学院	18. 99:1	20. 36:1	1. 37
广州新华学院	15. 98:1	19. 58:1	3. 60
广州城市理工学院	15. 69:1	21. 11:1	5. 41
湛江科技学院	17. 89:1	19. 87:1	1. 98
广州科技职业技术大学	17. 86:1	20. 06:1	2. 20
广东工商职业技术大学	12. 23:1	27. 65:1	15. 42
广东工业大学华立学院	20. 15:1	20. 55:1	0. 40
东莞理工学院城市学院	20. 04:1	19. 28:1	－0. 76
北京师范大学珠海分校	17. 17:1	16. 14:1	－1. 02
电子科技大学中山学院	18. 10:1	21. 96:1	3. 87
北京理工大学珠海学院	21. 42:1	18. 71:1	－2. 71
华南农业大学珠江学院	17. 44:1	18. 82:1	1. 37
广东外语外贸大学南国商学院	18. 64:1	18. 91:1	0. 27
北京师范大学－香港浸会大学联合国际学院	19. 66:1	13. 45:1	－6. 22
香港中文大学（深圳）	20. 48:1	14. 92:1	－5. 56
广州民航职业技术学院	21. 13:1	17. 10:1	－4. 04
广东轻工职业技术学院	22. 56:1	20. 53:1	－2. 03
广东省外语艺术职业学院	17. 18:1	26. 13:1	8. 95
广东机电职业技术学院	13. 86:1	16. 90:1	3. 05
广东工贸职业技术学院	19. 20:1	25. 03:1	5. 83
广东交通职业技术学院	15. 77:1	17. 60:1	1. 83
广东水利电力职业技术学院	19. 29:1	19. 87:1	0. 58
广东司法警官职业学院	18. 47:1	19. 77:1	1. 30

续附表 4 - 5

学校	2019 年	2020 年	比上年增减
广东女子职业技术学院	14. 83:1	23. 53:1	8. 70
广东农工商职业技术学院	16. 84:1	18. 82:1	1. 97
广东邮电职业技术学院	20. 22:1	17. 96:1	-2. 25
广东松山职业技术学院	13. 19:1	27. 18:1	14. 00
广东建设职业技术学院	15. 49:1	27. 10:1	11. 61
广东职业技术学院	22. 68:1	23. 00:1	0. 32
广东科学技术职业学院	17. 21:1	20. 11:1	2. 90
广东行政职业学院	21. 31:1	20. 99:1	-0. 32
广东体育职业技术学院	17. 25:1	14. 62:1	-2. 63
广东食品药品职业学院	20. 89:1	22. 44:1	1. 55
广东文艺职业学院	17. 08:1	16. 46:1	-0. 63
广州工程技术职业学院	18. 34:1	28. 90:1	10. 57
广州番禺职业技术学院	15. 04:1	20. 03:1	4. 99
广州体育职业技术学院	15. 24:1	12. 96:1	-2. 28
深圳职业技术学院	18. 91:1	21. 42:1	2. 50
深圳信息职业技术学院	17. 91:1	22. 53:1	4. 62
珠海城市职业技术学院	19. 19:1	17. 72:1	-1. 47
汕头职业技术学院	16. 73:1	27. 18:	10. 45
佛山职业技术学院	19. 66:1	15. 04:1	-4. 62
顺德职业技术学院	16. 85:1	20. 52:1	3. 67
河源职业技术学院	18. 55:1	22. 16:1	3. 61
汕尾职业技术学院	15. 94:1	18. 82:1	2. 88
中山火炬职业技术学院	15. 33:1	24. 99:1	9. 66
江门职业技术学院	16. 85:1	22. 57:1	5. 72
广东江门中医药职业学院	17. 32:1	17. 63:1	0. 31
阳江职业技术学院	19. 64:1	24. 76:1	5. 12
茂名职业技术学院	19. 74:1	23. 58:1	3. 85

续附表 4 -5

学校	2019 年	2020 年	比上年增减
肇庆医学高等专科学校	14. 70: 1	22. 56: 1	7. 87
清远职业技术学院	17. 30: 1	24. 38: 1	7. 09
揭阳职业技术学院	17. 07: 1	20. 93: 1	3. 87
罗定职业技术学院	14. 74: 1	25. 17: 1	10. 43
广东理工职业学院	17. 70: 1	21. 13: 1	3. 44
广州城市职业学院	16. 42: 1	21. 76: 1	5. 33
广东工程职业技术学院	9. 28: 1	29. 60: 1	20. 32
广州铁路职业技术学院	15. 05: 1	17. 32: 1	2. 27
广东科贸职业学院	15. 44: 1	17. 48: 1	2. 04
广州科技贸易职业学院	18. 11: 1	22. 13: 1	4. 02
中山职业技术学院	18. 06: 1	17. 23: 1	-0. 83
东莞职业技术学院	15. 14: 1	18. 59: 1	3. 45
广东环境保护工程职业学院	15. 14: 1	16. 44: 1	1. 29
广东青年职业学院	6. 73: 1	32. 99: 1	26. 26
广东舞蹈戏剧职业学院	19. 91: 1	15. 11: 1	-4. 80
惠州卫生职业技术学院	17. 00: 1	25. 82: 1	8. 83
广东生态工程职业学院	19. 92: 1	24. 87: 1	4. 95
惠州城市职业学院	3. 82: 1	29. 50: 1	25. 68
惠州工程职业学院	18. 47: 1	27. 77: 1	9. 30
广东茂名健康职业学院	18. 16: 1	23. 74: 1	5. 58
广东茂名幼儿师范专科学校	11. 40: 1	24. 27: 1	12. 87
广州卫生职业技术学院	17. 95: 1	22. 83: 1	4. 88
湛江幼儿师范专科学校	22. 88: 1	25. 66: 1	2. 78
广东南华工商职业学院	13. 08: 1	24. 76: 1	11. 68
广东茂名农林科技职业学院	19. 00: 1	52. 87: 1	33. 87
广东江门幼儿师范高等专科学校	13. 09: 1	21. 07: 1	7. 99
广东财贸职业学院	14. 75: 1	36. 39: 1	21. 65

续附表 4－5

学校	2019 年	2020 年	比上年增减
私立华联学院	17.70∶1	23.01∶1	5.31
潮汕职业技术学院	17.28∶1	19.41∶1	2.14
广东新安职业技术学院	19.91∶1	22.24∶1	2.33
广东亚视演艺职业学院	19.73∶1	17.07∶1	－2.65
广东岭南职业技术学院	16.67∶1	24.52∶1	7.85
广州康大职业技术学院	20.55∶1	19.70∶1	－0.85
珠海艺术职业学院	21.31∶1	15.87∶1	－5.44
广州涉外经济职业技术学院	12.81∶1	27.30∶1	14.49
广州南洋理工职业学院	17.01∶1	20.32∶1	3.31
惠州经济职业技术学院	17.14∶1	22.70∶1	5.56
广州现代信息工程职业技术学院	22.05∶1	20.82∶1	－1.23
广州华南商贸职业学院	19.20∶1	22.56∶1	3.36
广州华立科技职业学院	18.29∶1	19.47∶1	1.18
广州珠江职业技术学院	19.58∶1	18.25∶1	－1.33
广州松田职业学院	13.23∶1	28.25∶1	15.02
广东文理职业学院	13.98∶1	17.89∶1	3.91
广州城建职业学院	14.91∶1	21.56∶1	6.65
广东南方职业学院	20.23∶1	36.26∶1	16.03
广州华商职业学院	20.92∶1	25.98∶1	5.06
广州华夏职业学院	19.44∶1	29.55∶1	10.11
广州东华职业学院	17.28∶1	17.00∶1	－0.27
广东创新科技职业学院	19.93∶1	23.09∶1	3.16
广东信息工程职业学院	25.22∶1	24.72∶1	－0.50
广东碧桂园职业学院	18.72∶1	15.43∶1	－3.29
广东酒店管理职业技术学院	11.23∶1	32.52∶1	21.30

附表4-6　广东省普通高校高级职称教师比例（%）

学校	2019年	2020年	比上年增减
中山大学	81.88	82.94	1.06
华南理工大学	76.11	79.04	2.93
暨南大学	67.31	68.89	1.58
华南农业大学	55.69	56.40	0.71
南方医科大学	74.27	72.76	-1.50
广州中医药大学	59.42	59.54	0.12
华南师范大学	52.81	51.54	-1.27
广东工业大学	48.16	51.01	2.85
广东外语外贸大学	47.86	49.21	1.35
汕头大学	66.33	63.36	-2.97
广东财经大学	41.50	41.88	0.37
广东海洋大学	40.51	57.79	17.28
广东医科大学	56.94	41.29	-15.65
仲恺农业工程学院	40.27	41.15	0.88
广东药科大学	44.75	42.75	-2.00
星海音乐学院	46.30	46.15	-0.14
广州美术学院	45.97	45.10	-0.87
广州体育学院	42.33	39.09	-3.24
广东技术师范学院	44.74	38.74	-6.01
岭南师范学院	39.09	40.94	1.85
韩山师范学院	36.53	33.23	-3.30
广东石油化工学院	42.95	45.72	2.77
广东金融学院	28.69	29.60	0.91
广东警官学院	44.95	46.67	1.71
广东第二师范学院	29.34	25.96	-3.38
广州航海学院	34.95	34.33	-0.63
深圳技术大学	54.90	42.22	-12.68

续附表 4-6

学校	2019 年	2020 年	比上年增减
广州大学	48.07	47.69	-0.38
广州医科大学	78.41	83.91	5.50
深圳大学	50.86	48.58	-2.28
南方科技大学	86.56	86.94	0.38
韶关学院	35.88	36.19	0.32
嘉应学院	37.21	37.75	0.53
惠州学院	38.89	39.93	1.04
东莞理工学院	41.90	41.07	-0.84
五邑大学	40.16	41.89	1.73
佛山科学技术学院	41.28	51.15	9.87
肇庆学院	39.32	45.52	6.20
深圳北理莫斯科大学	81.13	72.55	8.58
广东以色列理工学院	—	—	—
广东培正学院	17.22	18.42	1.20
广东白云学院	30.44	31.84	1.40
广东科技学院	20.53	19.40	-1.13
广州商学院	30.12	23.91	-6.21
广东东软学院	27.74	27.65	-0.09
广州工商学院	25.31	30.51	5.20
广东理工学院	34.21	33.31	-0.90
广州理工学院	30.53	34.42	3.89
广州应用科技学院	12.96	21.65	8.69
广州南方学院	23.07	30.59	7.52
广州华商学院	30.74	28.86	-1.87
广州软件学院	33.18	31.09	-2.08
珠海科技学院	43.45	34.79	-8.66
广州新华学院	39.23	34.88	-4.35

续附表4－6

学校	2019年	2020年	比上年增减
广州城市理工学院	33.53	17.66	－15.87
湛江科技学院	29.48	22.06	－7.42
广东科学技术职业大学	34.69	32.48	－2.21
广东工商职业技术大学	31.11	32.38	1.26
广东工业大学华立学院	38.81	51.97	13.16
东莞理工学院城市学院	24.84	26.21	1.37
北京师范大学珠海分校	36.67	37.29	0.62
电子科技大学中山学院	34.64	33.78	－0.86
北京理工大学珠海学院	30.08	25.42	－4.66
华南农业大学珠江学院	23.18	23.24	0.06
广东外语外贸大学南国商学院	41.65	41.08	－0.57
北京师范大学－香港浸会大学联合国际学院	29.56	29.98	0.42
香港中文大学（深圳）	58.47	66.45	7.98
广州民航职业技术学院	33.45	32.93	－0.53
广东轻工职业技术学院	45.12	40.18	－4.93
广东省外语艺术职业学院	35.64	36.52	0.88
广东机电职业技术学院	37.69	37.00	－0.69
广东工贸职业技术学院	29.32	29.18	－0.14
广东交通职业技术学院	36.13	40.95	4.82
广东水利电力职业技术学院	40.54	40.65	0.11
广东司法警官职业学院	38.19	36.14	－2.05
广东女子职业技术学院	38.16	36.14	－2.01
广东农工商职业技术学院	31.99	38.03	6.04
广东邮电职业技术学院	22.41	19.05	－3.37
广东松山职业技术学院	19.04	18.86	－0.17

续附表 4-6

学校	2019 年	2020 年	比上年增减
广东建设职业技术学院	25.59	24.89	-0.70
广东职业技术学院	22.70	23.52	0.82
广东科技职业学院	30.75	32.51	1.77
广东行政职业学院	27.46	15.33	-12.13
广东体育职业技术学院	35.98	30.43	-5.54
广东食品药品职业学院	34.98	37.82	2.84
广东文艺职业学院	18.98	23.50	4.52
广州工程技术职业学院	29.67	29.44	-0.23
广州番禺职业技术学院	28.55	35.30	6.76
广州体育职业技术学院	24.73	24.18	-0.55
深圳职业技术学院	55.37	57.11	1.74
深圳信息职业技术学院	48.25	44.16	-4.09
珠海城市职业技术学院	29.66	32.58	2.92
汕头职业技术学院	25.68	26.57	0.90
佛山职业技术学院	27.75	28.44	0.68
顺德职业技术学院	30.23	30.22	-0.01
河源职业技术学院	23.87	26.15	2.28
汕尾职业技术学院	11.26	13.20	1.94
中山火炬职业技术学院	37.46	37.78	0.32
江门职业技术学院	26.09	24.60	-1.49
广东江门中医药职业学院	47.12	34.70	-12.42
阳江职业技术学院	27.57	26.36	-1.21
茂名职业技术学院	13.68	13.49	-0.20
肇庆医学高等专科学校	48.55	50.72	2.17
清远职业技术学院	21.88	22.97	1.09

续附表 4 -6

学校	2019 年	2020 年	比上年增减
揭阳职业技术学院	21. 02	19. 33	-1. 69
罗定职业技术学院	12. 36	12. 39	0. 03
广东理工职业学院	28. 87	27. 73	-1. 15
广州城市职业学院	31. 52	31. 35	-0. 17
广东工程职业技术学院	30. 58	29. 54	-1. 05
广州铁路职业技术学院	29. 84	35. 79	5. 95
广东科贸职业学院	20. 70	15. 01	-5. 70
广州科技贸易职业学院	26. 32	30. 54	4. 22
中山职业技术学院	31. 81	35. 06	3. 25
东莞职业技术学院	36. 43	35. 51	-0. 92
广东环境保护工程职业学院	21. 84	19. 18	-2. 66
广东青年职业学院	13. 86	16. 36	2. 51
广东舞蹈戏剧职业学院	21. 28	21. 32	0. 04
惠州卫生职业技术学院	24. 62	26. 69	2. 08
广东生态工程职业学院	26. 69	23. 80	-2. 89
惠州城市职业学院	20. 53	22. 91	2. 38
惠州工程职业学院	32. 33	28. 20	-4. 14
广东茂名健康职业学院	20. 90	19. 51	-1. 38
广东茂名幼儿师范专科学校	9. 79	12. 87	3. 08
广州卫生职业技术学院	36. 45	33. 96	-2. 49
湛江幼儿师范专科学校	18. 67	21. 52	2. 86
广东南华工商职业学院	15. 25	13. 88	-1. 37
广东茂名农林科技职业学院	25. 95	20. 20	-5. 75
广东江门幼儿师范高等专科学校	29. 55	31. 25	1. 70
广东财贸职业学院	32. 89	21. 19	-11. 71

续附表 4 –6

学校	2019 年	2020 年	比上年增减
私立华联学院	16. 57	15. 24	–1. 34
潮汕职业技术学院	19. 78	20. 29	0. 51
广东新安职业技术学院	21. 21	20. 94	–0. 27
广东亚视演艺职业学院	9. 52	15. 00	5. 48
广东岭南职业技术学院	20. 08	25. 05	4. 97
广州康大职业技术学院	30. 16	23. 53	–6. 63
珠海艺术职业学院	14. 88	16. 30	1. 42
广州涉外经济职业技术学院	31. 55	32. 08	0. 53
广州南洋理工职业学院	24. 66	20. 81	–3. 85
惠州经济职业技术学院	20. 67	20. 21	–0. 46
广州现代信息工程职业技术学院	17. 66	15. 75	–1. 90
广州华南商贸职业学院	11. 11	21. 20	10. 09
广州华立科技职业学院	38. 17	38. 38	0. 21
广州珠江职业技术学院	19. 64	19. 67	0. 03
广州松田职业学院	20. 61	19. 43	–1. 19
广东文理职业学院	40. 57	39. 69	–0. 87
广州城建职业学院	32. 85	30. 29	–2. 56
广东南方职业学院	27. 03	25. 05	–1. 97
广州华商职业学院	30. 22	30. 62	0. 40
广州华夏职业学院	21. 11	21. 68	0. 57
广州东华职业学院	20. 35	20. 22	–0. 13
广东创新科技职业学院	24. 44	21. 92	–2. 52
广东信息工程职业学院	17. 86	12. 80	–5. 06

附表4-7　广东省各普通高校校园占地面积

单位：万平方米

学校	2019年	2020年	增长率（%）
中山大学	600.80	915.12	52.32
华南理工大学	391.20	313.76	-19.80
暨南大学	212.24	214.37	1.00
广州民航职业技术学院	74.16	74.16	—
华南农业大学	553.78	549.24	-0.82
南方医科大学	168.12	168.12	—
广州中医药大学	90.32	90.32	—
华南师范大学	230.12	230.12	—
广东工业大学	205.92	206.13	0.10
广东外语外贸大学	158.79	158.91	0.08
汕头大学	132.68	132.77	0.07
广东财经大学	151.63	151.63	—
广东医科大学	126.47	126.47	—
广东海洋大学	319.83	319.83	—
仲恺农业工程学院	140.80	140.80	—
广东药科大学	149.94	149.94	—
星海音乐学院	22.55	22.55	—
广州美术学院	37.93	37.93	—
广州体育学院	28.83	28.83	—
广东技术师范大学	103.32	175.38	69.74
岭南师范学院	79.48	133.16	67.54
韩山师范学院	103.31	103.31	—
广东石油化工学院	136.18	136.18	—
广东金融学院	53.94	53.94	—
广东警官学院	37.38	37.38	—
广东第二师范学院	50.86	50.86	—
广州航海学院	36.35	38.04	4.65
深圳技术大学	17.84	26.29	47.37
北京师范大学-香港浸会大学联合国际学院	24.49	24.49	—

续附表 4－7

学校	2019 年	2020 年	增长率（%）
香港中文大学（深圳）	50. 14	50. 14	—
深圳北理莫斯科大学	33. 37	33. 37	—
广东以色列理工学院	6. 86	6. 86	—
广东培正学院	57. 42	57. 42	—
广东白云学院	43. 80	58. 70	34. 02
广东科技学院	115. 60	115. 60	—
广州商学院	93. 43	93. 43	—
广东东软学院	40. 88	33. 67	－17. 64
广州工商学院	92. 67	92. 67	—
广东理工学院	97. 99	97. 99	—
广州理工学院	75. 99	76. 01	0. 03
广州应用科技学院	23. 48	90. 08	283. 65
广州南方学院	72. 81	72. 81	—
广州华商学院	56. 16	64. 67	15. 15
广州软件学院	33. 56	33. 56	—
珠海科技学院	310. 33	161. 38	－48. 00
广州新华学院	105. 68	105. 68	—
广州城市理工学院	116. 84	116. 84	—
湛江科技学院	132. 47	131. 82	－0. 49
广州科技职业技术大学	66. 35	66. 35	—
广东工商职业技术大学	88. 12	85. 52	－2. 95
广东工业大学华立学院	49. 00	72. 33	47. 61
东莞理工学院城市学院	81. 89	81. 89	—
北京师范大学珠海分校	409. 89	409. 89	—
电子科技大学中山学院	43. 09	43. 09	—

续附表 4－7

学校	2019 年	2020 年	增长率（%）
北京理工大学珠海学院	329. 32	329. 32	—
华南农业大学珠江学院	48. 59	75. 30	54. 97
广东外语外贸大学南国商学院	52. 29	52. 29	—
广东轻工职业技术学院	115. 96	115. 96	—
广东省外语艺术职业学院	18. 39	18. 41	0. 11
广东机电职业技术学院	53. 75	53. 75	—
广东工贸职业技术学院	68. 97	72. 97	5. 80
广东职业技术学院	77. 46	77. 46	—
广东建设职业技术学院	52. 41	59. 06	12. 69
广东理工职业学院	66. 76	66. 76	—
广东科学技术职业学院	134. 13	134. 13	—
广东交通职业技术学院	78. 73	78. 73	—
广东松山职业技术学院	39. 71	61. 45	54. 75
广东工程职业技术学院	70. 98	71. 31	0. 46
广东科贸职业学院	72. 96	72. 96	—
广东食品药品职业学院	72. 81	64. 31	－11. 67
广东水利电力职业技术学院	68. 41	68. 41	—
广东司法警官职业学院	13. 23	13. 23	—
广东行政职业学院	23. 39	13. 82	－40. 91
广东体育职业技术学院	38. 14	17. 50	－54. 12
广东文艺职业学院	12. 37	12. 37	—
广东女子职业技术学院	14. 39	14. 39	—
广东农工商职业技术学院	61. 87	61. 87	—
广东邮电职业技术学院	10. 42	29. 60	184. 07
广东环境保护工程职业学院	30. 65	30. 65	—

续附表 4 - 7

学校	2019 年	2020 年	增长率（%）
广东青年职业学院	33.44	16.09	-51.88
广东舞蹈戏剧职业学院	19.66	19.66	—
广东生态工程职业学院	138.41	138.41	—
广东南华工商职业学院	70.04	70.04	—
广东茂名农林科技职业学院	38.04	29.29	-23.00
广东江门幼儿师范高等专科学校	20.00	20.00	—
广东财贸职业学院	11.10	53.33	380.45
私立华联学院	18.20	18.20	—
潮汕职业技术学院	12.95	12.95	—
广东新安职业技术学院	9.13	9.13	—
广东亚视演艺职业学院	17.58	17.58	—
广东岭南职业技术学院	85.53	85.53	—
广州康大职业技术学院	12.79	12.79	—
珠海艺术职业学院	10.26	10.26	—
广州涉外经济职业技术学院	42.34	42.34	—
广州南洋理工职业学院	33.89	34.04	0.44
惠州经济职业技术学院	51.36	51.36	—
广州现代信息工程职业技术学院	51.56	51.56	—
广州华南商贸职业学院	18.64	18.64	—
广州华立科技职业学院	62.58	62.58	—
广州珠江职业技术学院	76.76	76.76	—
广州松田职业学院	12.67	20.25	59.83
广东文理职业学院	100.35	100.35	—
广州城建职业学院	90.33	90.33	—
广东南方职业学院	96.52	96.52	—

续附表 4－7

学校	2019 年	2020 年	增长率（%）
广州华商职业学院	29. 04	74. 61	156. 92
广州华夏职业学院	41. 20	41. 20	—
广州东华职业学院	50. 56	50. 56	—
广东创新科技职业学院	61. 72	61. 72	—
广东信息工程职业学院	10. 10	10. 10	—
广东碧桂园职业学院	19. 68	19. 68	—
广东酒店管理职业技术学院	36. 99	36. 99	—
广州大学	164. 26	164. 26	—
广州医科大学	37. 23	37. 23	—
深圳大学	271. 91	277. 35	2. 00
南方科技大学	197. 98	197. 98	—
韶关学院	29. 29	174. 50	495. 77
嘉应学院	107. 07	107. 07	—
惠州学院	165. 08	165. 08	—
东莞理工学院	123. 09	122. 73	－0. 29
五邑大学	174. 50	67. 12	－61. 54
佛山科学技术学院	147. 07	147. 07	—
肇庆学院	84. 74	84. 74	—
广州番禺职业技术学院	137. 80	137. 80	—
广州体育职业技术学院	17. 27	17. 27	—
广州工程技术职业学院	23. 77	23. 77	—
广州铁路职业技术学院	17. 22	17. 22	—
广州城市职业学院	20. 24	20. 24	—
广州科技贸易职业学院	12. 97	13. 14	1. 31
广州卫生职业技术学院	45. 53	45. 53	—

续附表 4－7

学校	2019 年	2020 年	增长率（%）
深圳职业技术学院	212. 65	200. 84	－5. 55
深圳信息职业技术学院	92. 49	92. 49	—
珠海城市职业技术学院	33. 22	33. 22	—
汕头职业技术学院	42. 16	42. 16	—
佛山职业技术学院	63. 79	63. 79	—
河源职业技术学院	101. 77	101. 77	—
惠州卫生职业技术学院	27. 54	29. 46	6. 97
惠州城市职业学院	30. 00	30. 00	—
惠州工程职业学院	38. 05	38. 05	—
汕尾职业技术学院	20. 20	20. 20	—
东莞职业技术学院	63. 93	70. 77	10. 70
中山火炬职业技术学院	37. 15	37. 15	—
中山职业技术学院	42. 50	42. 75	0. 59
江门职业技术学院	79. 62	79. 62	—
广东江门中医药职业学院	21. 12	21. 12	—
阳江职业技术学院	58. 77	58. 77	—
湛江幼儿师范专科学校	49. 75	43. 81	－11. 94
茂名职业技术学院	66. 92	66. 92	—
广东茂名健康职业学院	24. 15	33. 76	39. 79
广东茂名幼儿师范专科学校	61. 40	72. 15	17. 51
肇庆医学高等专科学校	73. 79	92. 96	25. 98
清远职业技术学院	99. 07	99. 07	—
揭阳职业技术学院	39. 92	39. 92	—
罗定职业技术学院	28. 29	39. 56	39. 84
顺德职业技术学院	116. 59	116. 59	—

附表 4－8　广东省各普通高校校舍建筑面积

单位：万平方米

学校	2019 年	2020 年	增长率（%）
中山大学	217.43	217.23	－0.09
华南理工大学	191.72	219.80	14.65
暨南大学	163.49	170.56	4.32
广州民航职业技术学院	33.85	33.85	—
华南农业大学	145.06	139.12	－4.09
南方医科大学	91.78	114.62	24.89
广州中医药大学	79.30	78.90	－0.50
华南师范大学	152.49	153.54	0.69
广东工业大学	161.71	161.71	—
广东外语外贸大学	97.99	99.05	1.08
汕头大学	58.56	58.19	－0.63
广东财经大学	72.76	72.76	—
广东医科大学	58.95	58.95	—
广东海洋大学	80.37	80.37	—
仲恺农业工程学院	38.34	46.44	21.13
广东药科大学	85.49	85.49	—
星海音乐学院	20.01	20.01	—
广州美术学院	41.19	41.19	—
广州体育学院	27.28	27.28	—
广东技术师范大学	55.44	79.32	43.07
岭南师范学院	67.40	67.26	－0.21
韩山师范学院	46.38	46.38	—
广东石油化工学院	66.22	66.22	—
广东金融学院	31.44	31.43	－0.03
广东警官学院	23.94	23.93	－0.04
广东第二师范学院	36.97	37.02	0.14

续附表 4 – 8

学校	2019 年	2020 年	增长率（%）
广州航海学院	30. 79	30. 79	—
深圳技术大学	29. 88	45. 42	52. 01
北京师范大学 – 香港浸会大学联合国际学院	31. 57	31. 58	0. 03
香港中文大学（深圳）	39. 20	39. 20	—
深圳北理莫斯科大学	29. 79	30. 02	0. 77
广东以色列理工学院	10. 46	10. 46	—
广东培正学院	32. 66	32. 94	0. 86
广东白云学院	63. 27	63. 60	0. 52
广东科技学院	65. 40	75. 47	15. 40
广州商学院	36. 99	36. 99	—
广东东软学院	21. 66	21. 61	–0. 23
广州工商学院	63. 80	68. 32	7. 08
广东理工学院	68. 62	72. 48	5. 63
广州理工学院	34. 68	34. 00	–1. 96
广州应用科技学院	14. 30	22. 14	54. 83
广州南方学院	46. 59	47. 83	2. 66
广州华商学院	38. 75	47. 74	23. 20
广州软件学院	26. 98	26. 90	–0. 30
珠海科技学院	62. 29	62. 31	0. 03
广州新华学院	60. 70	64. 53	6. 31
广州城市理工学院	47. 64	47. 65	0. 02
湛江科技学院	61. 39	69. 43	13. 10
广州科技职业技术大学	40. 35	53. 58	32. 79
广东工商职业技术大学	40. 38	38. 68	–4. 21
广东工业大学华立学院	26. 07	33. 43	28. 23
东莞理工学院城市学院	42. 15	42. 07	–0. 19

续附表 4－8

学校	2019 年	2020 年	增长率（%）
北京师范大学珠海分校	60. 41	59. 06	－2. 23
电子科技大学中山学院	41. 96	41. 69	－0. 64
北京理工大学珠海学院	57. 71	57. 71	—
华南农业大学珠江学院	20. 49	20. 38	－0. 54
广东外语外贸大学南国商学院	12. 55	12. 55	—
广东轻工职业技术学院	42. 70	44. 55	4. 33
广东省外语艺术职业学院	21. 47	21. 47	—
广东机电职业技术学院	25. 34	29. 73	17. 32
广东工贸职业技术学院	26. 85	33. 34	24. 17
广东职业技术学院	28. 91	32. 67	13. 01
广东建设职业技术学院	20. 19	20. 19	—
广东理工职业学院	24. 75	24. 75	—
广东科学技术职业学院	48. 79	52. 33	7. 26
广东交通职业技术学院	38. 08	43. 68	14. 71
广东松山职业技术学院	22. 71	27. 02	18. 98
广东工程职业技术学院	36. 74	43. 04	17. 15
广东科贸职业学院	29. 78	40. 55	36. 17
广东食品药品职业学院	33. 74	34. 11	1. 10
广东水利电力职业技术学院	32. 37	33. 23	2. 66
广东司法警官职业学院	12. 01	12. 01	—
广东行政职业学院	10. 49	8. 12	－22. 59
广东体育职业技术学院	20. 84	20. 15	－3. 31
广东文艺职业学院	9. 87	9. 87	—
广东女子职业技术学院	14. 53	14. 53	—
广东农工商职业技术学院	41. 62	47. 52	14. 18
广东邮电职业技术学院	9. 61	13. 37	39. 13
广东环境保护工程职业学院	17. 13	17. 13	—

续附表 4－8

学校	2019 年	2020 年	增长率（%）
广东青年职业学院	16.03	10.40	－35.12
广东舞蹈戏剧职业学院	8.53	9.24	8.32
广东生态工程职业学院	14.63	16.61	13.53
广东南华工商职业学院	16.10	14.65	－9.01
广东茂名农林科技职业学院	17.44	17.14	－1.72
广东江门幼儿师范高等专科学校	6.92	6.92	—
广东财贸职业学院	9.57	10.00	4.49
私立华联学院	20.84	22.41	7.53
潮汕职业技术学院	10.22	10.22	—
广东新安职业技术学院	6.36	7.69	20.91
广东亚视演艺职业学院	10.40	10.40	—
广东岭南职业技术学院	58.04	64.52	11.16
广州康大职业技术学院	10.99	10.99	0.00
珠海艺术职业学院	8.99	9.49	5.56
广州涉外经济职业技术学院	21.18	21.33	0.71
广州南洋理工职业学院	17.15	19.02	10.90
惠州经济职业技术学院	21.10	21.10	—
广州现代信息工程职业技术学院	25.50	25.86	1.41
广州华南商贸职业学院	15.35	15.85	3.26
广州华立科技职业学院	45.49	52.74	15.94
广州珠江职业技术学院	28.35	28.35	—
广州松田职业学院	8.52	21.18	148.59
广东文理职业学院	40.26	40.26	—
广州城建职业学院	43.70	43.70	—
广东南方职业学院	27.25	27.25	—
广州华商职业学院	26.20	26.20	—

续附表 4－8

学校	2019 年	2020 年	增长率（%）
广州华夏职业学院	26. 27	27. 82	5. 90
广州东华职业学院	26. 94	28. 62	6. 24
广东创新科技职业学院	33. 47	31. 60	－5. 59
广东信息工程职业学院	7. 94	7. 94	—
广东碧桂园职业学院	10. 88	10. 88	—
广东酒店管理职业技术学院	20. 11	20. 11	—
广州大学	116. 40	120. 74	3. 73
广州医科大学	48. 19	48. 66	0. 98
深圳大学	149. 37	150. 50	0. 76
南方科技大学	52. 21	69. 66	33. 42
韶关学院	75. 48	76. 67	1. 58
嘉应学院	61. 98	62. 42	0. 71
惠州学院	38. 76	39. 55	2. 04
东莞理工学院	67. 84	69. 29	2. 14
五邑大学	56. 70	62. 88	10. 90
佛山科学技术学院	66. 02	66. 02	—
肇庆学院	54. 39	54. 39	—
广州番禺职业技术学院	33. 03	32. 83	－0. 61
广州体育职业技术学院	17. 88	17. 72	－0. 89
广州工程技术职业学院	15. 54	15. 54	—
广州铁路职业技术学院	17. 94	17. 94	—
广州城市职业学院	20. 24	20. 22	－0. 10
广州科技贸易职业学院	12. 17	13. 97	14. 79
广州卫生职业技术学院	13. 01	13. 01	—
深圳职业技术学院	62. 18	62. 59	0. 66

续附表 4-8

学校	2019 年	2020 年	增长率（%）
深圳信息职业技术学院	58.48	58.48	—
珠海城市职业技术学院	20.99	20.99	—
汕头职业技术学院	23.89	23.89	—
佛山职业技术学院	24.25	24.22	-0.12
河源职业技术学院	29.48	32.36	9.77
惠州卫生职业技术学院	12.04	13.85	15.03
惠州城市职业学院	20.51	20.51	—
惠州工程职业学院	15.78	15.78	—
汕尾职业技术学院	14.85	15.45	4.04
东莞职业技术学院	33.29	39.90	19.86
中山火炬职业技术学院	22.35	25.09	12.26
中山职业技术学院	25.60	26.51	3.55
江门职业技术学院	28.06	29.24	4.21
广东江门中医药职业学院	7.67	10.25	33.64
阳江职业技术学院	20.31	20.62	1.53
湛江幼儿师范专科学校	15.10	21.19	40.33
茂名职业技术学院	26.39	26.39	—
广东茂名健康职业学院	8.50	8.50	—
广东茂名幼儿师范专科学校	19.18	24.30	26.69
肇庆医学高等专科学校	32.05	32.17	0.37
清远职业技术学院	28.68	28.08	-2.09
揭阳职业技术学院	12.02	14.63	21.71
罗定职业技术学院	19.68	19.41	-1.37
顺德职业技术学院	50.79	59.96	18.05

附表4－9　广东省各普通高校教学与行政用房面积

单位：万平方米

学校	2019年	2020年	增长率（%）
中山大学	119.71	203.99	70.40
华南理工大学	97.52	122.20	25.31
暨南大学	60.91	64.14	5.31
广州民航职业技术学院	20.87	28.83	38.13
华南农业大学	67.32	70.14	4.20
南方医科大学	35.43	35.73	0.85
广州中医药大学	33.55	33.41	-0.42
华南师范大学	61.88	61.88	—
广东工业大学	81.10	83.23	2.63
广东外语外贸大学	40.16	41.19	2.58
汕头大学	26.26	34.05	29.68
广东财经大学	25.89	35.37	36.62
广东医科大学	32.40	34.37	6.08
广东海洋大学	32.87	37.25	13.32
仲恺农业工程学院	19.90	23.30	17.11
广东药科大学	55.77	72.94	30.77
星海音乐学院	12.45	14.10	13.22
广州美术学院	24.98	30.67	22.80
广州体育学院	16.89	16.89	—
广东技术师范大学	32.62	45.40	39.16
岭南师范学院	28.21	38.68	37.15
韩山师范学院	23.06	23.06	—
广东石油化工学院	33.41	34.04	1.90
广东金融学院	11.76	11.76	—
广东警官学院	10.49	10.49	—
广东第二师范学院	16.87	21.92	29.94

续附表 4－9

学校	2019 年	2020 年	增长率（%）
广州航海学院	16. 53	16. 53	—
深圳技术大学	44. 53	52. 96	18. 92
北京师范大学－香港浸会大学联合国际学院	17. 04	17. 04	—
香港中文大学（深圳）	17. 91	17. 91	—
深圳北理莫斯科大学	11. 46	11. 79	2. 87
广东以色列理工学院	5. 23	4. 53	－13. 33
广东培正学院	14. 49	19. 96	37. 74
广东白云学院	34. 68	34. 59	－0. 25
广东科技学院	37. 85	45. 22	19. 45
广州商学院	19. 83	26. 57	34. 00
广东东软学院	13. 21	16. 80	27. 18
广州工商学院	46. 54	51. 35	10. 33
广东理工学院	34. 28	39. 06	13. 95
广州理工学院	19. 39	29. 11	50. 13
广州应用科技学院	11. 95	33. 58	181. 07
广州南方学院	22. 38	23. 68	5. 82
广州华商学院	17. 31	22. 90	32. 35
广州软件学院	13. 06	12. 73	－2. 45
珠海科技学院	26. 35	26. 35	—
广州新华学院	32. 21	34. 38	6. 75
广州城市理工学院	22. 25	22. 27	0. 08
湛江科技学院	31. 41	36. 72	16. 90
广州科技职业技术大学	22. 79	30. 43	33. 54
广东工商职业技术大学	30. 77	32. 73	6. 36
广东工业大学华立学院	21. 12	29. 66	40. 40
东莞理工学院城市学院	19. 60	19. 60	—

续附表 4－9

学校	2019 年	2020 年	增长率（%）
北京师范大学珠海分校	19. 03	17. 75	－6. 73
电子科技大学中山学院	18. 78	18. 84	0. 35
北京理工大学珠海学院	24. 50	24. 50	—
华南农业大学珠江学院	11. 44	14. 61	27. 70
广东外语外贸大学南国商学院	4. 68	4. 68	—
广东轻工职业技术学院	21. 20	21. 20	—
广东省外语艺术职业学院	11. 74	11. 65	－0. 76
广东机电职业技术学院	17. 17	17. 17	—
广东工贸职业技术学院	14. 71	24. 23	64. 76
广东职业技术学院	15. 03	28. 28	88. 08
广东建设职业技术学院	12. 23	34. 47	181. 90
广东理工职业学院	13. 21	13. 21	—
广东科学技术职业学院	22. 59	25. 17	11. 42
广东交通职业技术学院	23. 13	40. 72	76. 09
广东松山职业技术学院	16. 02	17. 65	10. 15
广东工程职业技术学院	22. 71	22. 71	—
广东科贸职业学院	17. 56	23. 48	33. 68
广东食品药品职业学院	21. 27	25. 75	21. 08
广东水利电力职业技术学院	18. 84	26. 67	41. 55
广东司法警官职业学院	5. 73	5. 73	—
广东行政职业学院	6. 25	3. 88	－37. 95
广东体育职业技术学院	9. 64	9. 38	－2. 74
广东文艺职业学院	5. 23	5. 23	—
广东女子职业技术学院	8. 82	8. 77	－0. 50
广东农工商职业技术学院	22. 92	28. 81	25. 72
广东邮电职业技术学院	4. 98	6. 41	28. 61
广东环境保护工程职业学院	10. 00	10. 00	—

续附表 4－9

学校	2019 年	2020 年	增长率（%）
广东青年职业学院	8. 47	5. 08	－39. 98
广东舞蹈戏剧职业学院	4. 89	4. 89	—
广东生态工程职业学院	7. 43	9. 26	24. 65
广东南华工商职业学院	7. 70	11. 24	46. 05
广东茂名农林科技职业学院	10. 36	10. 22	－1. 28
广东江门幼儿师范高等专科学校	4. 25	4. 25	—
广东财贸职业学院	3. 89	3. 89	—
私立华联学院	9. 79	10. 23	4. 51
潮汕职业技术学院	5. 58	5. 58	—
广东新安职业技术学院	4. 37	4. 34	－0. 70
广东亚视演艺职业学院	3. 94	3. 94	—
广东岭南职业技术学院	26. 77	30. 27	13. 05
广州康大职业技术学院	6. 57	6. 57	—
珠海艺术职业学院	6. 20	6. 20	—
广州涉外经济职业技术学院	10. 24	10. 21	－0. 29
广州南洋理工职业学院	9. 06	13. 55	49. 53
惠州经济职业技术学院	9. 96	9. 96	—
广州现代信息工程职业技术学院	18. 24	18. 24	—
广州华南商贸职业学院	12. 21	13. 95	14. 29
广州华立科技职业学院	29. 54	33. 62	13. 83
广州珠江职业技术学院	17. 16	17. 16	—
广州松田职业学院	5. 50	9. 61	74. 77
广东文理职业学院	24. 95	24. 95	—
广州城建职业学院	24. 92	24. 94	0. 05
广东南方职业学院	27. 43	40. 29	46. 88

续附表4-9

学校	2019年	2020年	增长率（%）
广州华商职业学院	20.46	20.46	—
广州华夏职业学院	18.88	16.40	-13.11
广州东华职业学院	17.88	25.77	44.10
广东创新科技职业学院	19.20	17.44	-9.19
广东信息工程职业学院	3.27	3.27	—
广东碧桂园职业学院	6.03	6.02	-0.24
广东酒店管理职业技术学院	11.14	13.45	20.80
广州大学	63.11	86.10	36.44
广州医科大学	20.96	21.03	0.34
深圳大学	99.50	146.08	46.82
南方科技大学	45.29	49.74	9.83
韶关学院	39.41	42.72	8.41
嘉应学院	30.36	30.36	—
惠州学院	24.07	24.18	0.45
东莞理工学院	35.80	37.40	4.46
五邑大学	32.26	39.85	23.53
佛山科学技术学院	41.87	44.33	5.88
肇庆学院	26.79	25.54	-4.66
广州番禺职业技术学院	20.14	19.93	-1.00
广州体育职业技术学院	8.57	8.57	—
广州工程技术职业学院	9.79	10.95	11.88
广州铁路职业技术学院	12.76	13.06	2.38
广州城市职业学院	11.46	11.46	—
广州科技贸易职业学院	6.30	7.22	14.67
广州卫生职业技术学院	8.13	8.22	1.10

续附表4－9

学校	2019年	2020年	增长率（%）
深圳职业技术学院	35.39	65.64	85.49
深圳信息职业技术学院	27.14	30.58	12.68
珠海城市职业技术学院	15.15	15.15	—
汕头职业技术学院	14.53	21.63	48.80
佛山职业技术学院	14.40	14.40	—
河源职业技术学院	19.35	21.38	10.47
惠州卫生职业技术学院	6.94	8.75	26.05
惠州城市职业学院	12.31	12.31	—
惠州工程职业学院	11.58	14.64	26.36
汕尾职业技术学院	7.08	7.69	8.51
东莞职业技术学院	15.69	26.71	70.24
中山火炬职业技术学院	14.29	16.45	15.13
中山职业技术学院	16.25	17.55	7.99
江门职业技术学院	16.91	21.46	26.96
广东江门中医药职业学院	7.08	9.52	34.61
阳江职业技术学院	12.02	12.02	—
湛江幼儿师范专科学校	9.52	11.48	20.56
茂名职业技术学院	15.48	20.13	30.04
广东茂名健康职业学院	4.51	7.13	58.04
广东茂名幼儿师范专科学校	8.97	12.44	38.64
肇庆医学高等专科学校	24.00	24.09	0.40
清远职业技术学院	18.03	21.81	21.00
揭阳职业技术学院	8.87	8.87	—
罗定职业技术学院	10.87	26.97	148.01
顺德职业技术学院	28.59	32.70	14.38

附表 4－10　广东省各普通高校图书数

单位：万册

学校	2019 年	2020 年	增长率（%）
中山大学	728. 60	822. 53	12. 89
华南理工大学	367. 55	375. 34	2. 12
暨南大学	368. 00	382. 00	3. 80
广州民航职业技术学院	82. 29	86. 68	5. 34
华南农业大学	265. 25	268. 55	1. 24
南方医科大学	261. 91	264. 02	0. 81
广州中医药大学	160. 57	167. 11	4. 07
华南师范大学	402. 28	407. 65	1. 33
广东工业大学	401. 40	404. 32	0. 73
广东外语外贸大学	307. 34	309. 84	0. 82
汕头大学	171. 83	176. 15	2. 52
广东财经大学	285. 04	290. 45	1. 90
广东医科大学	185. 38	191. 40	3. 24
广东海洋大学	228. 95	232. 66	1. 62
仲恺农业工程学院	122. 63	124. 83	1. 79
广东药科大学	220. 58	222. 76	0. 99
星海音乐学院	37. 40	38. 34	2. 51
广州美术学院	59. 21	64. 41	8. 78
广州体育学院	67. 13	69. 68	3. 80
广东技术师范大学	225. 80	228. 57	1. 23
岭南师范学院	251. 67	259. 49	3. 11
韩山师范学院	190. 45	198. 46	4. 20
广东石油化工学院	173. 34	173. 28	－0. 03
广东金融学院	188. 76	189. 57	0. 43
广东警官学院	92. 50	95. 90	3. 68
广东第二师范学院	130. 63	135. 90	4. 03
广州航海学院	97. 75	105. 33	7. 75
深圳技术大学	36. 48	38. 04	4. 26

续附表 4－10

学校	2019 年	2020 年	增长率（%）
北京师范大学－香港浸会大学联合国际学院	36. 46	40. 52	11. 14
香港中文大学（深圳）	12. 90	14. 30	10. 87
深圳北理莫斯科大学	1. 90	6. 24	228. 50
广东以色列理工学院	0. 13	0. 19	47. 10
广东培正学院	171. 16	178. 14	4. 08
广东白云学院	148. 88	149. 94	0. 71
广东科技学院	195. 81	235. 22	20. 13
广州商学院	168. 88	176. 51	4. 52
广东东软学院	69. 08	74. 02	7. 15
广州工商学院	278. 76	301. 19	8. 04
广东理工学院	166. 98	210. 45	26. 04
广州理工学院	142. 80	143. 00	0. 14
广州应用科技学院	57. 85	90. 09	55. 73
广州南方学院	207. 63	196. 84	－5. 19
广州华商学院	206. 50	257. 56	24. 72
广州软件学院	116. 53	121. 10	3. 92
珠海科技学院	164. 27	166. 46	1. 34
广州新华学院	147. 43	162. 76	10. 40
广州城市理工学院	135. 64	182. 71	34. 70
湛江科技学院	177. 40	186. 50	5. 13
广州科技职业技术大学	187. 01	193. 01	3. 21
广东工商职业技术大学	122. 55	126. 85	3. 51
广东工业大学华立学院	145. 61	151. 30	3. 90
东莞理工学院城市学院	183. 33	190. 78	4. 06
北京师范大学珠海分校	164. 24	154. 39	－6. 00
电子科技大学中山学院	154. 94	160. 10	3. 33

续附表 4－10

学校	2019 年	2020 年	增长率（%）
北京理工大学珠海学院	158.17	161.21	1.92
华南农业大学珠江学院	116.43	126.43	8.59
广东外语外贸大学南国商学院	107.58	111.29	3.45
广东轻工职业技术学院	162.10	167.50	3.33
广东省外语艺术职业学院	79.18	82.90	4.70
广东机电职业技术学院	81.63	85.11	4.26
广东工贸职业技术学院	70.50	74.30	5.39
广东职业技术学院	67.52	73.84	9.36
广东建设职业技术学院	44.26	47.01	6.21
广东理工职业学院	62.13	62.60	0.76
广东科学技术职业学院	162.87	169.94	4.34
广东交通职业技术学院	108.35	111.38	2.79
广东松山职业技术学院	60.61	63.48	4.74
广东工程职业技术学院	86.29	137.72	59.61
广东科贸职业学院	62.13	106.04	70.68
广东食品药品职业学院	101.69	109.54	7.72
广东水利电力职业技术学院	88.05	91.85	4.32
广东司法警官职业学院	35.21	38.60	9.64
广东行政职业学院	61.56	62.48	1.49
广东体育职业技术学院	17.72	18.50	4.40
广东文艺职业学院	32.64	33.28	1.96
广东女子职业技术学院	60.51	62.38	3.09
广东农工商职业技术学院	156.00	168.89	8.26
广东邮电职业技术学院	24.99	25.99	4.02
广东环境保护工程职业学院	63.40	64.46	1.67

续附表 4－10

学校	2019 年	2020 年	增长率（%）
广东青年职业学院	50.36	50.04	－0.64
广东舞蹈戏剧职业学院	20.50	21.56	5.19
广东生态工程职业学院	25.83	29.50	14.21
广东南华工商职业学院	69.62	73.07	4.96
广东茂名农林科技职业学院	15.83	19.53	23.36
广东江门幼儿师范高等专科学校	16.34	27.94	71.01
广东财贸职业学院	13.50	27.44	103.28
私立华联学院	58.61	59.62	1.72
潮汕职业技术学院	54.18	54.18	—
广东新安职业技术学院	37.60	39.40	4.79
广东亚视演艺职业学院	15.14	15.99	5.58
广东岭南职业技术学院	160.53	165.38	3.02
广州康大职业技术学院	41.15	36.88	－10.37
珠海艺术职业学院	24.99	26.43	5.78
广州涉外经济职业技术学院	93.30	95.37	2.21
广州南洋理工职业学院	91.80	94.81	3.28
惠州经济职业技术学院	70.50	81.00	14.89
广州现代信息工程职业技术学院	77.68	92.38	18.92
广州华南商贸职业学院	38.09	40.22	5.59
广州华立科技职业学院	120.90	124.40	2.89
广州珠江职业技术学院	59.30	62.60	5.56
广州松田职业学院	36.18	43.68	20.72
广东文理职业学院	122.88	125.38	2.03
广州城建职业学院	122.06	133.95	9.75
广东南方职业学院	114.83	118.48	3.18

续附表 4-10

学校	2019 年	2020 年	增长率（%）
广州华商职业学院	90.75	85.80	-5.45
广州华夏职业学院	86.84	88.13	1.48
广州东华职业学院	88.70	88.70	—
广东创新科技职业学院	110.32	110.52	0.18
广东信息工程职业学院	25.85	25.85	—
广东碧桂园职业学院	11.48	12.37	7.79
广东酒店管理职业技术学院	48.30	49.40	2.28
广州大学	384.93	379.87	-1.31
广州医科大学	130.21	139.14	6.86
深圳大学	467.21	487.18	4.27
南方科技大学	23.88	25.01	4.72
韶关学院	281.88	288.21	2.24
嘉应学院	241.35	246.09	1.96
惠州学院	182.48	191.24	4.80
东莞理工学院	201.52	201.33	-0.09
五邑大学	186.69	194.65	4.26
佛山科学技术学院	197.49	179.47	-9.12
肇庆学院	174.97	176.98	1.15
广州番禺职业技术学院	126.76	128.57	1.43
广州体育职业技术学院	21.71	22.70	4.56
广州工程技术职业学院	71.29	72.91	2.27
广州铁路职业技术学院	58.26	58.87	1.05
广州城市职业学院	90.06	92.64	2.86
广州科技贸易职业学院	49.83	53.22	6.81
广州卫生职业技术学院	30.25	31.66	4.66

续附表 4－10

学校	2019 年	2020 年	增长率（%）
深圳职业技术学院	268.50	275.80	2.72
深圳信息职业技术学院	147.50	142.50	－3.39
珠海城市职业技术学院	44.85	47.21	5.26
汕头职业技术学院	56.27	58.10	3.26
佛山职业技术学院	57.99	60.89	5.00
河源职业技术学院	115.34	122.38	6.10
惠州卫生职业技术学院	38.62	38.89	0.70
惠州城市职业学院	40.96	40.97	0.03
惠州工程职业学院	25.19	25.19	—
汕尾职业技术学院	41.21	43.71	6.07
东莞职业技术学院	101.75	108.45	6.59
中山火炬职业技术学院	50.79	52.24	2.84
中山职业技术学院	58.24	59.64	2.40
江门职业技术学院	78.25	93.09	18.96
广东江门中医药职业学院	15.54	16.00	2.96
阳江职业技术学院	58.55	61.00	4.17
湛江幼儿师范专科学校	50.24	60.32	20.04
茂名职业技术学院	70.50	72.99	3.53
广东茂名健康职业学院	18.52	20.99	13.33
广东茂名幼儿师范专科学校	50.10	54.97	9.72
肇庆医学高等专科学校	67.50	68.39	1.33
清远职业技术学院	80.49	80.96	0.58
揭阳职业技术学院	43.26	44.21	2.19
罗定职业技术学院	59.32	59.37	0.08
顺德职业技术学院	122.00	125.92	3.21

附表 4－11　广东省各普通高校教学仪器设备值

单位：万元

学校	2019 年	2020 年	增长率（%）
中山大学	524 246. 91	611 410. 38	16. 63
华南理工大学	290 601. 67	322 101. 23	10. 84
暨南大学	198 103. 86	209 827. 75	5. 92
广州民航职业技术学院	25 761. 04	27 973. 06	8. 59
华南农业大学	153 725. 84	164 497. 89	7. 01
南方医科大学	81 611. 59	91 534. 88	12. 16
广州中医药大学	101 513. 14	109 499. 14	7. 87
华南师范大学	116 280. 79	123 164. 08	5. 92
广东工业大学	138 046. 12	150 493. 59	9. 02
广东外语外贸大学	32 243. 30	31 478. 22	－2. 37
汕头大学	73 874. 99	78 648. 42	6. 46
广东财经大学	11 230. 45	11 597. 08	3. 26
广东医科大学	36 690. 29	37 799. 07	3. 02
广东海洋大学	51 820. 86	55 102. 90	6. 33
仲恺农业工程学院	18 144. 43	19 584. 27	7. 94
广东药科大学	38 223. 20	42 026. 30	9. 95
星海音乐学院	9569. 38	9834. 25	2. 77
广州美术学院	7639. 48	8388. 15	9. 80
广州体育学院	8203. 45	10 832. 33	32. 05
广东技术师范大学	24 223. 44	29 616. 36	22. 26
岭南师范学院	28 469. 00	29 396. 74	3. 26
韩山师范学院	22 659. 91	24 600. 89	8. 57
广东石油化工学院	26 102. 19	30 010. 59	14. 97
广东金融学院	13 217. 00	13 234. 00	0. 13
广东警官学院	9109. 47	9710. 04	6. 59
广东第二师范学院	13 381. 53	14 383. 77	7. 49

续附表 4－11

学校	2019 年	2020 年	增长率（%）
广州航海学院	18 665. 46	21 499. 00	15. 18
深圳技术大学	13 769. 60	35 128. 41	155. 12
北京师范大学－香港浸会大学联合国际学院	11985. 41	13 102. 61	9. 32
香港中文大学（深圳）	11 163. 46	15 039. 64	34. 72
深圳北理莫斯科大学	2793. 00	3569. 67	27. 81
广东以色列理工学院	1200. 62	6875. 40	472. 65
广东培正学院	5468. 78	5775. 56	5. 61
广东白云学院	12 232. 37	13 431. 71	9. 80
广东科技学院	13 039. 90	16 001. 37	22. 71
广州商学院	8800. 06	8600. 90	－2. 26
广东东软学院	5303. 48	5862. 20	10. 53
广州工商学院	13 303. 97	15 510. 92	16. 59
广东理工学院	17 925. 00	21 031. 94	17. 33
广州理工学院	8897. 63	9321. 45	4. 76
广州应用科技学院	3878. 82	6009. 12	54. 92
广州南方学院	9902. 75	10 934. 19	10. 42
广州华商学院	6595. 54	9103. 39	38. 02
广州软件学院	7358. 46	7133. 27	－3. 06
珠海科技学院	16 781. 29	17 139. 14	2. 13
广州新华学院	10 591. 58	10 087. 03	－4. 76
广州城市理工学院	12 463. 76	13 177. 66	5. 73
湛江科技学院	11713. 07	8668. 61	－25. 99
广州科技职业技术大学	11 743. 67	12 795. 86	8. 96
广东工商职业技术大学	12 549. 15	13 578. 55	8. 20
广东工业大学华立学院	11 634. 01	12 008. 34	3. 22
东莞理工学院城市学院	10 219. 73	9537. 41	－6. 68

续附表 4 - 11

学校	2019 年	2020 年	增长率（%）
北京师范大学珠海分校	8710. 19	10 096. 18	15. 91
电子科技大学中山学院	14 125. 58	16 403. 10	16. 12
北京理工大学珠海学院	19 490. 15	20 177. 40	3. 53
华南农业大学珠江学院	6467. 32	5274. 00	- 18. 45
广东外语外贸大学南国商学院	3688. 92	3982. 16	7. 95
广东轻工职业技术学院	24 819. 31	25 962. 90	4. 61
广东省外语艺术职业学院	10 553. 54	11 479. 24	8. 77
广东机电职业技术学院	17 521. 34	20 020. 96	14. 27
广东工贸职业技术学院	15 386. 01	24 356. 47	58. 30
广东职业技术学院	9860. 31	10 921. 90	10. 77
广东建设职业技术学院	6452. 97	7808. 29	21. 00
广东理工职业学院	7690. 36	6927. 76	- 9. 92
广东科学技术职业学院	23 333. 07	26 295. 66	12. 70
广东交通职业技术学院	18 829. 22	22 719. 60	20. 66
广东松山职业技术学院	10 443. 55	10 998. 89	5. 32
广东工程职业技术学院	9799. 72	11 633. 41	18. 71
广东科贸职业学院	9306. 84	11 711. 00	25. 83
广东食品药品职业学院	14 355. 42	15 295. 19	6. 55
广东水利电力职业技术学院	19 718. 62	21 582. 23	9. 45
广东司法警官职业学院	4265. 35	4546. 79	6. 60
广东行政职业学院	2975. 21	3361. 17	12. 97
广东体育职业技术学院	2771. 68	3051. 13	10. 08
广东文艺职业学院	3222. 21	3372. 36	4. 66
广东女子职业技术学院	7875. 79	9655. 35	22. 60
广东农工商职业技术学院	12 732. 77	15 194. 16	19. 33
广东邮电职业技术学院	3864. 48	3842. 44	- 0. 57
广东环境保护工程职业学院	9237. 90	10 329. 63	11. 82

续附表 4－11

学校	2019 年	2020 年	增长率（%）
广东青年职业学院	3630.58	3630.58	—
广东舞蹈戏剧职业学院	2143.02	2434.40	13.60
广东生态工程职业学院	2938.00	3557.00	21.07
广东南华工商职业学院	3562.69	4857.67	36.35
广东茂名农林科技职业学院	1738.00	2334.66	34.33
广东江门幼儿师范高等专科学校	408.25	1423.65	248.72
广东财贸职业学院	896.06	2708.26	202.24
私立华联学院	3161.71	3232.84	2.25
潮汕职业技术学院	1854.03	1807.94	－2.49
广东新安职业技术学院	1939.62	2236.60	15.31
广东亚视演艺职业学院	1275.47	1351.40	5.95
广东岭南职业技术学院	16 638.44	17 672.94	6.22
广州康大职业技术学院	1406.84	1456.65	3.54
珠海艺术职业学院	1317.84	1355.35	2.85
广州涉外经济职业技术学院	5055.58	5587.39	10.52
广州南洋理工职业学院	5422.37	6015.24	10.93
惠州经济职业技术学院	7011.41	7278.46	3.81
广州现代信息工程职业技术学院	4729.84	5083.20	7.47
广州华南商贸职业学院	2147.15	2247.35	4.67
广州华立科技职业学院	9234.31	10 031.56	8.63
广州珠江职业技术学院	4002.00	4358.00	8.90
广州松田职业学院	1883.25	2560.37	35.95
广东文理职业学院	13 015.13	13 175.05	1.23
广州城建职业学院	12 185.72	13 785.95	13.13
广东南方职业学院	8715.83	10 387.92	19.18
广州华商职业学院	5204.29	5728.84	10.08

续附表 4-11

学校	2019 年	2020 年	增长率（%）
广州华夏职业学院	6828. 74	7167. 12	4. 96
广州东华职业学院	4702. 00	4772. 00	1. 49
广东创新科技职业学院	6717. 85	7317. 85	8. 93
广东信息工程职业学院	1529. 79	1594. 51	4. 23
广东碧桂园职业学院	1541. 13	1705. 08	10. 64
广东酒店管理职业技术学院	2703. 19	2840. 10	5. 06
广州大学	92 714. 79	101 625. 22	9. 61
广州医科大学	115 265. 94	128 053. 65	11. 09
深圳大学	284 683. 02	315 752. 88	10. 91
南方科技大学	192 573. 86	264 280. 81	37. 24
韶关学院	33 424. 64	36 641. 63	9. 62
嘉应学院	26 844. 65	27 267. 20	1. 57
惠州学院	24 745. 09	29 243. 66	18. 18
东莞理工学院	62 559. 76	73 595. 48	17. 64
五邑大学	24 840. 08	41 576. 04	67. 37
佛山科学技术学院	34 299. 82	47 868. 14	39. 56
肇庆学院	24 951. 19	27 361. 52	9. 66
广州番禺职业技术学院	29 666. 74	33 675. 54	13. 51
广州体育职业技术学院	4068. 12	4051. 21	-0. 42
广州工程技术职业学院	12 304. 75	12 567. 75	2. 14
广州铁路职业技术学院	28 611. 95	30 389. 16	6. 21
广州城市职业学院	15 464. 58	15 948. 19	3. 13
广州科技贸易职业学院	4710. 03	5302. 75	12. 58
广州卫生职业技术学院	8549. 09	8603. 51	0. 64
深圳职业技术学院	96 162. 93	104 225. 44	8. 38

续附表 4－11

学校	2019 年	2020 年	增长率（%）
深圳信息职业技术学院	51 219. 19	46 194. 69	－9. 81
珠海城市职业技术学院	8996. 56	9915. 81	10. 22
汕头职业技术学院	8533. 67	9606. 66	12. 57
佛山职业技术学院	18 063. 00	19 914. 00	10. 25
河源职业技术学院	11 637. 14	13 532. 19	16. 28
惠州卫生职业技术学院	5328. 48	9567. 83	79. 56
惠州城市职业学院	4189. 23	5331. 35	27. 26
惠州工程职业学院	6891. 04	8096. 17	17. 49
汕尾职业技术学院	6249. 03	6988. 83	11. 84
东莞职业技术学院	21 223. 80	24 699. 22	16. 38
中山火炬职业技术学院	12 688. 62	14 742. 32	16. 19
中山职业技术学院	17 517. 80	18 718. 24	6. 85
江门职业技术学院	13 337. 37	14 490. 18	8. 64
广东江门中医药职业学院	3227. 63	4064. 23	25. 92
阳江职业技术学院	12 608. 26	13 490. 48	7. 00
湛江幼儿师范专科学校	3060. 46	3457. 69	12. 98
茂名职业技术学院	5984. 34	7114. 30	18. 88
广东茂名健康职业学院	3352. 02	3556. 39	6. 10
广东茂名幼儿师范专科学校	5049. 22	5491. 42	8. 76
肇庆医学高等专科学校	9764. 41	10 215. 03	4. 61
清远职业技术学院	9294. 38	10 957. 39	17. 89
揭阳职业技术学院	7305. 70	7857. 99	7. 56
罗定职业技术学院	5368. 06	5850. 27	8. 98
顺德职业技术学院	37 094. 93	36 608. 49	－1. 31

附表 4－12　广东省各普通高校生均信息化设备资产值

单位：元

学校	2019 年	2020 年	增长率（%）
中山大学	101 891. 29	116 605. 43	14. 44
华南理工大学	50 541. 78	55 096. 81	9. 01
暨南大学	59 840. 41	67 334. 97	12. 52
广州民航职业技术学院	6401. 28	8655. 19	35. 21
华南农业大学	32 930. 64	35 259. 01	7. 07
南方医科大学	16 392. 17	16 534. 56	0. 87
广州中医药大学	10 893. 54	13 500. 08	23. 93
华南师范大学	29 444. 76	29 004. 73	－1. 49
广东工业大学	38 078. 31	40 174. 24	5. 50
广东外语外贸大学	26 270. 76	24 316. 59	－7. 44
汕头大学	18 525. 61	17 360. 66	－6. 29
广东财经大学	120 49. 08	11 701. 79	－2. 88
广东医科大学	6896. 84	7328. 30	6. 26
广东海洋大学	11 093. 64	11 134. 98	0. 37
仲恺农业工程学院	7387. 72	7550. 40	2. 20
广东药科大学	9765. 45	9816. 27	0. 52
星海音乐学院	3582. 11	3790. 83	5. 83
广州美术学院	3668. 19	4027. 67	9. 80
广州体育学院	7527. 59	8545. 37	13. 52
广东技术师范大学	10 915. 54	11 403. 60	4. 47
岭南师范学院	14 710. 12	14 650. 63	－0. 40
韩山师范学院	11 670. 31	13 587. 95	16. 43
广东石油化工学院	5168. 57	6574. 26	27. 20
广东金融学院	11 921. 00	11 828. 00	－0. 78
广东警官学院	3317. 44	4077. 35	22. 91
广东第二师范学院	4036. 43	4269. 62	5. 78

续附表 4－12

学校	2019 年	2020 年	增长率（%）
广州航海学院	7834. 98	10 058. 62	28. 38
深圳技术大学	7571. 20	13 627. 44	79. 99
北京师范大学－香港浸会大学联合国际学院	5820. 23	6201. 84	6. 56
香港中文大学（深圳）	21 693. 97	27 371. 06	26. 17
深圳北理莫斯科大学	441. 84	1422. 92	222. 04
广东以色列理工学院	1009. 08	1491. 12	47. 77
广东培正学院	5350. 65	5450. 43	1. 86
广东白云学院	4201. 42	4877. 15	16. 08
广东科技学院	6952. 99	8653. 41	24. 46
广州商学院	2619. 41	2821. 46	7. 71
广东东软学院	2368. 03	2582. 52	9. 06
广州工商学院	4307. 81	9162. 86	112. 70
广东理工学院	3297. 60	4171. 56	26. 50
广州理工学院	2200. 00	2220. 00	0. 91
广州应用科技学院	1270. 08	1634. 43	28. 69
广州南方学院	3632. 04	3777. 01	3. 99
广州华商学院	3786. 78	5942. 46	56. 93
广州软件学院	608. 56	634. 44	4. 25
珠海科技学院	6690. 37	6986. 23	4. 42
广州新华学院	5157. 86	6063. 08	17. 55
广州城市理工学院	5530. 14	6066. 56	9. 70
湛江科技学院	938. 85	975. 23	3. 87
广州科技职业技术大学	2685. 15	2735. 15	1. 86
广东工商职业技术大学	1428. 90	1775. 90	24. 28
广东工业大学华立学院	1607. 00	1741. 00	8. 34
东莞理工学院城市学院	5221. 56	5545. 46	6. 20

续附表 4－12

学校	2019 年	2020 年	增长率（%）
北京师范大学珠海分校	10 638.01	11 284.23	6.07
电子科技大学中山学院	5219.92	6459.54	23.75
北京理工大学珠海学院	11 388.77	11 808.47	3.69
华南农业大学珠江学院	2008.86	711.66	－64.57
广东外语外贸大学南国商学院	4540.56	4820.11	6.16
广东轻工职业技术学院	10 628.68	11 141.11	4.82
广东省外语艺术职业学院	6753.44	7541.00	11.66
广东机电职业技术学院	6663.51	6914.31	3.76
广东工贸职业技术学院	9898.58	12 785.56	29.17
广东职业技术学院	6023.34	6754.30	12.14
广东建设职业技术学院	1780.55	1890.00	6.15
广东理工职业学院	4643.06	4295.39	－7.49
广东科学技术职业学院	15 979.47	18 391.71	15.10
广东交通职业技术学院	4041.50	4430.00	9.61
广东松山职业技术学院	6332.28	6821.61	7.73
广东工程职业技术学院	4819.39	1878.30	－61.03
广东科贸职业学院	5923.62	6438.44	8.69
广东食品药品职业学院	4164.90	4167.91	0.07
广东水利电力职业技术学院	8148.95	9527.13	16.91
广东司法警官职业学院	1000.66	1143.14	14.24
广东行政职业学院	2901.93	3178.60	9.53
广东体育职业技术学院	1120.44	1605.50	43.29
广东文艺职业学院	1131.40	1186.40	4.86
广东女子职业技术学院	6564.00	8625.17	31.40
广东农工商职业技术学院	8305.18	8115.26	－2.29
广东邮电职业技术学院	2257.62	2425.20	7.42
广东环境保护工程职业学院	3295.49	3953.32	19.96

续附表 4－12

学校	2019 年	2020 年	增长率（%）
广东青年职业学院	3592. 00	3592. 00	—
广东舞蹈戏剧职业学院	2424. 90	2780. 78	14. 68
广东生态工程职业学院	2045. 00	2515. 00	22. 98
广东南华工商职业学院	3819. 28	5321. 54	39. 33
广东茂名农林科技职业学院	2655. 70	2655. 70	—
广东江门幼儿师范高等专科学校	759. 00	782. 11	3. 04
广东财贸职业学院	14. 73	1508. 98	10 144. 26
私立华联学院	688. 00	810. 18	17. 76
潮汕职业技术学院	191. 92	187. 39	－2. 36
广东新安职业技术学院	437. 43	832. 15	90. 24
广东亚视演艺职业学院	743. 78	743. 78	—
广东岭南职业技术学院	9143. 33	9630. 18	5. 32
广州康大职业技术学院	716. 63	601. 02	－16. 13
珠海艺术职业学院	767. 57	903. 96	17. 77
广州涉外经济职业技术学院	4204. 43	4773. 46	13. 53
广州南洋理工职业学院	2945. 00	3292. 39	11. 80
惠州经济职业技术学院	5161. 63	5429. 85	5. 20
广州现代信息工程职业技术学院	434. 56	476. 02	9. 54
广州华南商贸职业学院	673. 61	673. 61	—
广州华立科技职业学院	976. 85	976. 85	—
广州珠江职业技术学院	361. 00	395. 00	9. 42
广州松田职业学院	869. 00	1291. 00	48. 56
广东文理职业学院	749. 91	749. 91	—
广州城建职业学院	2765. 96	2959. 18	6. 99
广东南方职业学院	2488. 96	3040. 81	22. 17
广州华商职业学院	839. 49	1052. 74	25. 40
广州华夏职业学院	1809. 36	2058. 98	13. 80

续附表 4－12

学校	2019 年	2020 年	增长率（%）
广州东华职业学院	334. 40	338. 25	1. 15
广东创新科技职业学院	877. 47	990. 88	12. 93
广东信息工程职业学院	645. 15	652. 68	1. 17
广东碧桂园职业学院	1307. 89	1670. 88	27. 75
广东酒店管理职业技术学院	743. 92	803. 58	8. 02
广州大学	5293. 20	6046. 16	14. 23
广州医科大学	12 917. 38	15 497. 36	19. 97
深圳大学	60 738. 14	69 892. 01	15. 07
南方科技大学	55 884. 99	75 310. 73	34. 76
韶关学院	7788. 68	9785. 42	25. 64
嘉应学院	9244. 24	9689. 53	4. 82
惠州学院	10 600. 59	11 366. 99	7. 23
东莞理工学院	15 479. 15	21 323. 29	37. 75
五邑大学	8331. 62	12 002. 46	44. 06
佛山科学技术学院	9746. 85	11 057. 73	13. 45
肇庆学院	14 081. 20	15 101. 85	7. 25
广州番禺职业技术学院	3914. 14	3445. 29	－11. 98
广州体育职业技术学院	630. 79	726. 51	15. 17
广州工程技术职业学院	1698. 30	5082. 00	199. 24
广州铁路职业技术学院	7058. 60	7397. 08	4. 80
广州城市职业学院	12 098. 27	12 668. 32	4. 71
广州科技贸易职业学院	3674. 20	4307. 27	17. 23
广州卫生职业技术学院	2508. 00	2684. 25	7. 03
深圳职业技术学院	19 002. 30	20 305. 01	6. 86
深圳信息职业技术学院	18 551. 36	22 967. 38	23. 80

续附表 4－12

学校	2019 年	2020 年	增长率（%）
珠海城市职业技术学院	3505. 74	3799. 45	8. 38
汕头职业技术学院	4561. 32	4912. 38	7. 70
佛山职业技术学院	8144. 00	9533. 00	17. 06
河源职业技术学院	3925. 76	4235. 66	7. 89
惠州卫生职业技术学院	2047. 13	2411. 28	17. 79
惠州城市职业学院	1171. 34	1171. 34	0. 00
惠州工程职业学院	1371. 58	2513. 90	83. 28
汕尾职业技术学院	3270. 74	3950. 33	20. 78
东莞职业技术学院	10 448. 47	11 479. 81	9. 87
中山火炬职业技术学院	929. 23	6234. 48	570. 93
中山职业技术学院	1780. 97	1847. 86	3. 76
江门职业技术学院	962. 09	1264. 77	31. 46
广东江门中医药职业学院	241. 35	938. 63	288. 91
阳江职业技术学院	4625. 93	5727. 62	23. 82
湛江幼儿师范专科学校	1688. 33	1874. 55	11. 03
茂名职业技术学院	1511. 21	2126. 77	40. 73
广东茂名健康职业学院	1400. 00	1496. 00	6. 86
广东茂名幼儿师范专科学校	2977. 02	3224. 52	8. 31
肇庆医学高等专科学校	3341. 04	3588. 37	7. 40
清远职业技术学院	4046. 34	4909. 05	21. 32
揭阳职业技术学院	3299. 01	3572. 97	8. 30
罗定职业技术学院	3575. 24	3881. 47	8. 57
顺德职业技术学院	18 320. 14	14 658. 78	－19. 99

附表 4－13　广东省各普通高校每百名学生拥有教学用计算机台数

单位：台

学校	2019 年	2020 年	增长率（%）
中山大学	29. 37	31. 42	6. 98
华南理工大学	72. 67	72. 23	－0. 60
暨南大学	25. 84	31. 85	23. 24
广州民航职业技术学院	22. 06	22. 50	2. 00
华南农业大学	23. 45	24. 90	6. 16
南方医科大学	37. 09	34. 99	－5. 67
广州中医药大学	20. 52	19. 97	－2. 71
华南师范大学	40. 86	37. 44	－8. 36
广东工业大学	34. 17	34. 11	－0. 19
广东外语外贸大学	36. 02	38. 07	5. 71
汕头大学	35. 12	34. 69	－1. 21
广东财经大学	21. 47	19. 15	－10. 82
广东医科大学	20. 36	18. 90	－7. 17
广东海洋大学	21. 76	17. 62	－19. 01
仲恺农业工程学院	19. 91	15. 45	－22. 42
广东药科大学	30. 28	32. 75	8. 14
星海音乐学院	22. 89	25. 82	12. 80
广州美术学院	16. 61	18. 14	9. 23
广州体育学院	12. 58	14. 73	17. 03
广东技术师范大学	32. 65	25. 72	－21. 22
岭南师范学院	30. 35	25. 76	－15. 12
韩山师范学院	36. 29	33. 70	－7. 14
广东石油化工学院	20. 02	15. 68	－21. 66
广东金融学院	13. 91	13. 69	－1. 58
广东警官学院	27. 06	27. 29	0. 85
广东第二师范学院	23. 68	22. 23	－6. 10

续附表 4 - 13

学校	2019 年	2020 年	增长率（%）
广州航海学院	46. 55	56. 32	21. 00
深圳技术大学	239. 75	62. 77	- 73. 82
北京师范大学 - 香港浸会大学联合国际学院	33. 42	32. 57	- 2. 57
香港中文大学（深圳）	22. 29	23. 39	4. 92
深圳北理莫斯科大学	33. 62	23. 41	- 30. 37
广东以色列理工学院	10. 12	20. 86	106. 03
广东培正学院	23. 62	23. 10	- 2. 20
广东白云学院	28. 62	24. 58	- 14. 12
广东科技学院	22. 68	19. 10	- 15. 79
广州商学院	33. 60	36. 62	9. 00
广东东软学院	10. 78	10. 25	- 4. 98
广州工商学院	31. 01	38. 25	23. 35
广东理工学院	17. 21	14. 74	- 14. 37
广州理工学院	27. 23	24. 32	- 10. 70
广州应用科技学院	27. 35	44. 64	63. 21
广州南方学院	16. 51	17. 42	5. 52
广州华商学院	16. 56	22. 61	36. 57
广州软件学院	40. 92	43. 76	6. 95
珠海科技学院	16. 52	17. 17	3. 90
广州新华学院	21. 94	24. 86	13. 35
广州城市理工学院	23. 15	25. 67	10. 90
湛江科技学院	13. 50	15. 39	14. 03
广州科技职业技术大学	19. 70	16. 71	- 15. 18
广东工商职业技术大学	44. 91	26. 23	- 41. 59
广东工业大学华立学院	34. 36	33. 42	- 2. 73
东莞理工学院城市学院	21. 20	25. 41	19. 86

续附表 4－13

学校	2019 年	2020 年	增长率（%）
北京师范大学珠海分校	34. 00	46. 61	37. 06
电子科技大学中山学院	25. 36	25. 35	—
北京理工大学珠海学院	26. 25	27. 28	3. 95
华南农业大学珠江学院	18. 45	18. 01	－2. 36
广东外语外贸大学南国商学院	18. 87	18. 78	－0. 46
广东轻工职业技术学院	42. 46	35. 49	－16. 42
广东省外语艺术职业学院	34. 08	24. 73	－27. 43
广东机电职业技术学院	33. 57	23. 88	－28. 85
广东工贸职业技术学院	29. 85	25. 97	－13. 01
广东职业技术学院	26. 84	18. 38	－31. 52
广东建设职业技术学院	26. 76	21. 85	－18. 34
广东理工职业学院	29. 01	26. 94	－7. 13
广东科学技术职业学院	52. 68	44. 47	－15. 59
广东交通职业技术学院	39. 92	32. 22	－19. 28
广东松山职业技术学院	44. 21	30. 05	－32. 03
广东工程职业技术学院	29. 69	17. 04	－42. 61
广东科贸职业学院	33. 03	19. 34	－41. 44
广东食品药品职业学院	14. 67	18. 32	24. 90
广东水利电力职业技术学院	23. 70	22. 11	－6. 74
广东司法警官职业学院	30. 02	27. 80	－7. 37
广东行政职业学院	41. 23	45. 01	9. 17
广东体育职业技术学院	19. 38	18. 43	－4. 88
广东文艺职业学院	30. 10	28. 46	－5. 46
广东女子职业技术学院	67. 97	63. 31	－6. 85
广东农工商职业技术学院	36. 92	35. 01	－5. 16
广东邮电职业技术学院	28. 21	21. 59	－23. 49
广东环境保护工程职业学院	16. 02	14. 59	－8. 91

续附表 4－13

学校	2019 年	2020 年	增长率（%）
广东青年职业学院	61.35	53.08	－13.48
广东舞蹈戏剧职业学院	23.46	20.26	－13.64
广东生态工程职业学院	31.69	18.54	－41.49
广东南华工商职业学院	16.79	18.99	13.12
广东茂名农林科技职业学院	11.05	12.57	13.76
广东江门幼儿师范高等专科学校	47.06	11.49	－75.58
广东财贸职业学院	40.13	38.27	－4.64
私立华联学院	36.94	33.69	－8.81
潮汕职业技术学院	21.87	21.43	－2.00
广东新安职业技术学院	29.53	25.02	－15.26
广东亚视演艺职业学院	22.82	26.26	15.06
广东岭南职业技术学院	37.54	30.40	－19.03
广州康大职业技术学院	145.00	56.73	－60.87
珠海艺术职业学院	21.24	23.66	11.37
广州涉外经济职业技术学院	27.87	23.61	－15.28
广州南洋理工职业学院	21.38	19.86	－7.13
惠州经济职业技术学院	41.99	43.44	3.46
广州现代信息工程职业技术学院	42.78	37.36	－12.66
广州华南商贸职业学院	25.66	21.22	－17.31
广州华立科技职业学院	22.76	19.53	－14.19
广州珠江职业技术学院	18.00	22.15	23.03
广州松田职业学院	29.66	19.48	－34.32
广东文理职业学院	23.24	15.67	－32.58
广州城建职业学院	37.01	29.59	－20.05
广东南方职业学院	21.08	11.22	－46.77

续附表4－13

学校	2019年	2020年	增长率（%）
广州华商职业学院	31.32	20.71	－33.87
广州华夏职业学院	23.31	16.89	－27.53
广州东华职业学院	17.56	16.49	－6.06
广东创新科技职业学院	43.00	40.62	－5.53
广东信息工程职业学院	44.62	34.77	－22.09
广东碧桂园职业学院	33.57	32.02	－4.61
广东酒店管理职业技术学院	11.15	10.95	－1.79
广州大学	33.17	30.61	－7.73
广州医科大学	54.84	48.64	－11.30
深圳大学	49.19	42.90	－12.79
南方科技大学	20.77	19.23	－7.41
韶关学院	31.05	27.91	－10.11
嘉应学院	23.25	23.85	2.59
惠州学院	28.14	24.51	－12.92
东莞理工学院	43.09	41.77	－3.06
五邑大学	16.59	15.34	－7.56
佛山科学技术学院	19.30	18.35	－4.89
肇庆学院	20.42	20.63	1.04
广州番禺职业技术学院	80.32	74.06	－7.79
广州体育职业技术学院	17.02	14.88	－12.53
广州工程技术职业学院	44.00	33.60	－23.64
广州铁路职业技术学院	45.62	42.16	－7.58
广州城市职业学院	84.47	62.21	－26.36
广州科技贸易职业学院	39.11	34.00	－13.07
广州卫生职业技术学院	39.67	14.53	－63.37

续附表 4－13

学校	2019 年	2020 年	增长率（%）
深圳职业技术学院	62.03	45.29	－26.99
深圳信息职业技术学院	78.73	66.15	－15.98
珠海城市职业技术学院	53.31	45.05	－15.49
汕头职业技术学院	56.13	44.63	－20.50
佛山职业技术学院	52.32	48.23	－7.83
河源职业技术学院	29.85	25.20	－15.60
惠州卫生职业技术学院	27.99	13.68	－51.12
惠州城市职业学院	21.76	14.96	－31.26
惠州工程职业学院	37.11	24.34	－34.41
汕尾职业技术学院	26.32	21.23	－19.35
东莞职业技术学院	43.33	45.51	5.02
中山火炬职业技术学院	44.30	48.84	10.24
中山职业技术学院	60.71	48.45	－20.19
江门职业技术学院	32.56	29.27	－10.11
广东江门中医药职业学院	15.80	9.98	－36.80
阳江职业技术学院	24.08	20.61	－14.42
湛江幼儿师范专科学校	19.31	10.16	－47.38
茂名职业技术学院	8.48	10.03	18.17
广东茂名健康职业学院	13.15	9.96	－24.25
广东茂名幼儿师范专科学校	11.80	7.59	－35.66
肇庆医学高等专科学校	19.61	11.45	－41.61
清远职业技术学院	26.06	21.62	－17.06
揭阳职业技术学院	36.79	30.15	－18.05
罗定职业技术学院	21.62	20.69	－4.32
顺德职业技术学院	51.92	43.16	－16.87

附表 4－14　广东省各普通高校上网课程数量

单位：门

学校	2019 年	2020 年	增长率（%）
中山大学	—	—	—
华南理工大学	762	962	26.25
暨南大学	1229	3471	182.42
广州民航职业技术学院	291	394	35.40
华南农业大学	100	600	500.00
南方医科大学	680	691	1.62
广州中医药大学	53	95	79.25
华南师范大学	786	3805	384.10
广东工业大学	143	552	286.01
广东外语外贸大学	2485	2538	2.13
汕头大学	1758	705	－59.90
广东财经大学	1866	2089	11.95
广东医科大学	242	865	257.44
广东海洋大学	170	200	17.65
仲恺农业工程学院	164	175	6.71
广东药科大学	101	101	—
星海音乐学院	—	—	—
广州美术学院	144	151	4.86
广州体育学院	66	66	—
广东技术师范大学	307	665	116.61
岭南师范学院	345	355	2.90
韩山师范学院	320	280	－12.50
广东石油化工学院	4301	308	－92.84
广东金融学院	951	674	－29.13
广东警官学院	29	29	—
广东第二师范学院	133	798	500.00

续附表 4－14

学校	2018 年	2019 年	增长率（%）
广州航海学院	748	2061	175.53
深圳技术大学	—	—	—
北京师范大学－香港浸会大学联合国际学院	1111	477	－57.07
香港中文大学（深圳）	358	421	17.60
深圳北理莫斯科大学	—	—	—
广东以色列理工学院	—	51	—
广东培正学院	117	241	105.98
广东白云学院	519	660	27.17
广东科技学院	325	350	7.69
广州商学院	123	504	309.76
广东东软学院	66	56	－15.15
广州工商学院	—	489	—
广东理工学院	23	—	—
广州理工学院	—	104	—
广州应用科技学院	—	—	—
广州南方学院	—	2197	—
广州华商学院	112	31	－72.32
广州软件学院	—	—	—
珠海科技学院	285	895	214.04
广州新华学院	128	1713	1238.28
广州城市理工学院	54	282	422.22
湛江科技学院	98	91	－7.14
广州科技职业技术大学	10	12	20.00
广东工商职业技术大学	30	30	—
广东工业大学华立学院	—	—	—
东莞理工学院城市学院	—	—	—

续附表 4－14

学校	2018 年	2019 年	增长率（%）
北京师范大学珠海分校	425	384	－9.65
电子科技大学中山学院	72	46	－36.11
北京理工大学珠海学院	212	1422	570.75
华南农业大学珠江学院	23	368	1500.00
广东外语外贸大学南国商学院	548	579	5.66
广东轻工职业技术学院	453	835	84.33
广东省外语艺术职业学院	477	523	9.64
广东机电职业技术学院	674	1107	64.24
广东工贸职业技术学院	534	789	47.75
广东职业技术学院	83	734	784.34
广东建设职业技术学院	74	0	—
广东理工职业学院	323	326	0.93
广东科学技术职业学院	342	1125	228.95
广东交通职业技术学院	510	716	40.39
广东松山职业技术学院	25	62	148.00
广东工程职业技术学院	655	133	－79.69
广东科贸职业学院	27	—	—
广东食品药品职业学院	95	582	512.63
广东水利电力职业技术学院	860	1010	17.44
广东司法警官职业学院	37	37	—
广东行政职业学院	46	139	202.17
广东体育职业技术学院	—	123	—
广东文艺职业学院	—	—	—
广东女子职业技术学院	193	478	147.67
广东农工商职业技术学院	337	407	20.77
广东邮电职业技术学院	156	190	21.79
广东环境保护工程职业学院	89	396	344.94

续附表 4－14

学校	2018 年	2019 年	增长率（%）
广东青年职业学院	58	58	—
广东舞蹈戏剧职业学院	3	525	17 400.00
广东生态工程职业学院	12	274	2183.33
广东南华工商职业学院	26	1049	3934.62
广东茂名农林科技职业学院	—	—	—
广东江门幼儿师范高等专科学校	—	—	—
广东财贸职业学院	6	151	2416.67
私立华联学院	—	—	—
潮汕职业技术学院	—	—	—
广东新安职业技术学院	—	—	—
广东亚视演艺职业学院	20	20	—
广东岭南职业技术学院	460	500	8.70
广州康大职业技术学院	5	5	—
珠海艺术职业学院	1	1	—
广州涉外经济职业技术学院	28	28	—
广州南洋理工职业学院	20	275	1275.00
惠州经济职业技术学院	27	72	166.67
广州现代信息工程职业技术学院	17	17	—
广州华南商贸职业学院	—	—	—
广州华立科技职业学院	8	267	3237.50
广州珠江职业技术学院	—	—	—
广州松田职业学院	—	417	—
广东文理职业学院	—	—	—
广州城建职业学院	153	747	388.24
广东南方职业学院	45	45	—
广州华商职业学院	37	32	－13.51
广州华夏职业学院	51	59	15.69

续附表 4－14

学校	2018 年	2019 年	增长率（%）
广州东华职业学院	33	33	—
广东创新科技职业学院	35	43	22.86
广东信息工程职业学院	—	—	—
广东碧桂园职业学院	—	107	—
广东酒店管理职业技术学院	—	—	—
广州大学	211	418	98.10
广州医科大学	—	2282	—
深圳大学	82	4931	5913.41
南方科技大学	130	930	615.38
韶关学院	97	215	121.65
嘉应学院	474	817	72.36
惠州学院	65	1353	1981.54
东莞理工学院	330	230	－30.30
五邑大学	1422	1428	0.42
佛山科学技术学院	585	589	0.68
肇庆学院	34	—	—
广州番禺职业技术学院	240	584	143.33
广州体育职业技术学院	24	24	—
广州工程技术职业学院	133	655	392.48
广州铁路职业技术学院	145	145	—
广州城市职业学院	344	350	1.74
广州科技贸易职业学院	55	256	365.45
广州卫生职业技术学院	9	211	2244.44
深圳职业技术学院	910	2500	174.73
深圳信息职业技术学院	—	—	—
珠海城市职业技术学院	371	476	28.30
汕头职业技术学院	—	—	—

续附表 4－14

学校	2018 年	2019 年	增长率（%）
佛山职业技术学院	456	2113	363. 38
河源职业技术学院	125	955	664. 00
惠州卫生职业技术学院	17	188	1005. 88
惠州城市职业学院	466	5780	1140. 34
惠州工程职业学院	17	33	94. 12
汕尾职业技术学院	21	1047	4885. 71
东莞职业技术学院	130	130	—
中山火炬职业技术学院	100	354	254. 00
中山职业技术学院	411	410	－0. 24
江门职业技术学院	72	83	15. 28
广东江门中医药职业学院	80	1776	2120. 00
阳江职业技术学院	65	65	—
湛江幼儿师范专科学校	1	1	—
茂名职业技术学院	359	359	—
广东茂名健康职业学院	40	52	30. 00
广东茂名幼儿师范专科学校	31	34	9. 68
肇庆医学高等专科学校	350	400	14. 29
清远职业技术学院	876	1051	19. 98
揭阳职业技术学院	64	64	—
罗定职业技术学院	22	22	—
顺德职业技术学院	62	690	1012. 90